DER TOD IST SCHWER ZU ÜBERLEBEN

Sebastian Niedlich

DER TOD IST SCHWER ZU ÜBERLEBEN

Roman

SCHWARZKOPF & SCHWARZKOPF

INHALT

PROLOG

Sterben hat etwas von einem Zahnarztbesuch: Man weiß, dass man das irgendwann mal machen muss, aber Spaß hat man daran nicht.

Früher dachte ich, es sei seltsam beruhigend zu wissen, wann man sterben würde. Und ich bin schon einmal gestorben, also weiß ich durchaus, wovon ich spreche. Aber heute, am Tag, an dem ich wirklich und unumkehrbar sterben werde, fühle ich mich überhaupt nicht ruhig. Im Gegenteil: Ich habe Angst.

Nicht Angst vor dem Tod an sich. Dafür kenne ich ihn zu lange, als dass er mir noch Angst machen würde. Tatsächlich steht er gerade neben mir und lächelt mir zu, spielt mit dem Kescher zwischen seinen Fingern.

Es heißt doch immer, dass in solchen Momenten das Leben im Schnellvorlauf an einem vorbeizieht. Da ich schon mal gestorben bin, kann ich das halbwegs bestätigen. Also im »Oh, verdammt, das Auto war doch aber gerade noch gar nicht da«-Moment, wirklich ganz kurz vor dem Tod. Momentan aber lasse ich einfach nur so meine Gedanken zurückschweifen und überlege, was mich hierher geführt hat.

Ich sehe mich als kleines Kind am Krankenhausbett meiner Großmutter stehen, als plötzlich dieser Typ in seiner Kutte auftauchte. Ich wusste damals noch nicht, dass er der Tod ist – und mein bester Freund werden würde. Kurz darauf starb Oma, und ich beobachtete zum ersten Mal, wie sich ein kleiner Schmetterling von ihr löste, den der Tod mit seinem Kescher einfing. Seitdem habe ich das unzählige Male gesehen. Ich habe sogar selbst versucht, einen Schmetterling einzufangen – allerdings nicht, um ihn vor dem Tod zu bewahren, sondern um ihn vor dem Leben zu retten. Denn wenn ich ganz ehrlich bin: Mein Freund Thanatos ist mir trotz seines

Berufs irgendwie lieber als Bibi, wie sich das Leben selbst nennt. Aber das tut jetzt eigentlich auch nichts mehr zur Sache, da es mit meinem eigenen Leben vorbei ist.

Der Tod und ich haben viel Zeit miteinander verbracht. Wir gingen ins Kino und bowlen, und irgendwann stellte ich fest, dass einige seiner besonderen Fähigkeiten auf mich übergegangen waren. Damit hätte ich sicher auf Partys angeben oder eine große Nummer in Las Vegas werden können.

»Meine Damen und Herren, ich teleportiere mich jetzt von einem Ort zum anderen!«, hätte ich gesagt. Dann wäre Beifall aufgekommen und irgendein Griesgram hätte behauptet, das schon mal bei einem anderen Zauberer gesehen zu haben, aber besser.

Ich hätte auch sagen können, dass ich den Todeszeitraum jedes Menschen auf der Welt voraussehen kann, aber das ist auf Partys keine Nummer, die viel Gelächter hervorruft. Zumal der Tod der meisten Leute irgendwie langweilig ist. Es kommt eher selten vor, dass ich behaupten könnte: »Du stirbst während eines Kettensägenunfalls an einem Bungeeseil.« Und wenige würden darauf vermutlich so reagieren, dass sie beide Hände zum Metalgruß hochreißen und rufen: »YEAH!«

Genau wie der Tod kann ich mich aufteilen, so dass ich an verschiedenen Ecken der Welt gleichzeitig sein kann. Abgesehen davon, dass das anstrengend ist, kann man sich darauf verlassen, dass man trotzdem immer genau dann nicht zur Stelle ist, wenn man von einer Politesse ein Knöllchen bekommt.

Aber ich bin kein Partygänger. Und in Las Vegas trete ich auch nicht auf. Und in meiner Heimatstadt Berlin fahre ich auch eher mit dem Bus als mit dem Auto.

Der Tod räuspert sich, aber ich schaue nicht zu ihm hinüber. Er ist in meinem Leben – genauer gesagt: in meinen beiden Leben – oft genug aufgetaucht, wenn ich es am wenigsten gebrauchen konnte. Damals zum Beispiel, als er einen meiner Mitschüler mitten im Sportunterricht abholte. Oder als er meinte, mir mitteilen zu müssen, dass ich sein Nachfolger werden soll. Darauf hatte ich noch weniger Lust als auf Partys. Zumal ich mich in Anja verliebt hatte und wirklich an andere Dinge als den Tod anderer Leute denken wollte. Also habe ich sein Angebot abgelehnt und stattdessen Medizin studiert, um meinem Freund ein wenig ins Handwerk zu pfuschen. Hat aber nur bedingt geklappt. Und meine Ehe habe ich dann schließlich auch vor die Wand gefahren. Der Schmerz, Anja und unseren kleinen Sohn Tobi verloren zu haben, saß tief. Dagegen war der Schmerz, zum ersten Mal zu sterben, ein Klacks. Ich würde allerdings niemandem raten, das nun versuchsweise auszuprobieren. Meistens endet es ja nicht mit dem Versuch, sondern – nun ja – im Ende. Und es ist nun mal nicht jeder mit dem Tod und dem Leben auf du und du – die da vielleicht irgendwas regeln können.

Tod räuspert sich schon wieder und reißt mich aus meinen Gedanken. »Ja doch …«, sage ich.

Schon komisch: Er sieht dem Ganzen ziemlich entspannt entgegen, dabei wird auch er in Kürze sterben. Oder wie auch immer man das nennt, wenn jemand, der bereits tot ist, dann wirklich tot ist. Supertot. Oder megatot. Hypertot. Klingen alle wie Titel von einer dieser komischen Produktionsfirmen, die Filme wie *Sharknado* oder *Megashark Vs. Giant Octopus* gedreht haben. *Hypertot – Der Tod war erst der Anfang*. Irgendwie so was.

So richtig will ich das Ganze noch nicht verstehen. Vielleicht werde ich es auch nie verstehen. Vielleicht ist das aber auch völlig irrelevant, denn ich bin ja noch nicht tot und bin eben derjenige, der sterben muss.

Das Dumme ist, dass ich gezwungen bin, mich selbst umzubringen. In meinem ganzen Leben hätte ich nicht gedacht, dass ich das jemals in Betracht ziehen würde. Fast wünsche ich mir, mich hätte der Unfall damals wirklich dahingerafft. Dann wäre ich jetzt nicht in dieser blöden Situation.

Ich habe immer gedacht, Selbstmord wäre etwas für Leute, die nicht wissen, wie sie mit dem Leben klarkommen sollen. Oder für solche, die dumm genug sind, sich von anderen einreden zu lassen, es sei für eine gute Sache. Gründe gibt es vermutlich viele, so richtig toll finde ich keinen davon. Immerhin ist mein Grund einzigartig.

Es gibt viele Wege, sich umzubringen. Manche davon sind brauchbarer als andere, da einige Varianten doch eher unsicher sind. Es ist merkwürdig, in diesem Zusammenhang von unsicher zu sprechen. Unsicher bedeutet in dem Fall, dass man sich nicht sicher sein kann, ob es wirklich zum Tod führt. Größtenteils liegt das Problem darin, dass einen irgendwer findet, bevor man tot ist. Aber wenn man sich umbringen will und es so lange dauert, dass einem jemand gegebenenfalls noch helfen kann, hat man ohnehin einen Tod gewählt, der zu lange dauert. Zumindest sehe ich das so. Ich persönlich will, dass es schnell vorbei ist. Zack, bumm. Klappe zu, Affe tot.

Irgendwann habe ich meinen Freund Thanatos mal gefragt, was er in der Hinsicht so alles erlebt hat. Natürlich waren darunter die Selbstmordmethoden, die man ehesten erwarten würde: Pulsadern aufschneiden, vor den Zug springen, sich erhängen oder die gute alte Kugel in den Kopf. Etwas spektakulärer sind da natürlich schon die Selbstmordattentäter. Oder, wie mein Freund Thanatos zu sagen pflegt: die Armleuchter unter den Selbstmördern.

Meine Optionen sind etwas beschränkt. Ich habe weder ein Messer für die Pulsadern, noch fährt hier irgendwo ein Zug. Ich habe kein Seil zum Erhängen, keine Pistole und kein Gewehr. Nicht mal eine Weste, die mit C4 vollgestopft ist, was allerdings auch kaum verwunderlich ist, denn ich verkehre eher selten in den Kreisen, wo man so etwas bekommt. Und so etwas wie »Suicide Vests R Us« ist mir in den hiesigen Einkaufspassagen bisher auch nicht begegnet.

Stattdessen stehe ich auf einer hohen Brücke. Und ich muss mir noch nicht mal Gedanken darüber machen, dass ich den Sturz überleben könnte, wenn unter dieser Brücke Wasser fließen würde. Bei der Höhe wäre das, was von mir übrig bleibt, größtenteils nur das

Geräusch, das ich beim Aufprall machen würde. Also lautmalerisch gesprochen »Splortsch« oder so etwas in der Art.

Mein Kopf sagt mir ganz rational, dass ich keine Angst vor dem Tod zu haben brauche. Und wenn ich ehrlich bin, habe ich auch, wie bereits erwähnt, keine Angst davor. Angst macht mir, dass ich Menschen in Gefahr gebracht habe. Angst macht mir, dass ich dafür gesorgt habe, dass die Welt nicht mehr richtig funktioniert. Angst macht mir, dass ich meine Familie zurücklassen muss.

»Wollen wir? Oder brauchst du noch ein paar Jahrzehnte Bedenkzeit?«, fragt Thanatos mich.

»Von *Wollen* kann ja keine Rede sein«, sage ich.

»Du weißt, was ich meine.« Seine Stimme klingt tief und vertraulich, wie immer. Tod schaut über die Brüstung der Brücke. »Donnerlittchen.«

Auch ich werfe einen Blick hinunter. Eigentlich habe ich keine Höhenangst. Eigentlich. Ich nehme den Kopf sehr schnell wieder zurück.

»Ob-La-Di, Ob-La-Da«, sagt Tod.

»Eben nicht. Das ist ja das Problem. Und irgendwelche japanischen Touristen scheinen auch nicht in der Nähe zu sein, die mir wieder das Leben retten könnten.«

»Also rein technisch gesehen, hat der Mann dir damals nicht ...«

»Ja, ja«, unterbreche ich ihn. »Es waren keine vierunddreißig Jahre. Ich bin ein wenig enttäuscht. Du hast gesagt, dass es noch einmal vierunddreißig Jahre werden.«

»Diese Entwicklung konnte doch nun wirklich niemand vorhersehen«, sagt mein Freund in der Kutte. »Aber alle Dinge müssen vergehen, das weißt du doch.«

Ich nicke resigniert.

Nein, kein Krankenhaus diesmal. Keine schmerzhafte Reha. Diesmal ist es vorbei. Diesmal ist es das Ende. Aber so hatte ich mir das nicht vorgestellt, als ich nach meinem letzten Tod aus dem Krankenhaus kam.

KAPITEL 1

EIN NEUER ANFANG

Ich glaube, ich kann mit Berechtigung sagen, dass von einem Auto angefahren zu werden, gegen ein Brückengeländer zu schlagen und dann im Dreckwasser der Spree zu ertrinken, keine Erfahrung ist, die man irgendwem wünscht. Geschweige denn nachahmen sollte. Schlimmste Jahrmarktfahrt aller Zeiten. Aber genau das war es, was mir widerfuhr.

Die Ärzte waren überrascht, dass ich den Unfall lebend überstanden hatte. Passiert ihnen auch nicht alle Tage, dass so ein Fall eingeliefert wird. Meinen Verletzungen nach zu urteilen, dachten sie vermutlich, ich sei der schlechteste, aber mit dem größten Glück gesegnete Stuntman aller Zeiten.

Ich wusste es natürlich besser. Ich hatte gar nicht überlebt, aber ich wollte damit nicht hausieren gehen. Selbstverständlich war ich dankbar, eine zweite Chance zu bekommen, aber es war keine gute Idee, den Ärzten auf die Nase zu binden, dass ich nur lebte, weil ich die anthropomorphischen Versionen von Tod und Leben persönlich kannte und sie verhindert hatten, dass ich in die ewigen Jagdgründe einging. Vermutlich hätte mir das einen Aufenthalt in einer ganz anderen Form von Heilanstalt eingebracht.

Ich verbrachte etliche Wochen im Krankenhaus, bis sich mein Körper wieder halbwegs in die Form gebracht hatte, die ein Mensch haben sollte. Meine Ex-Frau Anja und unser gemeinsamer Sohn Tobias besuchten mich regelmäßig und brachten mir Essbares mit, das zumindest den Namen verdiente. Beim Krankenhausessen war ich mir nicht so sicher, ob man damit nicht eine baldige Rückkehr ins Hospital sicherstellen wollte. Andererseits hätte einen manche Suppe dort gegen den atomaren Holocaust immun gemacht.

Eigentlich musste das Essen sehr gesund sein, denn ihm fehlte es in jeder Hinsicht an Geschmack.

Die Genesung gab mir Zeit, über mein Leben nachzudenken. Nicht jedem ist es vergönnt, sein Leben nach einem so einschneidenden Erlebnis fortzuführen. Aber gerade deswegen macht man sich Gedanken, ob man es so wie bisher fortsetzen will. Ich hatte im Bewusstsein zu sterben viele Entscheidungen getroffen, die ich so nicht mehr treffen würde. So hatte ich nicht um Anja gekämpft, nachdem ein Missverständnis uns auseinandergebracht hatte. Ich wollte ihr den Schmerz über meinen frühen Tod ersparen und nahm an, durch eine Trennung wäre es einfacher für sie. Mittlerweile war ich mir da nicht mehr so sicher.

Ich war sehr erleichtert, als mir die Ärzte erlaubten, das Krankenhaus zu verlassen, auch wenn ich längst noch nicht wieder in Ordnung war. Anja und Tobias holten mich ab, da meine Beinknochen noch nicht verheilt waren, und kutschierten mich im Rollstuhl hinaus. Nach Wochen hatte ich endlich den Eindruck, dass alles gut werden würde.

Anja nahm mich mit zu sich nach Hause. Sie argumentierte, dass sie sich so besser um mich kümmern konnte, obwohl ich sie gar nicht darum gebeten hatte. Mir war es fast etwas unangenehm, weil ich gerade ihr gegenüber nicht als jemand auftreten wollte, der auf der faulen Haut liegt und ihr sagt, was sie mir zu bringen hat. Aber viel mehr als herumliegen konnte ich eben nicht, und sie sagte, dass sie mir gerne half. Natürlich war ich dankbar, denn zum einen wäre ich in meinem Zustand in der eigenen Wohnung gar nicht klargekommen, zum anderen brauchte ich so nicht mal einen Vorwand, um mit ihr und Tobias zusammen zu sein. Und irgendwie hatte ich den Eindruck, dass es ihr ebenfalls nicht nur darum ging, mich besser pflegen zu können.

Wahrscheinlich hätte ich auch bei meiner Mutter unterkommen können, die als Rentnerin über mehr Zeit als Anja hätte verfügen müssen. Aber wie das mit Rentnern so ist: Die sind immer mit irgendwas beschäftigt. Besonders dann, wenn sie glauben, dass ihr Sohn vielleicht wieder mit der Mutter ihres Enkels zusammenkommt.

Soweit schien wirklich alles gut zu sein. Tagsüber, wenn Anja arbeitete und Tobias in der Schule war, packte mich mitunter die Langeweile. Es macht das Leben nicht spannender, wenn man sich kaum bewegen kann.

Das Hauptproblem mit der Langeweile war, dass ich anfing, über meinen eigenen Tod zu grübeln. Ich war gestorben und hatte bis zu meiner Wiedererweckung weder etwas gefühlt noch erlebt. Nun war ich nie ein religiöser Mensch gewesen, der daran glaubte, dass man nach dem Tod auf einer grünen Liegewiese landet, wo man mit nicht enden wollenden Snacks versorgt wird und fromme Lieder singt. Trotzdem konnte ich nichts gegen das flaue Gefühl im Magen machen, das durch die Bestätigung, dass da nichts war, aufkam. Immerhin war ich nicht als irgendein Tier wiedergeboren worden. Es wäre doch ziemlich dämlich, wenn man irgendwann stirbt, um dann hinterher festzustellen, dass man ein neues Dasein als Schlachtschwein oder Schmeißfliege auf dem Bauernhof vor sich hat.

Aber das war nicht das Einzige, über das ich nachgrübelte. Mein Job war ein anderes Thema, das mich nicht losließ. Denn nachdem ich nun tot gewesen war, wusste ich nicht mehr, ob ich mit meinem Leben als Arzt wirklich glücklich war. Natürlich gefiel es mir, Leuten zu helfen, umso mehr nahm es mich mit, wenn ich es nicht konnte. Und selbst die Unterstützung durch die Fähigkeiten des Todes – zum Beispiel das Voraussehen des Todes eines Patienten – half mir nicht dabei, es besser zu verdauen, wenn ich daran nichts ändern konnte. Insofern überlegte ich, ob nicht ein anderer Beruf, in dem ich gar nichts mit dem Tod von Menschen zu tun hätte, besser wäre. Aber auch diese Gedanken drehten sich meistens im Kreis, und es gelang mir zunächst nicht, zu einem abschließenden Ergebnis zu kommen.

In diesem Zusammenhang machte ich mir natürlich auch Gedanken darum, wie ich mit den Eigenschaften, die ich von Tod übernommen hatte, umgehen sollte. Ich wollte nie seinen Job übernehmen, und er hatte es verhindert. Mir kam es richtig vor, die Fähigkeiten nicht mehr zu verwenden. Wenn ich ein normaler Mensch sein wollte, der einfach sein Leben lebt, konnte ich mich nicht munter durch die Welt teleportieren, auch wenn das eine sehr praktische Sache war. Auch das Aufteilen auf mehrere gleiche Körper hätte mir geholfen, wenn ich beispielsweise beschlossen hätte, Koch zu werden. Ich hätte sämtliche Vorbereitungen gleichzeitig selbst machen können – unter anderem Kartoffeln schälen und Paprika klein schneiden –, aber ich hatte zum einen nicht vor, Koch zu werden, und es wäre mir zum anderen unfair vorgekommen, die Eigenschaften derartig zu missbrauchen.

Normalerweise hätte ich gegen die Langeweile und zwecks Ablenkung einfach irgendwelche Filme geschaut, aber meine DVDs und Blurays standen bei mir daheim im Regal. Anja hatte mir zwar eine Handvoll Discs mitgebracht, aber nachdem ich zum dritten Mal *The Big Lebowski* gesehen hatte, reichte es mir erst mal. So hatte ich nur die Möglichkeit, mich tagsüber mit dem Fernsehprogramm zu beschäftigen, das sich anfühlte, als würde mein Gehirn langsam, aber sicher formatiert. Die andere Möglichkeit war, ausgiebig zu lesen.

Es ist faszinierend, wie viel man weggelesen bekommt, wenn man nichts Besseres zu tun hat. Zumindest, wenn man das richtige Lesematerial benutzt. Ich hatte Anja gebeten, mir von daheim *Krieg und Frieden* von Leo Tolstoi mitzubringen. In einem Kaufrausch vor ein paar Jahren hatte ich mir einen Stapel Bücher zugelegt, die in die Kategorie »Sollte man mal gelesen haben« fielen. Salingers *Der Fänger im Roggen*, Steinbecks *Von Mäusen und Menschen* und Huxleys *Schöne neue Welt* waren einige der literarischen Werke, zu denen ich bisher nicht gekommen war. Der Unterschied war allerdings, dass sie alle zusammengenommen nicht den Umfang von *Krieg und Frieden* hatten. Und sie waren auch nicht so schwer zu lesen. Zeitweise hatte ich den Eindruck, als wollte Tolstoi mir jeden einzelnen Menschen vorstellen, der während der Napoleonischen Kriege in Russland gelebt hatte.

Tagelang quälte ich mich durch das Buch. Dabei schien ich kein Stück voranzukommen, denn immer wieder fielen mir die Augen zu, weswegen ich manche Stellen drei- oder viermal lesen musste. Manchmal überkam mich aber auch einfach die Müdigkeit und ich döste auf der Couch ein, bis Tobias von der Schule nach Hause kam und wieder Leben in die Bude brachte, oder mich dazu überredete, zum gefühlt fünfundzwanzigsten Mal *Batman Begins* anzuschauen.

Seitdem ich aus dem Krankenhaus gekommen war, hatte ich weder von Thanatos noch von seinem Gegenstück – oder sagt man Gegenperson? – Bibi, dem Leben, gehört. Der Tod in der schwarzen Kutte und das fröhliche kleine Mädchen mit dem Schmetterlingskleid waren anwesend, als mich Anja zum Auto rollte, aber sie waren eher mit sich beschäftigt, dabei hatte ich ein Gespräch mit ihnen bitter nötig. Nun hatte ich mit Bibi ohnehin nie viel zu tun gehabt, aber Thanatos tauchte zumindest immer wieder mal auf, wenn auch manchmal viel Zeit zwischen den Besuchen verging. Vielleicht war ich ungeduldig, weil meine Wiederbelebung uns nun doch länger aneinanderband. Vermutete ich zumindest. Es dauerte allerdings gute anderthalb Wochen, bis er mich mit dem Stock des Keschers anstupste, als ich mal wieder bei der Lektüre eingeschlafen war.

»Tolstoi?«, fragte er in seiner tiefen Stimme, in der etwas Verwunderung mitschwang.

Ich schüttelte den Kopf, um munter zu werden. »Was? Tolstoi? Ach, das Buch, ja.«

»Das war ein merkwürdiger Kerl«, sagte Tod und setzte sich auf den Sessel mir gegenüber.

Ich war schon wieder drauf und dran, zu fragen, ob er wirklich Tolstoi gekannt hatte, aber ich hatte früher schon öfter solche Fragen gestellt, meistens dann, wenn es sich um berühmte Persönlichkeiten handelte. Natürlich kannte Tod die. Tod kannte jeden. Oder würde jeden kennen. Früher oder später. Ich vergaß das regelmäßig.

Ich gähnte. »Inwiefern war er merkwürdig?«

»Wurde etwas wunderlich auf seine alten Tage. Ist dann vor seiner Frau im Zug geflüchtet und hat sich dabei eine Lungenentzündung zugezogen. Er ist ins Bett des Bahnhofsvorstehers von diesem kleinen Ort gekrochen und dort gestorben, umringt von Schaulustigen und Journalisten. Einer der etwas merkwürdigeren Tode, wenn man mal von denen absieht, die irgendetwas mit Extremsport zu tun haben.«

Ich stand noch etwas neben mir und antwortete nicht.

»Ich hatte auch mal einen Kunden, der durch das Buch gestorben ist«, fuhr er fort und deutete mit seinem dünnen Finger auf den Wälzer, den ich gerade auf den Tisch hievte.

»Was?«, fragte ich, noch immer nicht ganz bei der Sache.

»Ist aus dem Regal gefallen und hat den Kerl erschlagen. Bibliothekare sind sich gar nicht im Klaren darüber, wie gefährlich sie leben.«

»Sicher«, sagte ich mit skeptischem Unterton. »Was machst du eigentlich hier?«

Tod sah ernüchtert aus. »Da rettet man jemandem das Leben, und dann wird man so abschätzig begrüßt. Ich dachte, ich komme mal auf einen Krankenbesuch vorbei, oder darf ich das nicht?«

»Natürlich darfst du, und so war das doch gar nicht gemeint. Eigentlich habe ich mich sogar auf ein Gespräch mit dir gefreut. Ich bin, wie gesagt, momentan noch nicht ganz klar im Kopf.«

»Und ich dachte, dein Schädel sei das Einzige, was an deinem Körper nicht in Mitleidenschaft gezogen wurde.«

Ich ging auf die Bemerkung nicht ein.

»Apropos Schädel: Fällt dir nicht die Decke auf den Kopf?«, fragte er. »Ich meine das übrigens nicht buchstäblich. Das Haus scheint in tadellosem Zustand zu sein.«

»Schon, aber was soll ich machen?« Ich deutete auf meine eingegipsten Beine. »Ein Spaziergang im Park fällt wohl aus.«

»Du könntest ein wenig die Sonne genießen. Vielleicht an unserem alten Stammplatz auf den Azoren.«

Ich schüttelte den Kopf. »Und dann soll ich Anja erklären, wie ich plötzlich so braun geworden bin? Oder mir den Gips vollschwitzen? Ist ja schon schlimm genug, dass der Sommer gerade anfängt. Nein, danke. Außerdem denke ich, dass ich das mit dem An-andere-Orte-springen in Zukunft lassen sollte. Wie auch alles andere, was mit deinem Job zu tun hat.«

Tod schaute überrascht.

»Was?«, fragte ich. »Denkst du etwa immer noch, dass ich deinen Job übernehmen werde? Ich dachte, darüber seien wir mittlerweile nun wirklich hinweg.«

»Nein, nein«, sagte Tod. »Ich habe durchaus akzeptiert, dass ich wohl nach einem neuen Nachfolger Ausschau halten muss. Es überrascht mich nur, dass du die Eigenschaften, die bereits auf dich übertragen wurden, so bereitwillig aufgeben willst.«

»Scheint mir das Richtige zu sein. Gerade weil ich nicht dein Nachfolger werde.«

Tod verzog das Gesicht. »Ich hatte den Eindruck, dass dir das in deinem Beruf durchaus geholfen hat, oder täusche ich mich da?«

Ich lächelte. »Nein. Das stimmt schon. In gewisser Weise. Manchmal auch nicht. Aber ich habe nicht vor, weiter diesem Beruf nachzugehen.«

Nun machte Thanatos wirklich große Augen. »Du willst nicht mehr Arzt sein?« Er legte den Kescher auf den Boden und beugte sich interessiert vor.

»Ich ... ich hab jetzt genug Zeit gehabt, darüber nachzudenken. Und ich denke, ich habe mich entschieden.«

»Warum?«, fragte er ungläubig.

»Ich will keinen Job mehr machen, in dem ich Leuten begegne, die gerade den schlimmsten Tag ihres Lebens durchmachen.«

Tod stützte den Kopf auf seine linke Hand, mit der er sich gleichzeitig an der Wange kratzte, gerade so, als würde er intensiv über das nachdenken müssen, was ich gerade gesagt hatte. »Ich dachte, deine Profession macht dir Spaß. Mir schien, du hättest immer eine Affinität dazu gehabt, Leuten zu helfen.«

Ich nickte. »Vielleicht bleibe ich auch Arzt, orientiere mich aber um. Ich kann nur nicht ... ich kann so nicht weitermachen.«

»Mich deucht, es wird tatsächlich ein vollkommener Neuanfang für dich, was?«

Ich nickte. Natürlich war mir klar, dass ich etwas ändern wollte, aber im Grunde war ich gerade dabei, mein Leben auf den Kopf zu stellen. Unsicher war ich dennoch, was die Zukunft bringen würde. »Wir werden sehen.«

Tod schien immer noch zu grübeln. Ich war mir nicht ganz sicher, woran das lag. Vielleicht fand er meine Entscheidung unerfreulich, weil sie in gewisser Weise bedeutete, dass wir uns seltener sehen würden. Vielleicht machte er aber wieder Pläne für mich, von denen ich noch nichts wusste.

»Hast du deiner früheren Frau schon davon berichtet?«, fragte er nach einer langen Denkpause.

Ich schüttelte den Kopf. »Bis jetzt habe ich noch nicht den richtigen Moment gefunden. Im Grunde ist mir selbst noch nichts wirklich klar. Eigentlich wollte ich damit warten, bis ich eine Vorstellung davon habe, was ich stattdessen machen soll.«

»Seid ihr wieder ...«, setzte Thanatos an, aber ich unterbrach ihn.

»Weiß ich nicht. Und versuche gar nicht erst, das wieder zu torpedieren.«

Tod schaute unschuldig drein. »Ich doch nicht.«

Ein Klappern kam von der Eingangstür, als der Schlüssel von außen eingesteckt wurde. Tod drehte den Kopf zur Wohnzimmertür, und wir lauschten beide, wie Tobias seine Schuhe und den Schulranzen in die Ecke plumpsen ließ und dann in den Raum gerannt kam, um mich zu begrüßen.

»Hallo, Papa!«, sagte er freudig, als er am Fußende der Couch stand und mir zuwinkte.

»Komm doch mal her und umarme mich«, sagte ich, und Tobi kam näher gehüpft.

Glücklicherweise konnte Tobi, wie alle anderen Menschen, Thanatos nicht sehen. Ich hätte auch nicht gewusst, wie ich ihm den Mann mit der Kutte und dem Kescher hätte erklären sollen.

Der Tod sah etwas gelangweilt aus, als Tobi mich umarmte. Er hob den Kescher vom Boden auf und drehte ihn zwischen den Fingern.

»Wie war die Schule?«, fragte ich meinen Sohn, als er sich wieder von mir löste.

»Okay.«

»Nur okay?«

Tobi zuckte mit den Schultern.

»Hausaufgaben?«, fragte ich ihn, aber er schüttelte den Kopf.

»Ich geh spielen!«, juchzte er und sprang wieder davon. »Ich muss dir was zeigen, was ich gebaut habe«, brüllte er kurz darauf aus dem Kinderzimmer, aus welchem das vertraute Geräusch von LEGO-Steinen kam, die ausgeschüttet wurden.

»Ich nehme an, du bist jetzt beschäftigt und wir müssen diese Konversation an einem anderen Tag fortsetzen«, sagte Tod und stand auf, den Kescher fest umschlossen.

Ich fragte mich, ob Thanatos meine Gedanken als Affront gegen ihn verstanden hatte. »Du kannst gerne wieder vorbeikommen«, sagte ich. »Aber wenn Tobi da ist, muss ich halt ...«

Tod winkte ab. »Schon klar. Ich muss mich ohnehin noch um ein Flugzeug kümmern.«

Dann verschwand er.

Tobi kam kurz darauf mit einem aus LEGO gebauten Block zurück, der wohl das Batmobil darstellen sollte, allerdings fehlten die Räder. Zumindest gab ihm das die Gelegenheit zu fragen, ob wir nicht einen Batman-Film ansehen könnten.

Mein Blick fiel auf das Buch von Tolstoi. Dann sagte ich: »Okay.«

Erst später am Abend, als wir die Nachrichten schauten, sah ich den Bericht über den Absturz eines Flugzeugs, der 152 Menschenleben gekostet hatte.

KAPITEL 2

WIEDERVEREINIGUNG

Einer der positiven Aspekte von Anjas Arbeit als Lehrerin war mit Sicherheit, dass sie immer recht früh Feierabend hatte. Meistens brauchte sie etwas länger als Tobias, um nach Hause zu kommen, aber am früheren Nachmittag war auch sie in der Regel zurück und musste dann gelegentlich noch die nächsten Stunden vorbereiten oder die Arbeiten ihrer Schulkinder korrigieren. Aber sie war zumindest da. Wir konnten Zeit miteinander verbringen, uns ein wenig unterhalten, und sie half mir dabei, mich zu bewegen, oder brachte mir etwas zu essen, da ich selber noch so schlecht zu Fuß war.

In den zwei Monaten der Genesung verbrachten wir mehr Zeit miteinander als in den vorherigen zwei Jahren. Und einige dieser Momente waren intimer, als es uns beiden wohl behagte, da ich in meinem Zustand hin und wieder Hilfe bei der Körperhygiene benötigte. Selbst zu der Zeit, in der wir frisch verheiratet waren, wären diese Situationen nicht unbehaglicher gewesen. Natürlich machten wir Witze darüber, um die Lage etwas zu entschärfen, aber ich hatte keinen Zweifel, dass uns beiden das Ganze ziemlich unangenehm war. Und so ergab sich einfach nie der richtige Moment, mit ihr darüber zu sprechen, wie es mit uns weitergehen sollte.

Ich kam mir selbst etwas blöd vor, weil ich so lange brauchte, es anzusprechen, aber selbst mit 34 Jahren auf dem Buckel stellte ich mich an wie ein Teenager, wenn es um diese Dinge ging. Allerdings hatte ich noch nie so recht gewusst, wie man Frauen dahingehend anspricht, und ich hatte es auch nie wirklich gebraucht. Immerhin war ich mit Anja fast mein halbes Leben zusammen und nahezu mein ganzes Liebesleben.

Für fünf Sekunden hatte ich ernsthaft erwogen, ihr einen Zettel zu schreiben, auf dem »Willst Du mit mir gehen? Ja / Nein / Vielleicht« stand. Mir war klar, dass das albern war, aber vielleicht hätte es sie erheitert. Zumindest wäre ein Einstieg ins Gespräch gefunden. Aber ich verwarf die Idee und viele andere, weil ich mir dämlich vorkam.

Als wir uns scheiden ließen, hatte sie unser großes Doppelbett mitgenommen, was sich nun als Segen erwies. Sie bestand darauf, dass ich bei ihr im Bett schlief, damit ich nicht nur auf der Couch rumlag. Außerdem konnte ich sie so gegebenenfalls in der Nacht um etwas bitten, sollte das nötig werden. Jeden Abend half sie mir dabei, von der Couch aufzustehen und mich ins Bad und anschließend ins Bett zu begeben. Meistens unterhielten wir uns dann noch eine Weile, wobei es in der Regel darum ging, was sie erlebt hatte. Ich hatte über meine Tage aus offensichtlichen Gründen herzlich wenig zu berichten. Natürlich hätte ich ihr sagen können, wie viele Unebenheiten es in der Rauputzdecke gab, aber ich nehme an, ihr diesbezüglicher Wissensdurst war bescheiden. Ich hätte ihr auch von meinen morgendlichen Überlegungen zum Thema Tod erzählen können oder meinen beruflichen Plänen, aber ich wollte nicht zu morbid oder zu überstürzt erscheinen.

Dennoch kam mir einer dieser Abende im Bett als der richtige Moment vor, unseren Beziehungsstatus anzusprechen. Zumindest schien er mir passender, als wenn sie mir gerade von der Toilette geholfen hätte.

Anja stieß einen tiefen Seufzer aus, als sie ins Bett fiel. Sie hatte offenbar einen schweren Tag hinter sich und mir gerade geholfen, ins Bett zu kommen, da war es erleichternd, sich endlich lang zu machen.

»Ich schwöre, dass die Eltern der Kinder schlimmer sind als die Kinder selbst«, sagte sie.

»Inwiefern?«, fragte ich.

»Wir haben dieses Elternpärchen, das bisher an keinem Elternabend teilgenommen hat und sich nun darüber beschwert, dass ich sie nicht ausreichend über die kommende Klassenfahrt informiert habe.«

Ich runzelte die Stirn. »Hast du nicht gesagt, dass der Elternvertreter ein Protokoll per E-Mail rumgeschickt hat?«

Anja hielt die Hände hoch, als wolle sie zeigen, dass ich gerade ihre Gedanken bestätigt hätte.

»Es ist ja fast wie ... Trommelwirbel ... in der Grundschule!«, sagte ich, und Anja musste grinsen.

»Wirklich wahr. Und abgesehen davon, dass das wieder ein unnötiger Streit war, der Nerven gekostet hat, sehen die Leute noch nicht einmal ein, dass sie mir damit schlichtweg die Zeit stehlen. Aber ich will nicht mehr über die Schule reden. Das war schon anstrengend genug. Und? Was hast du heute gemacht?«

Rumgelegen und nachgedacht, sagte ich im Geiste. Über dich, meinen Tod, den Tod mit dem Kescher, das Leben mit dem Schmetterlingskleid und wie zum Teufel es eigentlich mit mir weitergehen soll. Aber natürlich sagte ich nichts davon. Ich wollte sie nicht damit belasten. »Ich hab gelesen. Und etwas ferngesehen.«

»Uuuuh, lass mich raten, irgendwelche Anwälte haben wieder hochdramatisch irgendwelche Missstände aufgedeckt. Gab es überraschende Wendungen?«

»Du machst dir keine Vorstellung. Erst dachte man, der eine Typ habe seine Ex vergiftet, aber dann war es der Onkel, der ans Erbe wollte.«

»Kaum zu glauben, dass ich das jeden Tag verpasse.«

»Vielleicht sollte ich es aufnehmen, damit wir es abends zusammen schauen können.«

»Ach, wenn du es mir so erzählst, dann reicht mir das völlig, weißt du.« Sie tätschelte meine Hand.

»Ich, äh, ich denke, wir müssen reden«, sagte ich.

»Okay.« Sie drehte sich zu mir herum.

»Wir, also du und ich, wir sind ja nun schon eine Weile, also praktisch nach meinem Unfall, wieder – und ich meine das nur allgemein – hier so gemeinsam. Also bei dir. Daheim. Und da wollte ich wissen, ob du dir vorstellen könntest – oder zumindest schon mal darüber nachgedacht hast –, ob wir, also du und ich, wieder zusammen … na ja.«

Anja sah mich skeptisch an. »Da hast du den ganzen Tag Zeit gehabt, darüber nachzudenken, wie du das ansprechen willst, und dann kommt so ein Satz dabei heraus?«

»Schriftsteller werde ich wohl nicht mehr«, sagte ich.

»Was war jetzt genau die Frage?«

»Du. Ich.« Ich fuchtelte mit den Händen herum. »Wie … soll das weitergehen?«

Anja legte sich auf die Seite und schaute mich an. »Was wünschst du dir denn, wie es weitergeht?«, fragte sie mich.

Ich rollte mit den Augen, was sie zum Anlass nahm, mir in die Seite zu boxen. »Au! Du weißt schon, dass ich noch immer ganz schön lädiert bin, oder?«

»Du hast mit den Augen gerollt.«

»Ja, weil du auf meine Frage mit einer Gegenfrage geantwortet hast.«

»Sag doch einfach, was du denkst.«

»Ich hab aber zuerst gefragt«, insistierte ich.

Anja seufzte und murmelte, dass sie in der Schule schon genug solche Diskussionen hätte, aber sie gab schließlich nach. »Na schön, ich … ich genieße es sehr, dass wir wieder mehr Zeit miteinander verbringen. Du nicht auch?«

Ich nickte. »Ja. Das tue ich auch.«

»Aber?«, fragte sie.

»Nichts aber.«

»Das klang nach einem Satz, der mit einem Aber fortgeführt wird.«

»Ich hab nur darauf gewartet, dass du vielleicht deiner Antwort etwas hinzufügen möchtest. Also zum Beispiel … so etwas wie eine eigentliche Antwort auf meine Frage.«

»Ist irgendwas?«, fragte sie mich und stützte sich auf ihren Arm.

»Nein, ich wollte lediglich wissen, wie das hier ...«, ich zeigte mit den Fingern zwischen uns hin und her, »... in Zukunft laufen soll.«

Sie schloss kurz die Augenlider und richtete sich dann auf, so dass sie im Schneidersitz auf dem Bett saß. »Willst du mit mir Schluss machen, obwohl wir gar nicht mehr zusammen sind?«, fragte sie und schaute mich durchdringend an.

Ich riss die Augen auf, blieb aber liegen, denn was blieb mir anderes übrig? »Ich ... nein ... also ... so wie du das jetzt sagst ... weiß ich auch nicht.«

»Du weißt es nicht?«, sagte sie vorwurfsvoll.

Langsam wurde ich nervös. »Ich weiß es nicht, weil ich nicht weiß, wie du dazu stehst. Deswegen wollte ich wissen, wie das in Zukunft mit uns laufen soll. Aus deiner Sicht.«

»Na, nicht so«, sagte sie.

Ich stieß Luft aus, weil die ganze Konversation überhaupt nicht so lief, wie ich sie mir vorgestellt hatte. Andererseits musste ich mir eingestehen, dass ich den Einstieg gehörig verbockt hatte.

»Wenn es nach mir gegangen wäre«, sagte Anja, »hätten wir es noch einmal miteinander probiert.«

Ich schaute sie hoffnungsvoll an. »Ehrlich?«

»Aber jetzt denke ich darüber gerade etwas anders.«

Ich verzog das Gesicht, und mein innerer Analytiker, der mir schon in meiner Jugend nicht beim anderen Geschlecht geholfen hatte, kam heraus. »Das ist doch genau mein Punkt. Wir haben darüber schlichtweg nicht geredet, und ich wusste nicht, woran ich bin. Ich hatte keine Ahnung, wie du fühlst.«

»Ich wusste doch auch nicht, wie du fühlst«, maulte sie mich an.

»Habe ich was anderes behauptet?«, wollte ich so nüchtern wie möglich fragen, um die Stimmung nicht kippen zu lassen. Stattdessen klang es wohl eher genervt.

»Was willst du denn nun?«, fragte sie schließlich.

»Natürlich will ich mit dir zusammen sein«, schoss es aus mir heraus.

»Und weshalb streiten wir uns dann?«, meckerte sie.

»Weiß ich doch nicht!«, knurrte ich zurück.

Wir schauten uns beide an. Dann lachten wir. Ich griff den Kragen ihres Schlafanzugs, zog sie zu mir heran – und küsste sie!

Mein ganzer Körper kribbelte, als wir endlich wieder zueinander gefunden hatten. Die Nervosität war mit einem Mal verflogen. Ich dachte an unseren ersten flüchtigen Kuss im Auto und den anschließenden richtigen Kuss, der nur während eines Regengusses, untermalt von Céline-Dion-Musik, hätte kitschiger sein können.

Der Kuss nun hörte gar nicht mehr auf. Sie rutschte langsam immer mehr auf mich drauf. Ehe wir uns versahen, hatte sie ihr Schlafanzug-Oberteil ausgezogen und auf ihr Kopfkissen geworfen, und sie fing an, an meiner Hose herumzufummeln.

»Au, au!«, rief ich, als sie kurzzeitig mit dem Hintern auf meine Beine rutschte, um mich der Hose zu entledigen.

»Entschuldigung.« Sie zuppelte nun etwas vorsichtiger, um sich danach die eigene Hose abzustreifen.

Sie setzte sich auf mich, und ich stöhnte unwillkürlich, wobei es leider kein angenehmes Stöhnen war.

»Aua! Ungh! Pffť!«, presste ich hervor, während wir einige Positionen ausprobierten, aber immer drückte irgendwo irgendwas.

»Herrgott noch mal«, sagte Anja verzweifelt, als ich ein leises Winseln vernehmen ließ.

»Glaub mir, anders wäre es mir auch lieber.«

»Und wenn ich so ...«, sagte Anja und winkelte ihr Bein an, was allerdings dazu führte, dass sie ihr Gewicht auf meine andere Seite verlagerte, weswegen ich wieder das Gesicht verzog. »Offenbar nicht.«

Ich stieß die Luft aus, als sie sich wieder zurücklehnte und der Druck von meiner Seite wich.

»So richtig klappt das heute nicht, oder?«, fragte sie und schwang sich von mir herunter.

Ich wollte gerade etwas sagen, als wir beide hörten, wie die Türklinke des Schlafzimmers heruntergedrückt wurde. Mit atemberaubender Geschwindigkeit warf mir Anja meine Decke über und sich selbst ihre auch. In dem kleinen Strahl Mondlicht, der durch die Fenster fiel, sahen wir Tobias mit seinem Lieblingskuschelbären in der Tür stehen.

»Mama, ich kann nicht schlafen.«

»Na, ich glaube, wenn du nur lange genug die Augen zumachst und es ganz doll versuchst, wird das schon klappen.«

Ich bemerkte, wie sie sich unter der Decke ihre Hose anzuziehen versuchte.

»Was machst du denn da?«, fragte Tobi.

Anja, sagte, ihr sei heiß gewesen, aber sie brauche nun wieder ihre Hose.

Tobi schien die Antwort zu akzeptieren, machte aber keine Anstalten, zurück ins Bett zu gehen. »Kann ich heute Nacht nicht bei euch schlafen?«

Anja warf mir einen Blick zu. Ich zuckte mit den Schultern.

»Na, dann komm her, aber pass auf, dass du deinem Papa nicht wehtust.«

Während Tobi auf ihrer Seite ins Bett kletterte, schaute ich sie entgeistert an, da meine Hose immer noch südlich des Gesäßes hing. Sie schien zu verstehen, was mein Problem war, deutete aber mit einem Kopfnicken an, dass ich mich selbst darum kümmern müsste. Also zuppelte ich unter Stöhnen die Hose zurecht, was Tobi nur noch mehr wunderte.

»War dir auch heiß, Papa?«

»Ja, aber jetzt nicht mehr.«

Anjas Blick wirkte entschuldigend, aber ich schüttelte kurz den Kopf, damit sie sich nicht weiter Gedanken darüber machte.

Tobi legte sich in die Mitte zwischen uns, weswegen wir beide etwas rutschen mussten. Die Zeiten, wo er zwischen uns ruhen konnte und es trotzdem bequem für uns drei war, lagen schon eine

Weile zurück. Mit sieben Jahren brauchte er eben deutlich mehr Platz als früher. Zumal er seinen Kuschelbären mitbrachte.

Herr Balunkovic, kurz Balu, hatte seinen Namen vom Bären aus dem Zeichentrickfilm *Dschungelbuch*, auch wenn der aus beigefarbenem Plüsch geformte Bär nicht die geringste Ähnlichkeit mit dem eher graublauen Tier aus dem Film hatte. Weder Anja noch ich hatten eine Ahnung, weswegen Tobi ihn nicht einfach nur Balu nannte, sondern darauf bestand, dass er Herr Balunkovic hieß. Aber im Grunde war das egal, solange Tobi seinen Spaß hatte. Nur in genau diesem Moment wünschte ich mir, er hätte etwas weniger Spaß an diesem voluminösen Kuschelgefährten.

Ich lag so dicht an der Kante des Betts, dass mein Arm dauernd hinunterfiel und ich mir Sorgen machte, dass der Rest des Körpers bald folgen würde. Normalerweise hätte ich mich auf die Seite gelegt, was das Problem behoben hätte, aber da ich mit meinen Bandagen den Bewegungsradius einer auf den Rücken gedrehten Schildkröte hatte, konnte ich nur auf dem Rücken liegen. Also verschränkte ich die Arme vor der Brust wie ein mumifizierter Pharao und versuchte zu schlafen.

Trotz der Unbequemlichkeit ging es mir gut. Als ich im Mondlicht noch einmal zu den beiden herüberblickte, war ich seit langer Zeit wieder richtig glücklich.

KAPITEL 3

EIN NEUER NACHFOLGER

Anja und ich waren wieder zusammen, die Familie wiedervereint. Nach all den Jahren, die ich damit verbracht hatte, mich daran zu gewöhnen, dass wir keine gemeinsame Zukunft hatten, fühlte ich mich, als ob alles möglich wäre. Im positiven Sinne.

Unser erster Kuss war über zehn Jahre her, und dennoch fühlte es sich an, als wären wir frischverliebte Teenager, die sich in jedem freien Moment davonstahlen, um sich zu küssen. Tobi ging das relativ schnell auf den Geist.

»Müsst ihr andauernd rumknutschen? Das ist voll eklig.«

»In fünf bis acht Jahren werde ich dich fragen, ob du dann immer noch so denkst«, sagte Anja grinsend.

»Und ich werde sie daran erinnern«, schob ich hinterher, woraufhin mir Anja gleich noch einen Kuss gab.

Tobi drehte sich augenrollend weg.

Ein paar Tage nach unserem nächtlichen Gespräch bat mich Anja darum, nach einer gemeinsamen Wohnung zu suchen, denn sie wollte nicht weiter warten. »Ist ja nicht so, als würden wir uns nicht kennen. Jeder weiß um die Macken des anderen, also brauchen wir keine Zeit, um uns an all die vermeintlichen Fehler zu gewöhnen, um dann später darüber zu entscheiden.«

»Du behauptest also, ich hätte Macken?«, fragte ich spielerisch.

»Natürlich, jeder hat welche.«

»Du nicht, du bist perfekt, so wie du bist.«

Sie schaute ganz gerührt. »Oooooh, das war so süß. Jetzt fühle ich mich ganz schlecht, dass ich das gesagt habe.«

»Ja, das ist so eine Macke von dir«, gab ich grinsend zurück, und sie knuffte mich spaßhaft gegen den Arm.

Also jonglierte ich die nächsten Tage meinen Laptop auf dem Schoß und schaute, ob in den Kleinanzeigen diverser Tageszeitungen irgendwas zu finden war.

Das Erste, was mir auffiel, war, dass die Mieten in den letzten Jahren offenbar ordentlich angezogen hatten. Allerdings konnten wir wohl froh sein, dass wir jetzt eine Wohnung suchten und nicht erst in ein paar Jahren, denn es wurde zum Teil abenteuerlich in Berlin.

Das Zweite, was mir auffiel, war, dass ich wohl zum ersten Mal nicht mehr in den Kleinanzeigen von Tageszeitungen blätterte, sondern mich durchklickte. Tatsächlich begriff ich, dass ich seit Ewigkeiten keine Tageszeitung mehr in den Händen gehalten hatte. All die Nachrichten über das große Zeitungssterben ergaben nun einen Sinn. Ich war Teil des Problems, denn ich kaufte schlichtweg keine mehr.

Ich war noch mitten in Gedanken, als mich plötzlich Thanatos überraschte und sich schwungvoll auf den Sessel fallen ließ.

»Hallo! Wie geht es dir?«, sagte er überschwänglich.

»Gut. Anja und ich sind wieder zusammen.«

Sein breites Lächeln flachte etwas ab. »Ihr seid aber schnell.«

»Schnell? Seit ich aus dem Krankenhaus raus bin, hätten wir fünfzigmal zusammenfinden müssen.«

»Und die Tatsache, dass sie sich von dir hat scheiden lassen, spielt keine Rolle mehr?«

»Das hatte ja unter anderem damit zu tun, dass es da dieses Problem zwischen dir und mir gab.«

»Was für ein Problem zwischen uns? Vielleicht trügt meine Erinnerung, immerhin bin ich schon über fünfhundert Jahre auf dieser Welt.«

»Nein, ich glaube, dass mit deinem Erinnerungsvermögen alles in Ordnung ist, aber du dich nur selektiv erinnern willst. Anja und ich hatten uns auseinandergelebt, weil ich sterben sollte. Weißt du noch? Ist noch nicht so lange her.«

Tod hob die Augenbrauen. »Du bist ja geradezu schnippisch heute. Darf ich dich daran erinnern, wer dich …«

»Ja, ja, du hast mich gerettet und so weiter. Trotzdem musste ich ja davon ausgehen, dass ich sterbe. Du, der Tod – ich, der es werden sollte. Dieses Problem, weißt du?«

»Ach ja.«

»Genau.«

Einen Moment lang schwiegen wir, und Tod rollte den Stock des Keschers in den Fingern.

Schließlich brach ich das Schweigen. »Hast du es dieses Jahr irgendwie ganz besonders auf die Menschen abgesehen? Neulich der Flugzeugabsturz, jetzt diese eine Moderatorin und der Regisseur, und Michael Jackson auch letzten Monat.«

Tod setzte sich auf den Sessel, legte den Kescher beiseite und verschränkte die Finger ineinander. »Ach, das ist doch alles das Übliche. Außerdem ist es ja nicht so, als könnte ich mir das aussuchen.«

»Ob-La-Di, Ob-La-Da?«

»Ganz genau«, bestätigte Thanatos. »Wobei ich fast sagen würde *All Things Must Pass*.«

Ich runzelte die Stirn. »Bist du jetzt von den Beatles zu George Harrison übergegangen? Zugegeben, der Weg ist nicht weit.«

»Was soll ich sagen? Ich habe mich den Sommer über etwas mit dem Werk von George Harrison beschäftigt und finde den Text etwas tiefsinniger als *Ob-La-Di, Ob-La-Da*.«

»Es ist vermutlich nicht sehr schwer, einen tiefsinnigeren Text als den zu schreiben. Es sei denn, man ist der Texter der Black Eyed Peas.«

»*I Gotta Feeeling* bei denen geht das nur *Boom Boom Pow*«, sagte Tod und sah mich mit einer Mischung aus Stolz und Verschmitztheit an.

»Manchmal frage ich mich wirklich, wann du auch noch Zeit hast, Musik zu hören.«

Er schob die Kapuze etwas nach hinten, um mir zu zeigen, dass er Ohrhörer trug. »Während der Arbeit.«

»Wie ... woher hast du ... egal. Du hörst während der Arbeit Musik? Pfeifst du auch, wenn in einem Kriegsgebiet gerade jemand von einer Granate zerrissen wird, bevor du ihn holst?«

»Dafür, dass es dir angeblich so gut geht, stichelst du heute aber erheblich rum.«

»Ich wundere mich nur.«

»Auch mein Gemüt braucht mitunter etwas Unterstützung beim Tagwerk, wenn es recht ist.«

Ich wusste nicht, was mich mehr überraschte: dass Tod während der Arbeit Musik hörte oder ich all die Jahre davon nichts mitbekommen hatte.

Er zeigte auf meine Beine. »Wann kannst du denn wieder laufen, damit wir mal wieder etwas unternehmen können?«

»Spätestens nächsten Monat. Wird auch Zeit. Andererseits muss ich mir bis dahin im Klaren darüber sein, wie es weitergehen soll.«

»Du willst immer noch deinen Job aufgeben?«

»Ja. Schon. Wahrscheinlich. Denke ich.«

»Immer noch keine Idee, was du machen willst?«

»Keine Ahnung. Ich hatte ja daran gedacht, mich bei Ärzte ohne Grenzen zu melden, aber da habe ich ja dann doch wieder nur mit Tod und Gewalt zu tun. Nichts gegen dich persönlich.«

»Schon gut. Mir ist klar, dass das Ergebnis meiner Arbeit den wenigsten Leuten gefällt.«

»Das ist sehr euphemistisch ausgedrückt.« Ich überlegte kurz. »Natürlich kann ich auch deswegen nicht zu Ärzte ohne Grenzen gehen, weil ich dann von Anja und Tobi getrennt wäre.«

Tod deutete auf meinen Laptop. »Gar kein Buch heute?«

»Ehrlich gesagt suche ich gerade nach einer gemeinsamen Wohnung für Anja, Tobi und mich.«

Tod hob erneut die Augenbrauen. »Ihr vergeudet keine Zeit, was?«

»Man könnte meinen, dass wir schon genug Zeit vergeudet haben, findest du nicht?«

Er zuckte mit den Schultern und lächelte wieder.

»Irre ich mich, oder bist du heute überraschend gut drauf?«, sagte ich. »Besonders wenig zu tun heute? Oder besonders viel? Ich weiß nie genau, was davon dir besser gefällt.«

»Nach all den Jahren hältst du mich noch immer für einen herzlosen Serienkiller, scheint mir.«

»Du musst doch zugeben, dass dir das Ganze schon ein wenig Spaß macht. Zumal du offenbar neuerdings Musik dabei hörst.«

»Ich versuche, die positiven Seiten daran zu sehen. Würde ich es nur negativ sehen, wäre ich vielleicht verbittert. Wer hätte etwas davon?«

»Wie auch immer«, sagte ich. »Also, was gibt es zu erzählen?«

Thanatos griff nach dem Kescher und legte ihn quer über seine Beine. Seine knöchrigen Hände lagen fest um den Holzstab und schlugen ihn aufgeregt auf die Knie. »Ich glaube, ich habe einen Nachfolger gefunden!«

Ich brauchte einen Moment, bis ich die Information verarbeitet hatte. »Du hast was?«

»Ich habe jemanden gefunden, der mich sehen kann.«

»Und du denkst ...«

»Es könnte sein, dass ich einen Ersatz für dich gefunden habe!«

Thanatos wirkte so aufgeregt und erfreut, dass es irritierend war. Ich konnte mich nicht erinnern, ihn irgendwann schon einmal so erlebt zu haben. Dazu kam meine eigene Verwunderung darüber, dass ich offensichtlich so schnell ersetzbar war. Fast mein ganzes Leben kannte ich den Tod, und quasi mein ganzes Erwachsenenleben war davon geprägt, dass irgendeine Kraft im Universum der Meinung war, ich solle sein Nachfolger werden. Selbst nachdem Thanatos mich vor meinem eigenen Tod gerettet und mir gesagt hatte, dass ich vermutlich den Rest meines Lebens in Ruhe verbringen könnte, war ich das Gefühl nicht losgeworden, dass ich als Nachfolger noch nicht abgeschrieben war. Nennen wir es ein permanentes Kratzen in den hinteren Winkeln meines Kopfes, das ich nie ganz loswurde. Und nun diese Nachricht. Ich war zu gleichen Teilen verwirrt über die Information, überrascht, dass es mit dem Nachfolger so schnell ging, erfreut, dass Tod darüber so glücklich war, erleichtert, dass ich offenbar nicht mehr gebraucht wurde ... und gekränkt, weil ich nun eine weniger wichtige Position in seinem Dasein einnehmen würde.

Das Grinsen auf Tods Gesicht flachte etwas ab. »Freust du dich gar nicht?«

»Ich ...« Ich brauchte einen Moment, um das Ganze zu verarbeiten. »Wie ... Was war denn genau?«

Tod wackelte euphorisch mit dem Kopf. »Ich war gerade in Toronto, wo ein Mann vom Auto überfahren wurde, als ich bemerkte, wie mich eine junge Frau kritisch beäugte.«

»Und hast du mit ihr gesprochen?«

»Nachdem ich mir sicher war, dass sie mich sehen konnte ... natürlich!«

»Wow«, sagte ich. »Und die ganze Zeit hast du auf dieser Information gesessen und nichts gesagt? Wir reden über George Harrison, und jetzt erst erwähnst du das?«

»Was ist los mit dir?«, wunderte sich Thanatos. »Ich hatte angenommen, du bist erleichtert über diese Nachricht. Also, ich war es, immerhin bedeutet es, dass du nicht mehr mein Nachfolger werden sollst, oder?«

»Ja, nehme ich an«, sagte ich. »Ich bin einfach nur ... überrascht. Aber ich freue mich für dich, dass du dich so darüber freuen kannst.«

Sein Lächeln wurde wieder breiter, als plötzlich ein zweiter Tod auftauchte, neben sich eine etwas überrumpelte, ostasiatisch aussehende Frau im Pyjama, die ein erschrockenes Gesicht machte und sich kurz darauf auf den Wohnzimmertisch übergab.

»Was zum Teufel?«, sagte ich und wollte hochfahren, aber meine eingegipsten Beine verhinderten das.

»Oh, das tut mir so leid«, stöhnte die junge Frau und hielt sich die Hand vor den Mund, als wäre sie noch nicht fertig.

Thanatos, den es mittlerweile wieder nur einmal gab, verzog das Gesicht. »Ich hatte vergessen, dass es den Leuten beim ersten Mal so ergeht.« Er wandte sich an seine Begleitung. »Das geht bald vorbei.«

Als der Geruch des Erbrochenen zu mir vordrang, musste ich selber würgen, aber es gelang mir, mich zu beherrschen.

Thanatos war derweil durch die Wohnung gehuscht und hatte im Bad Eimer und Lappen gefunden. Wenig begeistert wischte er den Dreck vom Tisch und brachte ihn weg. Ich hingegen war nur froh, dass nichts meinen Laptop getroffen hatte.

Die junge Frau hatte sich in den Sessel fallen lassen und hielt sich den Bauch. Ihr Kopf hing über der Rückenlehne, aber sie war noch immer käseweiß im Gesicht.

»Das will ich nie wieder machen«, sagte sie.

»Da würde ich nicht drauf wetten«, sagte ich und schob noch schnell ein »Hallo« hinterher. Ich lächelte.

Sie hob den Kopf und sah mich an. Langsam schien wieder Farbe in ihr Gesicht zurückzukehren. Trotzdem hatte ich Probleme, ihr Alter zu schätzen. Sie sah aus wie ein Teenager, wirkte aber älter. »Hallo. Wer bist du ... und wo bin ich hier?«

»Mein Name ist Martin, und du bist in der Wohnung meiner, ja, Freundin, schätze ich. Und wie heißt du?«

»Ich bin Gemma.«

»Du sprichst überraschend gut Deutsch«, sagte ich. »Du bist doch aus Kanada, oder?«

Sie hob die Augenbrauen. »Wieso sollte ich Deutsch sprechen?«

Tod war zurück und lächelte zaghaft. »Vielleicht hätte ich mit ihr zur Gewöhnung zunächst einen anderen Ort für einen Sprung aussuchen sollen.«

»Ach, denkst du, ja?« Ich sah ihn über die Brillengläser hinweg an, und er lächelte gequält.

Gemma schaute zwischen uns hin und her, bis sie bei Tod hängenblieb. »Kann mir vielleicht jemand verraten, was hier los ist? Wo bin ich überhaupt? Und warum erzählt der Typ mir, dass ich Deutsch spreche?«

Thanatos sah mich an. »Du denkst, dass sie Deutsch spricht?«

»Ja. Ich meine ... offensichtlich.«

»Sie spricht Englisch.«

»Aber, ich höre doch, wie sie spricht.«

»Du sprichst ja auch nicht Deutsch.«

»Was soll das denn jetzt wieder heißen?«

Tod wandte sich an die junge Frau. »Gemma, in welcher Sprache spricht er zu dir?«

Sie sah ihn an, als wolle er sie verarschen. »Englisch, natürlich.«

Er nickte mir zu. »Siehst du.«

»Was zum Teufel?«

Tod hob eine Augenbraue. »Ich schätze, da hat wieder etwas abgefärbt.«

»Abgefärbt?«, fragte Gemma.

Tod und ich wechselten einen Blick.

»Sie weiß es also noch nicht.«

»Nein«, sagte Tod. »Ich fand, der richtige Zeitpunkt war noch nicht gekommen.«

»Könnte mir vielleicht jemand sagen, wovon hier gerade gesprochen wird?« Gemmas Blick war zornig.

»Offenbar hat mal wieder eine von Tods Fähigkeiten auf mich abgefärbt. Sieht so aus, als würde ich jetzt in fremden Sprachen reden, ohne dass ich es merke.«

Gemma sah immer noch so aus, als verstünde sie nur Bahnhof. Verübeln konnte ich ihr das nicht.

»Was ... zum Teufel ... ist eigentlich los?«, platzte es aus ihr heraus.

»Willst du, oder soll ich?«, fragte mich Tod, und ich schüttelte den Kopf.

Gemma holte tief Luft. »Vor drei Tagen musste ich mitansehen, wie ein Typ vom Auto überfahren wird. Dann stand der«, sie zeigte mit dem Daumen auf Thanatos, »plötzlich daneben und fing einen Schmetterling ein. Aber niemand reagierte auf die merkwürdige Gestalt. Meine Freundin Becky schaute mich auch ganz komisch an, als ich fragte, ob sie den unheimlichen Typen im Umhang nicht sah, der uns zum Studentenheim folgte. Er stellte sich später als Tod vor und meinte, dass wir uns nun öfter sehen würden. Dann taucht er plötzlich auf, als ich es mir mit meinem Freund gerade gemütlich machen wollte, was die ganze Stimmung versaute, so dass ich mir nicht sicher bin, ob mein Freund noch mein Freund ist.«

»Ja«, sagte ich, »das kommt mir bekannt vor.«

»Und heute taucht er am Morgen auf, ich bin noch nicht mal richtig angezogen«, sie deutete auf ihren Pyjama, »und schleppt mich einfach hierher, wo mir speiübel wird. Mal ganz abgesehen davon, dass ich dachte, auf einem ziemlich üblen Trip zu sein, als sich plötzlich alles vor meinen Augen auflöste.«

»Daran gewöhnt man sich«, sagte Tod.

»Das kann ich bestätigen«, sagte ich.

»Mag ja alles sein, aber ... WO BIN ICH HIER UND WARUM?«

Ich hob meine Hände und bedeutete ihr, sich zu beruhigen. »Ich schätze, unser gemeinsamer Freund hier ist immer recht impulsiv. Er stellt einen gern vor vollendete Tatsachen.«

Sie sah mich prüfend an. »Ist er wirklich der Tod?«

»Ja«, erwiderte ich.

»Shit.«

»Schon, irgendwie.«

»Hey«, sagte Tod. »So schlimm bin ich nun auch wieder nicht. Außerdem dachte ich, dass meine Kutte und die Tatsache, dass ich den Schmetterling geholt habe, relativ klare Anzeichen waren.«

Ich überging ihn einfach.

»Er ist der Tod. Der wirkliche, leibhaftige Tod. Du kannst ihn auch Thanatos nennen. Ich bin Martin. Ich war als sein Nachfolger vorgesehen, aber das hat sich geändert. Das genau zu erläutern, würde vermutlich den Rahmen sprengen. Die Tatsache, dass du den Tod sehen kannst, lässt ihn glauben, dass du vielleicht sein neuer Nachfolger bist. Und weil er darüber so aufgeregt war, hat er dich mit zu mir nach Berlin gebracht, um dich mir vorzustellen.«

Gemma runzelte die Stirn. »Ich bin in Berlin? Berlin, Deutschland?«

»Das ist richtig«, antwortete ich.

»Meine Kurse fangen in einer Stunde an. Wie komme ich denn jetzt wieder nach Toronto?«

»Das wird Thanatos schon regeln, immerhin hat er dich ja auch ganz schnell hergebracht«, sagte ich und schaute ihn ernst an. Er bestätigte mit einem Kopfnicken.

Gemma atmete erleichtert aus. Tod und ich sahen uns verwundert an.

»Du hast sonst keine Fragen zu den Dingen, die ich gerade gesagt habe?«, hakte ich noch einmal nach, denn man sollte meinen, dass sie gerade ganz andere Probleme auf sich zukommen sehen sollte als eine verpasste Vorlesung.

»Doch«, sagte sie. »Was hat es mit diesem Abfärben auf sich?«

»Es scheint so, als würden einige Fähigkeiten und Eigenschaften des Todes auf einen abfärben, wenn man eine Weile mit ihm zusammen ist«, sagte ich schließlich.

»So wie andere Sprachen verstehen und sprechen?«

»Offensichtlich«, sagte ich, obwohl das Ganze auch mir neu war.

»Was gibt es da noch für Fähigkeiten, die auf einen abfärben können?« Sie wirkte fasziniert.

»Das frage ich mich ebenfalls«, sagte ich, weniger fasziniert als genervt, dass er mir nichts darüber erzählt hatte. Tod lächelte etwas gezwungen.

Gemma sah sich im Raum um und blieb schließlich vor dem Fenster stehen, um herauszublicken. »Ich war noch nie außerhalb von Kanada.«

»Ich kann dich gerne noch an andere Orte auf der Welt bringen«, sagte Tod eifrig. »Ich wüsste da zum Beispiel einen schönen Platz auf den Azoren, wo man sich wunderbar den Sonnenuntergang anschauen kann.«

Tod sprach von dem Platz, an den wir beide immer gingen, wenn wir etwas zu besprechen hatten. Jetzt wollte er jemand anderen dorthin mitnehmen. Mein Magen zwickte mich, als ich einen überraschenden Anflug von Eifersucht verspürte. Aber bevor ich darüber nachdenken konnte, drang aus dem Flur das Geräusch eines Schlüssels in der Wohnungstür. Kurz darauf stürmte Tobi ins Zimmer und begrüßte mich breit lächelnd und mit einer erhobenen Faust: »Ferien!«

»Zieh dir erst mal die Schuhe aus, stell deine Tasche ins Zimmer, und dann zeig mal dein Zeugnis«, schickte ich ihn lächelnd weg.

Tobi huschte davon, und Gemma sah Tod mit großen Augen an. »Der hat uns gar nicht bemerkt.«

»So ist das mit dem Tod und seinen Begleitern in der Regel«, sagte er. »Wir sollen ja auch nicht bemerkt werden.«

Ich lauschte, wie Tobi seine Schuhe auf den Boden poltern ließ, und wandte mich dann wieder an meine beiden Besucher. »Ich glaube, ich muss mich jetzt meinem Sohn widmen«, sagte ich ruhig und mit dem komischen Gefühl im Bauch, dass ich gerade ersetzt worden war.

Tod nickte.

»Ich muss ohnehin in die Uni. Schön dich, äh, kennengelernt zu haben«, sagte Gemma und winkte mir zu. Kurz darauf waren Tod und sie verschwunden, und Tobi hielt mir sein Zeugnis unter die Nase, auf dem fast ausschließlich gute Zensuren waren. Nur in Sport hatte er eine Drei. Von wem er das wohl hatte?

KAPITEL 4

KAFFEE UND KRACH

In den nächsten Wochen ließ sich Tod nicht mehr blicken. Das war nichts Neues für mich, denn es hatte schon immer Zeiten gegeben, in denen er sich rargemacht hatte, aber diesmal war es anders. War ich früher der erste und wichtigste Ansprechpartner für ihn – und, zugegeben, der nahezu einzige –, hatte er nun jemanden gefunden, dem er stattdessen das Leben schwer machen konnte. Ich war nicht mehr die einzige Person, mit der er reden konnte. Wenn man mal von dem kleinen Mädchen absah, das in aller Regel nicht gut auf ihn zu sprechen war.

Ich konnte ihm nicht wirklich böse sein. Immerhin hatte er Jahrhunderte durchwandert, ohne sich mit jemandem austauschen zu können. Und ich hatte gewissermaßen verhindert, dass sich an seiner Situation etwas änderte. Insofern hätte ich mich für ihn sogar freuen sollen. Tat ich aber nicht. Ich fühlte ein Loch im Bauch, weil mein Freund seine Zeit zukünftig mit jemand anderem als mir verbringen würde.

Langsam konnte ich mich besser bewegen, aber noch immer war ich aufgrund meiner Verletzungen zumeist an die Couch gebunden. Ich hielt es kaum noch aus. Das ewige Rumliegen nervte mich. Dazu kam, dass der Sommer in diesem Jahr eine unglaubliche Wende nahm. Zunächst war er nass und verregnet, aber dann wurde es so warm, dass es in der Wohnung aufgrund meiner Schweißausbrüche roch wie im Raubtierhaus.

Mittlerweile kam auch jemand vorbei, der mit mir Reha machte, und als schließlich der Gips komplett ab war, hatte ich regelmäßige Termine außerhalb, damit sich mein Körper wieder an die Anstrengung gewöhnte. Ich humpelte aber noch eine ganze Weile durch die Gegend, und lange Belastungen fielen aus. Demnach war ich weiter arbeitsunfähig, da ich gar nicht in der Lage gewesen wäre, im Krankenhaus meinen Dienst zu verrichten. Ich hätte über längere Zeiträume stehen müssen, und das war noch nicht vorstellbar. So blieb mir noch etwas Zeit, darüber nachzudenken, ob ich den Beruf wirklich aufgeben wollte. Und wenn ja, was ich dann mit meiner Zeit anfangen sollte.

Weil ich nicht gut zu Fuß war, kam ein größerer Sommerurlaub nicht in Frage. Stattdessen fanden wir tatsächlich eine neue Wohnung und benutzten das beim Urlaub eingesparte Geld, um eine Umzugsfirma zu bezahlen. Ohne meine eingeschränkte Bewegungsfähigkeit wäre meine Rolle beim Umzug lediglich die der Nervensäge gewesen, die daneben steht, den anderen zuschaut und »gute« Ratschläge gibt. So musste Anja es übernehmen, den Männern zu sagen, wo welche Kiste hin sollte, während ich auf dem Balkon saß und wartete, bis sich alles wieder beruhigt hatte.

Mit dem Umzug hatte es mich wieder in meine alte Heimat Spandau verschlagen. Wir wohnten in der Nähe der Pichelsdorfer Straße und hatten so gleich den Südpark mit seinem kleinen Teich und den Ausläufer der Havel namens Scharfe Lanke in der Nähe. Den Teich konnte man allerdings auch als Tümpel bezeichnen, der im Sommer als Moskitobrutplatz diente. Im Winter hatte man bei gefrorenem Wasser an der Scharfen Lanke allerdings einen wunderbaren Platz zum Schlittschuhlaufen. Außerdem war es nun nicht mehr so weit bis zu meiner Mutter.

Nachdem mein Vater gestorben und sie in Rente gegangen war, hatte sie es aufgegeben, das ganze sinnlose Zeug zu horten, das er angesammelt hatte. Natürlich war es schade, seine ausschweifende Schallplattensammlung in fremden Händen zu wissen, aber der gewonnene Platz war es wert. Und die Überraschungsei-Figuren brauchte nun wirklich kein Mensch. Statt irgendwelche Dinge zu kaufen, gab sie ihr Geld für Theater, Konzerte und Reisen aus, weswegen ich sie in den letzten Jahren immer weniger gesehen hatte.

Derjenige, der irgendwann mal den Spruch »Rentner haben keine Zeit« formulierte, wusste, wovon er sprach. Außerdem schien sie mit dem Alter immer mehr der Attitüde »Mir doch egal« zu verfallen, was sich unter anderem darin äußerte, dass ihr Kommentar auf das Wiederaufleben meiner Beziehung zu Anja sich auf die Worte »Na ja, wenn euch das Spaß macht« beschränkte. Anja lachte, als sie das hörte: Sie wusste schließlich, dass meine Mutter sie mochte.

Ganz anders sah das mit ihren Eltern und mir aus. Anjas Mutter Ursula war schon in der Vergangenheit nie ein großer Fan meiner Person gewesen. Es ist zwar nur eine Vermutung meinerseits, aber als Anja und ich uns damals scheiden ließen, gaben ihre Eltern etwas später eine Party. Bis heute glaube ich, dass unsere Trennung der Anlass dafür war und sie feiern wollten, dass sie ihre Tochter nun vielleicht doch noch einem reichen Anwalt zuschustern konnten. Zumindest für kurze Zeit war ihnen das auch gelungen, auch wenn Anja sich später eines Besseren besann.

So richtig hatte ich nie verstanden, warum sie etwas gegen mich hatten. Natürlich hatte mich Anja lange Jahre durchgefüttert, weil ich während des Studiums und in der Anfangszeit als Arzt kaum Geld verdiente. Aber es war klar, dass ich später mehr Gehalt bekäme und somit Anja ein gutes Leben bieten konnte. Andere Eltern hätten ihre Töchter liebend gern mit einem Arzt zusammen gesehen. Vielleicht entstammte meine Vorstellung, dass Arzt ein begehrenswerter Beruf war, aus alten Büchern oder Filmen, in denen sie als besonders gute Partie angesehen wurden. Wer weiß? Demnach lasen beziehungsweise sahen Ursula, ihr Mann Rolf und ich also grundverschiedene Dinge.

Ich konnte froh sein, dass sich Gleichberechtigung und Feminismus so weit durchgesetzt hatten, dass die Wahl des Partners von Anja selbst getroffen wurde und nicht von ihren Eltern. Unangenehme Familienbesuche ersparte mir das aber nicht.

Natürlich hatte auch ich das Gefühl, dass wir unsere Eltern in die neue Wohnung einladen mussten. Es ist ein ungeschriebenes

Gesetz, dass man die Eltern mit Kaffee und Kuchen bewirtet, wenn man woanders hingezogen ist. Wirklich freuen konnte ich mich auf den Samstagnachmittag allerdings nicht. Ich hatte eher das Gefühl, als stünde uns das zwischenmenschliche Äquivalent von quietschender Kreide auf einer Tafel bevor. Auch Tobi zog ein Gesicht, als wäre er zu drei Wochen Strafarbeit in den Minen verurteilt worden, weil er den Tisch decken und sich artig an selbigen setzen sollte, während er viel lieber bei seiner LEGO-Burg gewesen wäre.

»Schön habt ihr es hier«, sagte Ursula, als sie mit den anderen vom Rundgang durch die Wohnung zurückkam und sich setzte.

»Kuchen?«, fragte Anja und tat jedem einfach ein Stück auf.

Wir genossen einen kurzen Moment der Stille, in dem lediglich das Klappern der Kuchengabeln auf dem Teller und ein paar Kaugeräusche zu hören waren. Bis Anjas Mutter ihren Mund aufmachte, um etwas zu sagen.

»Und?«, fragte sie an mich gewandt. »Wann kannst du endlich wieder zur Arbeit gehen? Das fehlende Geld macht euch doch sicher zu schaffen, oder?«

Anja und ich wechselten einen Blick. Ihre Augen flehten mich an, möglichst diplomatisch zu sein. Meine Mutter hingegen grinste schelmisch und nahm einen weiteren Bissen vom Kuchen.

»In drei Wochen soll ich so weit sein, dass ich längere Zeit auf den Beinen verbringen kann. Ob ich dann tatsächlich wieder arbeiten kann, wird sich zeigen.«

»Das heißt also, dass ...«

»Wir werden sehen. Mal schauen, was mein Arzt sagt, was mein Chef sagt und ob ich das überhaupt noch will.«

Plötzlich lagen alle Blicke auf mir. Nur Tobi stocherte lustlos in seinem Kuchen herum, weil der Kokos enthielt, was er nicht ausstehen konnte. Er hatte nicht bemerkt, dass ich mich gerade verplappert hatte.

»Wie meinst du das, ob du das noch willst?«, fragte Anja.

Ich stöhnte. »Können wir das vielleicht später unter uns besprechen?«

»Mich würde das allerdings auch interessieren«, sagte Ursula und wandte sich mit dem Gesichtsausdruck eines Hais, der Blut gewittert hatte, an meine Mutter: »Sie nicht auch?«

Die lächelte nur und fragte nach einem weiteren Stück Kuchen. »Martin wird schon das tun, was ihn glücklich macht.« Am liebsten hätte ich sie in dem Moment geküsst.

»Aber wenn Martin auf einmal nicht mehr in seinem Beruf arbeiten will oder kann, dann ist das doch ein wichtiges Thema, finden Sie nicht?«, fragte Ursula spitz.

Anja schaute mich immer noch ein wenig entgeistert an. Ich deutete mit den Händen an, dass wir ruhig bleiben sollten, aber ich selbst hätte am liebsten ihre Mutter angebrüllt, dass sie damit aufhören sollte, Öl ins Feuer zu gießen. Zumal noch gar nichts spruchreif war.

»Unsere Kinder sind Mitte dreißig und haben selbst ein Kind«, sagte meine Mutter. »Ich glaube, mittlerweile sollten sie selbst entscheiden, was für einer Arbeit sie nachgehen. Oder ob sie zusammen sein wollen oder nicht. Ich will eigentlich nur meinen Kuchen essen.«

Sie zwinkerte Tobi zu, der ausnahmsweise lächelte, während er an dem immer größer werdenden Batzen Kuchen in seinem Mund kaute.

Aber Anjas Mutter gab keine Ruhe. Sie setzte sich aufrecht hin, als wäre sie eine Lehrerin aus den Zwanziger Jahren, die ihre Schüler rügen wollte. Und dann sprach sie auch noch so. »Ich bin der Meinung, dass Martin seine Intentionen unserer Tochter hätte mitteilen sollen, bevor sie wieder zusammengezogen sind.«

Du blöde Kuh kannst es einfach nicht lassen, dachte ich. Obwohl ich zugeben musste, dass sie in gewisser Weise recht hatte. Es wäre fair gewesen, mit Anja darüber zu sprechen, aber es hatte sich einfach nicht ergeben.

»Du sagst ja gar nichts«, wandte sich Ursula hochnäsig an mich.

»Weil es nichts zu sagen gibt.«

»Aber gerade eben klang es so, als würdest du ...«

»Willst du jetzt wirklich ein Streit vom Zaun brechen, obwohl wir einfach nur nett beieinandersitzen wollten?«

»Man wird ja noch mal fragen dürfen, ob ...«

»Nein, darf man nicht«, sagte ich scharf.

»Martin«, flüsterte Anja neben mir und legte mir eine Hand auf den Arm, aber es beruhigte mich nicht.

»Den Mund verbieten lasse ich mir nicht!«, rief Anjas Mutter verärgert, und mittlerweile versuchte sogar ihr Mann Rolf, der bis dahin gar nichts gesagt hatte, sie zu besänftigen.

»Das habe ich auch gar nicht getan, aber warum können wir uns nicht einfach ...«

»Über den Mund gefahren bist du mir!«

»Meine Güte, ich dachte doch lediglich, dass wir ...«

Sie wandte sich an Anja. »Nicht mal entschuldigen tut er sich. Und mit dem ziehst du zusammen?«

»Mama, beruhige dich doch«, sagte Anja, aber ihre Mutter schaute mich immer noch an, als hätte sie mich am liebsten in einen aktiven Vulkan getreten.

In diesem Moment ließ ich meine geistigen Mauern unbewusst fallen, die ich mir seit Jahren aufgebaut hatte, um keine ungewollten Einsichten in das Leben und vor allem Sterben anderer zu erhalten. Und was ich sah, erschreckte mich.

Die Vision zeigte mir in nur wenigen Sekunden, wie sich Anjas Eltern während der Fahrt im Auto stritten und eine rote Ampel überfuhren. Ein LKW, der auf der kreuzenden Straße fuhr, konnte nicht mehr rechtzeitig bremsen und ...

»Was ist los?«, fragte mich Anja. »Du bist ja kalkweiß im Gesicht.«

»Ich ... ich muss kurz ...«

Ich stand auf und stolperte ins Bad. Ursulas Gezeter konnte ich noch durch die geschlossene Tür hören und auch die Versuche von

Anja oder ihrem Vater, sie zu beruhigen. Ein paar Hände voll Wasser würden mir helfen, dachte ich.

Während ich mich noch auf dem Waschbecken abstützte und versuchte zu verstehen, was ich gerade gesehen hatte, ertönte eine altbekannte Stimme hinter mir.

»Was zum Teufel ist hier auf einmal los?«, fragte Thanatos.

Ich drehte mich um. »Ich hatte gerade eine Vision, wie Anjas Eltern umkommen.«

»Ja, das ist mir klar. Ich hatte die Vision nämlich auch. Das Merkwürdige daran ist aber, dass das, was wir gesehen haben, nicht die ursprüngliche Vision ist.«

»Was soll das heißen?«, fragte ich.

»Eigentlich sollten ihre Eltern noch ein paar Jahre auf der Erde verbringen«, sagte Tod. »Jedenfalls war das noch bis vor ein paar Minuten so.«

Vor der Tür hörte ich ein Murmeln und Rascheln, ignorierte es aber so gut es ging.

»Habt ihr irgendwas getan, was der Grund für die plötzliche Veränderung sein könnte?«, fragte Tod.

»Ich dachte, man kann den Lauf der Dinge nicht ändern«, sagte ich erstaunt.

Tod schüttelte ungehalten den Kopf. »Kann man auch nicht! Ich habe noch nie erlebt, dass eine Vision sich spontan geändert hat. Also wirst du mir jetzt«, er hob tadelnd den Finger, »ganz genau sagen, was passiert ist.«

»Wir haben uns gestritten. Aber das ist nicht ungewöhnlich«, verteidigte ich mich. »Ich bin auch schon früher nicht warm geworden mit Anjas Mutter.«

Tod legte die Stirn in Falten. »Hm.«

Es klopfte an der Badezimmertür. »Alles okay bei dir?«, fragte Anja.

»Ja«, rief ich. »Ich musste mir nur etwas Wasser ins Gesicht kippen. Ich komme gleich.«

Ich hörte, wie sich ihre Schritte entfernten.

»Ich weiß nicht, was du da gerade gemacht hast«, sagte Tod, »aber die beiden haben nur noch zehn Minuten zu leben.«

»Dann muss ich sie irgendwie aufhalten«, sagte ich, aber Tod schüttelte den Kopf, als ich an ihm vorbei nach dem Türknauf langte.

»Ich dachte, dass wir diesen Punkt hinlänglich geklärt hatten.«

»Aber du sagst doch selbst, dass sie eigentlich länger auf der Erde sein sollten. Und wenn sie sich wegen unseres Streits in die Wolle kriegen, ist es vielleicht auch meine Schuld.«

Tod verdrehte die Augen und seufzte.

Ich trat durch die Tür und ging ins Wohnzimmer, wo nur noch meine Mutter und Anja saßen. Aus Tobias' Zimmer kam das vertraute Klappern von LEGO-Steinen.

»Wo sind deine Eltern?«, fragte ich Anja.

»Meine Mutter war so aufgebracht, dass sie beschlossen hat zu gehen. Und natürlich ist mein Vater gleich hinterher getrottet.«

»Aber sie haben ja nicht mal Tschüss gesagt. Sie ...«

Ich beendete den Satz nicht, sondern lief zur Wohnungstür und riss sie auf. Eine halbe Treppe unter unserem Stockwerk sah ich durch das Fenster zur Straße. Anjas zeternde Eltern waren gerade dabei, ins Auto zu steigen. Ich hämmerte noch an die Fensterscheibe, die bedrohlich wackelte, aber sie bekamen es nicht mit.

»Verdammt!«, rief ich.

Tod stand plötzlich neben mir und schüttelte den Kopf. »Lass es. Denk nicht mal daran.«

Ich sah ihn irritiert an, bis ich Anja in der Wohnungstür bemerkte. Sie schaute mich mit fragendem Gesicht an, als erwarte sie eine Erklärung für mein seltsames Verhalten.

»Du teleportierst ihnen nicht hinterher«, sagte Tod.

An die Möglichkeit hatte ich gar nicht gedacht, aber vor Anja wollte ich auch nicht plötzlich verschwinden und schon gar nicht genauso plötzlich vor ihren Eltern auftauchen.

»Ich muss ihnen nach«, rief ich zu Anja hinauf und war drauf und dran, nach unten zu rennen, als sie mir hinterherbrüllte: »Warte! Martin!«

»Was?«

»Sie sind doch schon so gut wie weg.«

»Ich kann ihnen ja mit dem Auto ...« Ich sprach nicht weiter. Ich tastete meine Hose nach dem Autoschlüssel ab, der natürlich nicht da war. Der Gedanke, schnell nach oben zu springen und ihn zu holen, kam mir, aber dann hätte ich einiges erklären müssen.

»Komm rein«, sagte Anja. »Die beruhigen sich schon wieder.«

Ich hatte einen mächtigen Klotz im Magen, als ich aus dem Fenster sah, wie das Auto von Anjas Eltern in den Verkehr einbog.

Tod sah mich schief an. »Ich glaube, wir sollten darüber noch einmal sprechen.«

Ich nickte ihm kaum merklich zu, dann war er verschwunden. Anja wartete in der Tür auf mich. Während ich die paar Stufen zu unserer Wohnung nahm, überlegte ich fieberhaft, was ich noch tun konnte. Tods Worte gingen mir durch den Kopf, und plötzlich fiel es mir ein.

»Sprechen!«, stieß ich hervor und rannte die Treppe hoch an Anja vorbei.

»Was soll das denn?«, rief sie mir hinterher.

Ich hastete zu meinem Handy, das in der Stube auf dem Couchtisch lag. Meine Mutter sah mich sonderbar an, als ich mich darauf stürzte und wieder aus dem Zimmer rannte. Hastig entsperrte ich das Telefon und rief die Nummer von Anjas Mutter an. Es klingelte mehrere Male, dann wurde ich zum Anrufbeantworter durchgestellt. Ich versuchte es mit der Nummer ihres Vaters, aber auch dort war kein Durchkommen. Derweil tickte die Uhr.

»Scheiße, Scheiße, Scheiße«, brabbelte ich vor mich hin, während ich im Flur auf und ab ging.

»Was ist denn los mit dir?«, fragte Anja, die mir gefolgt war.

»Ich wollte ... sie zurückholen. Und mich entschuldigen.«

»Quatsch, meine Mutter hat völlig übertrieben und muss sich erst mal abreagieren. Sie ruft bestimmt morgen an und entschuldigt sich.«

Da wäre ich mir nicht so sicher, dachte ich.

»Trotzdem scheint es, als hätten wir beide da durchaus noch was zu bereden.«

Ich stimmte ihr zu, hob aber einen Finger, um ihr zu zeigen, dass sie sich gedulden sollte, während ich mit der anderen Hand erneut die Nummer ihrer Mutter wählte.

»Meine Güte, nun lass es doch.«

Wir gingen zurück ins Wohnzimmer, wo meine Mutter ihren Kaffee schlürfte. Anja schaute mich abwartend an.

»Später«, sagte ich.

»Soll ich vielleicht gehen?«, fragte meine Mutter.

»Schon gut. Das Durcheinander tut mir leid«, erwiderte Anja und schaute mich genervt an, weil ich schon wieder das Handy in der Hand hatte und versuchte, ihre Eltern zu erreichen. »Wenn du nicht gleich damit aufhörst, nehme ich dir das Ding weg, verdammt noch mal.«

Meine Mutter blieb noch eine Weile, weil Anja darauf bestand. Ich blickte immer wieder auf die Uhr. Als die zehn Minuten um waren, entschuldigte ich mich kurz, ging ins Bad und hätte am liebsten meine Faust im Wandspiegel versenkt. Ich wusste, dass Anjas Eltern tot waren, konnte es ihr aber nicht sagen. Nach dazu erwartete sie von mir, dass ich mich in aller Ruhe mit ihr und meiner Mutter zu Kaffee und Kuchen hinsetzte. Ich griff mir ein Handtuch, legte es zusammen, verbarg das Gesicht darin und hoffte, dass meine Familie im Wohnzimmer nicht den Schrei hören würde, den ich darin vergrub.

Als es draußen langsam dunkel wurde, verabschiedete sich meine Mutter. Sie war kaum zehn Minuten weg, als es an der Tür klingelte und ein Polizist Anja mitteilte, dass ihre Eltern bei einem Autounfall ums Leben gekommen waren.

KAPITEL 5

IM GEDENKEN AN DIE TOTEN

Anja war die nächsten Tage völlig neben der Spur. Es war schon schlimm genug für mich, als mein Vater verstarb, aber sie musste nun damit klarkommen, gleichzeitig beide Elternteile verloren zu haben.

Als einziges Kind der beiden wäre es eigentlich an ihr gewesen, sich um Beerdigung, Trauerfeier und dergleichen zu kümmern, aber sie stand so neben sich, dass ich die Organisation übernahm. Und die Aufgabe, der gesamten Verwandtschaft Bescheid zu geben. Bei jedem Anruf hatte ich das Gefühl, mich entschuldigen zu müssen, aber natürlich konnte ich nichts dergleichen sagen.

Tobias war verstört darüber, wie es seiner Mutter ging. Ein paar Jahre vorher hatte Anja ihm schon einmal erklärt, was es mit dem Tod auf sich hatte. Nun schien es aber, als könne er nicht begreifen, was mit seinen Großeltern geschehen war.

»Oma und Opa sind weg?«, fragte er mich.

»Sie sind gestorben.«

»Aber sie kommen doch zu Weihnachten vorbei und bringen mir Geschenke an meinem Geburtstag, oder?«

»Das können sie leider nicht mehr.«

»Aber Oma hat gesagt, dass sie immer auf mich aufpassen wird, und Opa wollte mich mit seiner Eisenbahn spielen lassen.«

Ich nahm ihn in den Arm. »Daraus wird leider nichts mehr. Aber deine Mutter und ich werden auch immer auf dich aufpassen.«

»Aber sie haben es doch versprochen!«

»Sie sind tot, Knöpfchen.«

»So wie die Eltern von Batman?«, fragte er.

»Genau.«

»Aber die wurden doch umgebracht. Das ist doch was ganz anderes.«

»Im Endeffekt nicht«, sagte ich, aber Tobi sah nicht so aus, als verstünde er den Unterschied zwischen einem Tod durch Mord oder sonst einer Art.

Nur ein paar Tage vorher hatten wir den Trickfilm *Oben* im Kino gesehen. In der Anfangssequenz wird das gemeinsame Leben eines Pärchens gezeigt, was damit endet, dass die Frau stirbt. Für mich als Erwachsenen war das wohl einer der emotionalsten Filmmomente überhaupt, aber Tobi hatte es gar nicht richtig verstanden oder dachte immer noch, dass es nicht so schlimm wäre, weil niemand sie umgebracht hatte. Ich hatte ihm auch noch einmal zu erklären versucht, was es mit dem Tod auf sich hatte, allerdings hatte er mehr von dem sprechenden Hund geschwärmt, der später im Film vorkam. Die Sache mit dem Tod war schnell wieder vergessen.

Ich erklärte ihm, dass es seinen Großeltern so wie Carls Frau im Film ergangen war.

»Wer war denn Carl?«

»Der alte Mann, der mit dem Haus an all den Ballons weggeflogen ist.«

»Ach so.«

Er schien es immer noch nicht begriffen zu haben. Ich versuchte es anders.

»Erinnerst du dich daran, wie wir *Bambi* gesehen haben? Die Mutter kehrt nicht mehr zurück.«

Tobi nickte.

»Oder wie in *König der Löwen* Mufasa von Scar umgebracht wird?«

Mittlerweile schaute Tobi skeptisch.

Ich überlegte noch, ob ich die Frau von Marlin in *Findet Nemo* anführen sollte, oder die böse Hexe in *Schneewittchen* und *Arielle die Meerjungfrau*, aber dann kam mir der Gedanke, dass ein einfaches Aufzählen von Momenten aus Disney-Filmen vielleicht nicht das gewünschte Ergebnis brachte. Mir kam außerdem der Gedanke, dass in Disney-Filmen extrem viel gestorben wird. Und gemordet.

»Weißt du noch, wie deine Mutter letzte Woche weinen musste, weil Patrick Swayze gestorben ist? Dieser merkwürdige Typ aus dem Tanzfilm, den ihr schon mal zusammen gesehen habt?«

Tobi schien nachzudenken. »Du meinst, sie sind im Himmel?«, fragte er.

»Äh, ja, vielleicht. Woher hast du das denn?«

Anja und ich hatten Tobi nie religiös erziehen wollen. Wir waren der Meinung, dass er irgendwann selbst entscheiden sollte, ob es ein Wesen gab, das die Welt und die Menschen geschaffen hatte, und ob es so etwas wie das Leben nach dem Tod gab.

»Nele aus der Schule hat mir davon erzählt. Sie sagte nach den Ferien, dass ihre Oma im Himmel sei.«

»Ja, im Grunde sehr ähnlich«, sagte ich. »Wir wissen nicht genau, ob es einen Himmel oder eine Hölle gibt. Aber auch ihre Oma ist gestorben.«

»Was ist denn die Hölle?«, fragte er und brachte mich damit in noch größere Erklärungsnot.

Eigentlich hatte ich nicht vor, ihm die religiösen Konzepte diverser Weltreligionen innerhalb kürzester Zeit zu erläutern, also beschränkte ich mich darauf, ihm zu sagen, dass manche Leute daran glaubten, dass gute Menschen nach dem Tod in den Himmel kämen und die bösen Menschen in die Hölle.

»Wie böse?«, fragte er.

»Na ja, wenn sie zum Beispiel anderen Leuten ganz doll weh oder böse Dinge getan haben.«

»Oma hat dich angebrüllt und ganz schlimme Dinge über dich gesagt, als sie neulich hier waren.«

»Ach ja?«, fragte ich scheinheilig.

»Vielleicht ist Oma deswegen in der Hölle.«

So schlecht ich mich wegen des Todes von Anjas Eltern fühlte, irgendwie war mir nach dieser Bemerkung ein wenig nach Lachen zumute. Andererseits wollte ich das nicht so stehen lassen, da Tobi nicht wusste, was er sagte.

»Falls dich irgendwer fragt, sagst du einfach, dass deine Oma und dein Opa tot sind. Oder sie im Himmel sind. Das mit der Hölle erwähnen wir einfach nicht, okay? Auch nicht gegenüber deiner Mutter.«

Ich schaute ihn erwartungsvoll an, und schließlich nickte Tobi entschlossen.

Die Beerdigung fand zwei Wochen später statt. Es hatte Anja mehrere Tage gekostet, den Verlust zumindest so weit zu verarbeiten, dass sie irgendwas tun konnte. Aber natürlich kamen die Gefühle während der Trauerfeier wieder hoch. Ihr liefen die Tränen, und Tobi machte mit, obwohl er immer noch nicht so richtig verstand, warum Oma und Opa plötzlich in einer Kiste lagen und nicht mehr herauskamen.

Die Trauerrednerin hatte sich vorher von Anja und ein paar Verwandten Informationen geholt, aus denen sie eine Rede gebastelt hatte, die zwar ihren Zweck erfüllte, auf mich aber eher den Eindruck machte, als stammte sie aus dem Baukasten. Setze bei X ein einschneidendes Ereignis aus dem Leben der verstorbenen Person ein, wiederhole bei Y. Trotzdem funktionierte das Ganze. Die Freunde und Bekannte weinten an den richtigen Stellen. Nur mich ließ das Ganze irgendwie kalt. Und es lag nicht daran, dass ich Anjas Mutter nicht sonderlich hatte leiden können. Vielmehr hatte mich die Organisation ausgelaugt, da jedes Familienmitglied und jeder Bekannte mit einer anderen Idee ankam, was die Verstorbenen sich für ihre Trauerfeier gewünscht hätten.

Nachdem ich am frühen Abend Tobi ins Bett gebracht hatte, tat ich dasselbe mit Anja, die vor Erschöpfung und Trauer fast zusammenbrach. Ich hielt sie eine Weile, bis sie eingeschlafen war, und schlich dann ins Wohnzimmer, wo ich noch etwas fernsehen wollte, um auf andere Gedanken zu kommen und mir nicht selber dauernd Vorwürfe machen zu müssen.

Es war faszinierend, wie anstrengend Händeschütteln, Traurigsein und das Austauschen von Anekdoten über die Verstorbenen sein konnten. Ich kannte das bis zu einem gewissen Grad aus dem Krankenhaus, aber dort musste ich nicht fünfzig Hände hintereinander schütteln. Den Geschichten nach hatte es sich bei Anjas Eltern offenbar um die besten Menschen gehandelt, die jemals auf Erden wandelten, denn alle beherzigten den Spruch »Über die Toten nur Gutes«, als wäre es ein besonderes Verdienst, gestorben zu sein. Natürlich wäre es unpassend erschienen, wenn ich oder jemand anderes bei der Trauerfeier davon berichtet hätte, wie boshaft oder gar hinterhältig sie sich manchmal benommen hatten, aber ich empfand es als ebenso unpassend, sie wie Engel auf Erden darzustellen. Manche der Anekdoten, welche die Verwandten oder Bekannten von sich gaben, zeigten sogar sehr deutlich, dass Anjas Eltern nicht die Liebevollsten waren, aber es wurde dann schnell mit einem nachgeschobenen »So waren sie halt« relativiert. Mir tat der Verlust für Anja leid, aber diese nachträgliche Heiligsprechung von Leuten gefiel mir nicht. Man konnte die besondere Art ihrer Eltern akzeptieren oder es lassen, aber verklären musste man sie nicht.

Insofern war ich froh, die Beine auszustrecken und mich etwas auszuruhen, als mein alter Freund erschien.

»Ich hatte schon auf dem Friedhof mit dir gerechnet«, sagte ich.

»Ich hielt es für angebracht, eine gewisse Distanz zu wahren, bis du allein bist«, erwiderte Thanatos.

»Setz dich«, gähnte ich mehr, als ich sprach. »Willst du irgendwas trinken oder knabbern?«

»Ich bin nicht hungrig«, sagte er und blieb stehen. »Ich sehe, du chillst ab.«

Ich dachte, ich höre nicht richtig. »Bitte was?«

»Du chillst ab, wie ich sehe.«

»Woher hast du denn diese Redewendung?«

»Sagt man das nicht so?«

»Das mag schon sein«, entgegnete ich, »aber ich würde solche Sprüche eher von Teenagern erwarten, nicht von einem Fünfhundertjährigen.«

»Gemma hat mir gesagt, dass es voll groovy ist, wenn sie mit mir chillen kann. Und dann habe ich bei ein paar Jugendlichen aufgeschnappt, dass sie nach dem Tod ihres Sportlehrers noch etwas auf dem Rasen abchillen wollen.«

»Da hat offenbar jemand seinen Lehrer nicht sehr gemocht.«

»Ich dachte, ich gehe mit der Benutzung dieses Wortes mit der Zeit.«

»Na ja, ich weiß nicht. Passt nicht zu dir.« Ich musste ihm veranschaulichen, wie dämlich er klang. »Du *chillst* also immer noch mit Gemma, ja? Seid ihr schon so tight miteinander, dass es burnt?«

Tod hob eine Augenbraue. »Ich glaube, ich verstehe, was du meinst, und werde davon absehen, diese Worte noch einmal zu benutzen.«

»Das wäre echt groovy.«

Tod atmete tief durch.

»Setzt du dich jetzt eigentlich, oder willst du stehen bleiben?«, fragte ich.

»Eigentlich war meine Intention, dich auf eine Exkursion mitzunehmen.«

»Ohne Gemma?«

»Ohne Gemma.«

»Und ich dachte schon, ich würde sie irgendwann mal näher kennenlernen.«

»Später vielleicht. Wir haben Wichtiges zu besprechen.«

Ich stand auf. »Brauche ich eine Jacke?«

Aber da zerfloss die Welt bereits um mich herum. Das altbekannte Gefühl der Übelkeit stieg in mir hoch, aber es gelang mir, es so weit zu unterdrücken, dass ich mich nicht übergeben musste.

»Schätze, ich brauche keine Jacke«, sagte ich, als ich in Socken den kieseligen Boden unter meinen Füßen spürte. »Aber zumindest Schuhe hätte ich gerne angezogen.«

Ich sah mich um. Der Ort kam mir bekannt vor, zumal die Grabsteine ihn ziemlich eindeutig als Friedhof auswiesen und ich erst ein paar Stunden zuvor denselben Weg entlanggegangen war.

Tod lief ein paar Schritte zu dem frischen Grab, in das ich selbst eine Handvoll Erde geworfen hatte.

»Ich hatte gehofft, dass ich Anjas Eltern nicht mehr wiedersehen müsste«, sagte ich.

»Zumindest nicht in Person«, sagte Tod.

»Also, was tun wir hier?«

»Die beiden wären eigentlich noch nicht dran gewesen«, sagte er ernst. »Sie hätten erst in zehn beziehungsweise fünfzehn Jahren sterben sollen.«

»So gern ich sagen würde, dass mir ihr Tod eine Menge Probleme erspart, mache ich mir schon genug Vorwürfe deswegen. Vielen Dank.«

»Verstehst du es nicht?«

Ich zuckte mit den Schultern. »Was sollte ich denn verstehen?«

»Ihr habt euch an dem Tag, an dem sie gestorben sind, vorher in den Haaren gelegen, richtig?«

»Das könnte man so sagen.«

»Du hast die Vision ihres Todes auch gesehen. Was, denkst du, haben sie zum Zeitpunkt ihres Todes gemacht?«

»Sie sind mit dem Auto gefahren und haben diskutiert.«

Tod sah mich mit erhobener Augenbraue an.

»Vielleicht haben sie auch *gestritten*.«

Er nickte. »Und waren dadurch abgelenkt.«

»Ja, anzunehmen.«

»Was meinst du denn, worüber sie gestritten haben?«

»Wahrscheinlich über das Gespräch, das wir vorher miteinander hatten.«

»Korrekt«, sagte er. »Anders ausgedrückt haben sie über etwas gestritten, was niemals zur Sprache gekommen wäre, wenn du wie vorgesehen gestorben wärst.«

Ich stutzte. »Was?« Ich musste kurz überlegen und ging ein paar Schritte hin und her. »Wenn ich dich richtig verstehe, dann willst du mir sagen, dass es meine Schuld war, dass sie gestorben sind? Und das nur, weil ich noch lebe?«

»In der Tat.«

Ich schaute ihn mit großen Augen an und konterte amüsiert: »Und woran soll ich noch schuld sein? An Windows Vista? An der Finanzkrise in Griechenland? Den überteuerten Preisen für Druckerpatronen?«

»Sei nicht albern, Martin. Es ist doch wohl offensichtlich, dass deine bloße Anwesenheit direkt zu einer Veränderung geführt hat, die mit dem Tod zweier Menschen endete.«

Ich verstand, worauf er hinauswollte. Und je mehr ich darüber nachdachte, umso mehr kam ich ebenfalls zu dem Schluss, dass sie ohne mich niemals diesen Streit gehabt hätten.

»Verdammt!«, sagte ich, und Tod wackelte mit dem Kopf.

»Schön ist es zumindest nicht.«

»Und jetzt? Willst du mir gleich an Ort und Stelle meinen Schmetterling aus dem Leib reißen, weil wegen mir Menschen umgekommen sind?«

»Natürlich nicht, du Trottel. Aber anscheinend haben wir mit deiner Wiederbelebung dafür gesorgt, dass nicht mehr alles nach Plan läuft.«

»Was für ein Plan denn überhaupt?«

»Dem anscheinend alles zugrunde liegt.«

»Ich dachte, du bist nicht religiös.«

»Bin ich auch nicht, aber ich glaube an die Vorsehung. Und deinen Schwiegereltern ... Verzeihung, ehemaligen Schwiegereltern, war ein anderes Schicksal vorherbestimmt.«

»Wer sagt denn, dass es nicht mein Schicksal war, von dir und Bibi an diesem Tag gerettet zu werden? Hm?«

Seine Worte hatten sich wie ein tonnenschwerer Mantel auf mein Gewissen gelegt. Nicht nur hatte ich Anjas Eltern nicht retten können, ich sollte auch Schuld daran haben, dass sie starben. »Ich übernehme jedenfalls nicht die Verantwortung dafür, dass Anjas Mutter versucht hat, einen Streit vom Zaun zu brechen«, sagte ich, spürte aber, wie hohl das klang. Mir war schlecht. Aber wenn wir schon über die Verantwortung sprachen, ich war nicht der Einzige, der hierbei seine Finger im Spiel hatte. »Vielleicht ist das Ganze ja deine Schuld«, sagte ich angriffslustig.

»Meine?«, fragte Tod empört.

»Na, immerhin hast du mich ja zurückgeholt. Ich hatte nicht darum gebeten.«

»Sehr dankbar klingst du nicht gerade.«

Ich setzte an, etwas zu sagen, aber im Endeffekt hob ich nur die Arme und ließ sie wieder fallen. Die ganze Diskussion mit Tod erschien mir merkwürdig.

Ich raufte mir die Haare. »Zwei Menschen sind tot, und ich bin direkt schuld daran.«

»Direkt ist übertrieben, immerhin haben *sie* eine rote Ampel überfahren und nicht du. Ich sage lediglich, dass ein kausaler Zusammenhang zu deiner Wiederbelebung besteht.«

»Und was machen wir jetzt?«

Tod verzog das Gesicht. »Ich weiß es auch nicht. Vielleicht so wenig wie möglich.«

»Was soll das denn heißen?«

»Es wäre denkbar, dass du nicht nur Einfluss darauf ausübst, wer stirbt, sondern auch darauf, wer weiterexistiert. Vielleicht verhinderst du einen Autounfall, weil du zufällig vor Ort bist und instinktiv eingreifst.«

»Mit anderen Worten, du willst, dass ich daheim sitze und gar nichts mache?«

»Ich hielt das für eine ansprechende Option.«

»Du willst mich unter Hausarrest stellen! Was für ein Leben soll das denn bitte sein? Abgesehen davon wäre es doch möglich, dass ich allein dadurch, dass Anja und ich umgezogen sind, schon irgendwas durcheinandergebracht habe. Ich meine, vielleicht hätte irgendjemand sonst die Wohnung gemietet, die wir jetzt bewohnen. Nun muss er aber eine andere Wohnung suchen, die – was weiß ich? – von einem abstürzenden Flugzeug getroffen wird, weil – keine Ahnung – der Pilot am Vorabend schlechtes Chili gegessen hat.«

»Das klingt natürlich absolut einleuchtend und wahrscheinlich«, sagte Tod sarkastisch, aber er begann trotzdem zu grübeln und lief angespannt hin und her.

Nach einer ganzen Weile, in der er den Kescher mehrmals von einer Hand in die andere gewechselt hatte, meinte er schließlich, dass ich recht haben könnte.

»Ach was«, entgegnete ich und rieb mir den rechten Oberschenkel, da ich noch immer etwas wackelig auf den Beinen war. »Können wir uns vielleicht setzen?«, fragte ich.

Ein paar Meter weiter stand eine Friedhofsbank, auf die ich mich fallen ließ. Mir taten nicht nur die Beine weh, die das lange Stehen noch nicht gewohnt waren, sondern auch die Füße, die durch den kieseligen Boden der Friedshofswege andauernd gepiekt wurden.

Tod zog sorgsam an seinem Umhang, um sich richtig hinsetzen zu können. Den Kescher legte er neben die Bank.

»Ich hab mich schon ein paarmal gefragt, ob du den Umhang gelegentlich in die Wäsche bringen musst.«

Tod runzelte die Stirn. »Natürlich nicht.«

»Wie? Das Ding reinigt sich also magisch?«

»Äh ... ich schätze schon.«

»Du hast nicht noch eine Zweitkutte oder so?«

»Keine, von der ich wüsste. Meine Garderobe beschränkt sich auf die Kleidung, die ich trage.«

»Du willst mir also sagen, dass du das Ding seit fünfhundert Jahren trägst und nicht einmal gewaschen hast?«

»So könnte man das ausdrücken.«

»Faszinierend.«

»Bisher habe ich darüber noch nie nachgedacht«, gab Tod zu. »Wahrscheinlich, weil immer so viel zu tun ist, so dass ich gar nicht dazu komme.«

»Aber über diesen Martin-hat-Schuld-dass-die-Leute-tot-sind-Kram denkst du sehr wohl nach, ja?«

»Das betrifft ja nun mal meine Aufgabe.«

»Hm«, machte ich. Wir saßen einen Moment schweigend beieinander.

»Wie wollen wir nun damit umgehen, dass deine Anwesenheit auf dieser schönen bunten Welt Probleme verursacht?«, fragte Tod.

»Müsstest du als der Verantwortliche nicht dafür eine Antwort haben?«

»Jetzt gibst du mir also doch wieder die Schuld?«

Ich seufzte. »Der Verantwortliche für den ganzen Tod-Kram, meine ich.«

»Ganz ehrlich: Ich weiß so viel wie du.«

Es war komisch, meinen Freund ratlos zu sehen. Bisher hatte ich das Gefühl, dass er immer eine Vorstellung davon hatte, wie es auf der Welt zugeht. Ihn ebenso ahnungslos wie mich zu sehen, war beunruhigend.

Ich dachte darüber nach, was uns für Optionen blieben, und im Grunde gab es nur eine. »Das ist jetzt sicher nicht der ausgefallenste Plan, aber ich persönlich denke, dass wir es bis auf Weiteres ignorieren sollten.«

»Menschen sind gestorben, Martin.« Er runzelte die Stirn, weil ihm vermutlich gerade bewusst wurde, dass das ein merkwürdiger Vorwurf war, wenn er vom leibhaftigen Tod kam. »Also ... äh ... vor ihrer Zeit.«

»Das ist mir leider sehr bewusst. Und ich bin mir selber nicht sicher, ob ich es ignorieren kann, weil ich vermutlich jedes Mal daran denken muss, wenn ich Anja oder Tobias sehe«, sagte ich nüchtern, um dann etwas beängstigt fortzufahren: »Aber abgesehen davon, dass ich mich selbst umbringen könnte, damit nichts weiter passiert, fällt mir keine Lösung ein. Und auch dann wäre ich nicht sicher, ob meine Anwesenheit hier schon zu viel durcheinandergebracht hat, so dass es keinen Unterschied mehr macht. Und wer sagt, dass sich diese Probleme nicht auch so wieder einrenken?«

»Noch einmal: Es sind Menschen *zu früh* gestorben.«

»Ich weiß. Ich *weiß*. Aber was soll ich deiner Meinung nach tun? Sag es mir. Und komm mir nicht damit, dass ich nur daheim herumsitzen und Plopp-Geräusche mit dem Mund machen soll. Denn dafür hast du mich nicht zurück ins Leben geholt, oder?«

Tod brummte. »Nein, eigentlich nicht.«

»Siehst du.«

Wir schwiegen. Er sah mich von der Seite an und musterte mich. »Ich frage mich allerdings schon, was du mit deinem neugewonnenen Leben anfangen willst.«

»Darüber versuche ich mir selber noch klar zu werden. Zumindest würde ich gerne all das machen, zu dem ich bisher nicht gekommen bin. Es gäbe noch einige Reisen zu unternehmen. Fallschirmspringen war ich auch noch nie. Oder Rafting. Hauptsächlich würde ich gerne mehr Zeit mit meiner Familie verbringen, denke ich.«

Tod gab ein grüblerisches Brummen von sich.

»Also ... erst mal ignorieren? Bis wir mehr wissen? Oder hast du eine bessere Idee?«, fragte ich.

»Habe ich nicht.«

»Na, dann wäre das ja geklärt.« Ich sagte es scherzhaft, aber mir war trotzdem mulmig dabei.

Wir starrten schweigsam geradeaus, beide wissend, dass die Lösung, auf die wir uns geeinigt hatten, im Grunde gar keine war und das eigentliche Problem möglicherweise nur auf einen anderen Tag verschob.

Ich hatte das Gefühl, dass die Grabsteine der unbekannten Leute uns anstarrten. Oder zumindest der mir unbekannten Leute, denn Thanatos hatte sie immerhin schon mal irgendwann gesehen.

»Kannst du dich an irgendwen von denen erinnern?«, fragte ich und nickte mit dem Kopf in Richtung der Gräber.

»Meistens nicht«, sagte er. »An manche bekannte Menschen kann ich mich erinnern. Oder an Leute, die unter merkwürdigen Umständen uns Leben gekommen sind. Aber an«, er versuchte den Namen auf dem Grabstein zu entziffern, »Helga Schablonski entsinne ich mich nicht.«

Auf dem grauen Stein standen in schmucklosen Buchstaben ihr Name und ihre Lebenszeit: 1922 – 2006.

»Vierundachtzig Jahre«, sagte ich. »Das ist schon ordentlich. Trotzdem finde ich das irgendwie demotivierend.«

»Was meinst du?«, fragte Thanatos.

»Die Frau hat vierundachtzig Jahre auf der Welt verbracht. Vielleicht hat sie irgendwas Großes vollbracht. Vielleicht auch nicht. Vielleicht hat sie Kinder in die Welt gesetzt. Oder ist nur ihrer Arbeit nachgegangen. Aber in irgendeiner Form hat sie das Leben anderer beeinflusst. Und auf ihrem Grabstein stehen lediglich ihr Geburts- und Sterbejahr. Findest du nicht auch, dass das irgendwie traurig ist?«

»Es ist nun mal ein Friedhof.«

»Ja, klar, aber das meine ich nicht. Schau dir die Jahreszahlen an. Alles, was die Frau jemals geleistet hat, steckt in diesem kleinen Bindestrich. So als ob das Wichtigste ihre Geburt und ihr Tod gewesen wären.«

Tod lächelte.

»Die Frau hat die Machtergreifung der Nazis, den Zweiten Weltkrieg, den Bau der Mauer, den Kalten Krieg, die Wiedervereinigung, den Beginn der Raumfahrt und das Aufkommen des Internets mitbekommen. Vielleicht hatte sie bei irgendeinem dieser Dinge ihre Finger mit im Spiel.«

Tod lächelte noch immer. »Während ihres Lebens ist die Weltbevölkerung von zwei Milliarden auf über sechs Milliarden gewachsen.«

»Siehst du, so was meine ich. Und das Ganze ...«

»... ist ein Bindestrich«, beendete er den Satz.

Ich nickte. »Vielleicht sollten sie dazu übergehen, auf Grabsteinen die wichtigsten Lebensereignisse zu erwähnen. 1946 geheiratet. 1947 Mutter geworden. 1985 in Rente gegangen.«

»Und als Raumfahrtpionierin war sie 1969 als erste Frau auf dem Mond«, sagte Tod. »Helga Schablonski, die große Pionierin des Weltraums, ging mutig dorthin, wohin noch nie ein Mann zuvor gegangen ist ...« Wir kicherten beide.

»Genau. Aber ... nur ein Bindestrich.«

»Bei manchen Leuten würde der Platz auf dem Stein nicht ausreichen.«

»Dann müssen die Steine eben größer werden. Werden sie auch nicht so schnell überwuchert.« Ich zeigte auf einen Stein ein paar Meter links von uns. Das Grab sah ungepflegt aus, und irgendein Gewächs hatte den Grabstein praktisch unter sich versteckt.

Einen Moment lang hingen wir unseren Gedanken nach. Dann sagte ich: »Ich habe mich während des Begräbnisses heute merkwürdig gefühlt. Genauer gesagt während der Trauerfeier.«

Tod wandte sich zu mir um. »Inwiefern?«

»Mich hat das kalt gelassen. Das ganze Gerede darüber, was für tolle Leute sie doch waren ... Ich glaube, ich mag Begräbnisse einfach nicht.«

»Ich vermute, es gibt wenige Menschen, die Begräbnisse ernsthaft mögen.«

»Ja, natürlich. So meinte ich das auch nicht. Aber ich habe überlegt, ob ich das bei meiner Beerdigung auch so haben will. Ich fände es ja schön, wenn die Leute lachen und sich darüber freuen, mich gekannt zu haben, statt mit finsteren Mienen dazusitzen, zu weinen und *Der einsame Hirte* zu hören, bis man denkt, dass das Lied gar kein Ende mehr nimmt.«

»Die Leute sollen bei deiner Beerdigung lachen?«

»Ja, von mir aus soll irgendwer Witze erzählen.«

Thanatos runzelte die Stirn. »Ich halte das für keine gute Idee. Die Leute brauchen eine Zeit der Trauer. Sie müssen weinen, um zu verarbeiten, dass jemand aus ihrer Mitte fehlt. Warum willst du ihnen das nehmen?«

»Weil es so deprimierend ist.«

»Aber wenn die Leute nicht auch mal deprimiert wären, woher wüssten sie dann, wie sie die Zeiten, in denen sie nicht deprimiert sind, wertschätzen können?«

»Du willst wieder auf diesen Der-Tod-gehört-zum-Leben-dazu-Kram raus, was?«

»Letztendlich.«

»Ich fände es trotzdem witzig, wenn während meiner Beerdigung, beim Herablassen des Sargs oder der Urne die Tetris-Melodie gespielt würde.«

Tod lächelte. »Wir sollten uns wieder öfter zusammensetzen und unterhalten.«

»Erzähl das nicht mir. Du bist beschäftigter als ich. Außerdem«, ich räusperte mich und versuchte, nicht zickig zu klingen, was mir möglicherweise aber nur eingeschränkt gelang, »ist da noch Gemma.«

»Vielleicht sollten wir drei einen netten Abend zusammen verbringen.«

»Solange der nicht irgendwas mit Bowling in Moskau zu tun hat ...«

»Wir werden sehen.«

KAPITEL 6

DIE SCHWIERIGKEIT DER BERUFSWAHL

Mit meiner voranschreitenden Genesung musste ich mich wohl oder übel damit auseinandersetzen, wie sich meine berufliche Laufbahn in der Zukunft entwickeln sollte. Ich verbrachte tagsüber mehr und mehr Zeit damit, mich zu informieren und mögliche Berufe ins Auge zu fassen.

Obwohl Tod und ich uns geeinigt hatten, dass wir das Problem meiner Existenz auf Erden und den Einfluss auf andere Menschen zunächst ignorieren wollten, blieb mir das bei der Entscheidungsfindung im Hinterkopf. Wenn es nach ihm gegangen wäre, wäre nur Heimarbeit in Betracht gekommen, aber das hätte mich am Ende nur verrückt gemacht. Tatsächlich hatte ich das Gefühl, einen Beruf gefunden zu haben, in dem ein schädigender Einfluss auf andere Menschen minimal war.

Durch den plötzlichen Tod ihrer Eltern und die darauf folgenden Wochen der Trauer, in denen sie praktisch keine Gelegenheit hatte, an etwas anderes zu denken, hatten Anja und ich nicht mehr darüber gesprochen, dass ich nicht mehr in meinen Beruf zurückkehren wollte. Sie schnitt das Thema erst wieder an, als mein Arzt und mein Physiotherapeut sagten, dass ich gesund genug sei, um wieder arbeiten zu können.

Ich erzählte ihr am frühen Abend davon, kurz bevor wir essen wollten, und die Mahlzeit wurde dadurch etwas angespannt.

»Du willst kein Arzt mehr sein?«, fragte sie.

»Richtig.«

»Aber warum nicht? Du hast so hart dafür gearbeitet. Das lange Studium, die Weiterbildungen. Ich dachte, es hat dir Freude gemacht, andere zu retten.«

»Das ist schon richtig«, entgegnete ich, »aber umso mehr hat es mir missfallen, wenn ich den Leuten nicht helfen konnte. Und ich weiß nicht, ob ich das noch kann.«

»Leuten helfen?«

»Leuten *nicht* helfen. Bei manchen ist einfach nichts auszurichten. Und es fühlt sich jedes Mal so an, als hätte ich versagt.«

»Hilfst du Menschen denn nicht noch weniger, wenn du den Beruf aufgibst?«

Natürlich hatte sie recht. Ich hatte darüber auch lange nachgedacht. Wäre ich kein Arzt mehr, würden noch mehr Menschen sterben. Insofern war meine Entscheidung sehr eigennützig. Aber abgesehen davon, dass ich ohnehin den Beruf wechseln wollte, hatte ich das Gefühl, dass mir im Grunde keine weitere Möglichkeit blieb. Zu meinem, vielleicht auch unserem Wohl. Und dem Gespräch mit Tod zufolge womöglich sogar für das Allgemeinwohl, denn was wäre geschehen, wenn ich jemanden überleben lasse, der nicht überleben sollte? Oder mir schrecklicherweise ein Fehler unterlief, der den Patienten das Leben kostet, während ein anderer Arzt ihn gerettet hätte? Ich würde mir so auch unangenehme Diskussionen ersparen.

Schatz, ich habe heute einem Serienkiller, der in Kürze zwanzig Menschen umbringen wird, das Leben gerettet! Die Nachbarn, die neulich nachts fünfmal hintereinander Dancing Queen *über den Hof haben schallen lassen, sind wir demnächst los. Als Ausgleich ist mir aber die Frau verblutet, die sämtliche Atomwaffen abgeschafft und für den Weltfrieden gesorgt hätte. Hoppsala!*

Anja schaute mich erwartungsvoll an, weil ich ihre Frage noch nicht beantwortet hatte.

»Mag sein«, sagte ich schließlich, nachdem ich noch einmal darüber nachgedacht hatte. »Aber ... ich kann das einfach nicht mehr.«

Anja seufzte. Sie griff über den Tisch nach meiner Hand und lächelte mich an. »Und ich dachte, wir hätten die Zeit, in der wir uns kaum etwas leisten konnten, hinter uns.«

»Ich wünschte doch auch, es wäre anders.«

Sie lächelte. »Vielleicht gewinnst du ja noch im Lotto, und dann können wir all die Reisen machen, von denen wir immer geträumt haben. Und so ein Auto fahren, das zwar fünfzig Liter auf hundert Kilometer verbraucht, sich dafür aber anfühlt, als säße man auf dem Sofa.«

»Ich meine das ernst.«

Sie drückte meine Hand. »Ich weiß. Schätze, ich will dir damit nur sagen, dass ich hinter dir stehe, egal was du tust. Wenn du noch Zeit für die Entscheidung brauchst, dann nimm sie dir. Vielleicht überlegst du es dir ja doch noch anders.«

Ich schüttelte den Kopf. »Schon vor dem Unfall hatte ich das Gefühl, dass ich den Menschen nur bedingt helfe. Es fühlt sich an, als hätte ich diesen Knoten im Bauch, der immer dann fester gezurrt wird, wenn wieder jemand auf der Station verstirbt. Nach dem Unfall hatte ich endlich Zeit, darüber nachzudenken, ob ich das weiter ertrage. Und ich bin zu dem Schluss gekommen, dass ich das nicht kann. Und ja, ich habe durchaus darüber nachgedacht, wie sich das mit dir und Tobi vereinbaren lässt. Aber dann können wir eben nicht in den Urlaub fahren oder regelmäßig ins Restaurant gehen.«

»Das haben wir so auch schon nicht getan.«

»Ich sage das doch nur als Beispiel.«

Tobi, der mit am Tisch saß, schaute zwischen uns hin und her. »Wollt ihr euch wieder trennen?«, fragte er mit sorgenvollem Gesicht.

Anja beugte sich zu ihm herüber. Sie nahm seine Hand, ließ meine dabei aber nicht los. »Nein, Knöpfchen, darum geht es nicht. Aber eventuell gibt es nicht mehr ganz so viele Geschenke.«

»Das ist okay«, sagte Tobi. »Solange ich zum Geburtstag das große LEGO-Raumschiff bekomme.«

Anja und ich sahen uns an und lächelten, weil wir das bereits gekauft und eingepackt hatten.

»Fertig!«, rief er kurz darauf und schaute seine Mutter mit großen Augen an. »Darf ich spielen gehen?«

Normalerweise hätten wir ihn sitzen lassen, bis wir alle mit dem Essen fertig waren, aber an diesem Tag schienen Anja und ich irgendwie nicht richtig voranzukommen.

»Aber bring deinen Teller in die Küche«, sagte sie.

Tobi sprang vom Stuhl, griff sich seinen Teller und rannte aus dem Zimmer.

»Na, wenigstens haben wir das Geschenk schon«, murmelte sie, als er verschwand.

»Es tut mir leid, dass ich mit dir nicht früher darüber geredet habe«, sagte ich.

»Na ja, vor deinem Unfall waren wir ja auch eigentlich nicht mehr zusammen, insofern kann ich dir das wohl kaum vorwerfen.«

Ich wollte sie nicht dahingehend korrigieren, dass mir der Gedanke ganz konkret erst nach dem Unfall gekommen war, zumal ich ihr den eigentlichen Grund nicht nennen konnte. Ich konnte ihr schließlich schlecht sagen, dass ich seit Jahren die Tode von Menschen voraussehen konnte und im Grunde nur Arzt geworden war, weil ich Thanatos eins auswischen wollte.

Sie stand auf, kam zu mir und umarmte mich. »Hast du denn schon eine Idee, was du stattdessen machen willst?«

»Na ja, ich hatte erst überlegt, ob ich Lehrer werde, aber in meinem Alter noch ein Studium anzufangen, wäre keine wirklich zielführende Idee.«

Sie seufzte.

»Ich dachte an eine ganz andere Richtung. Gärtner, vielleicht.«

Anja sah mich an, als hätte ich gerade vorgeschlagen, ihr ein Knie ans Ohr zu verpflanzen. »Du willst *Gärtner* werden?«, fragte sie mich verblüfft und setzte sich auf den Stuhl neben mir.

»Ja, ich hätte zumindest nicht so viel mit Menschen zu tun, zumindest keinen sterbenden. Und ich könnte mich um etwas Lebendiges kümmern.«

»Ernsthaft? Gärtner?«

»Was ist denn daran so schwer vorstellbar?«

»Du hast dich bisher nie auch nur für Pflanzen in der Wohnung interessiert. Außerdem ist das ein Job, der größtenteils draußen stattfindet. Und du machst dich schmutzig. Bisher hast du immer drinnen gearbeitet, in einem Beruf, bei dem man wohl so sauber sein muss, wie es nur geht. Also entschuldige bitte, wenn ich es etwas merkwürdig finde, dass du fast das genaue Gegenteil machen willst.«

Da lag sie nicht falsch. Aber ich hatte bereits einige schlaflose Nächte darüber nachgedacht, und vielleicht waren es genau diese Gegensätze, die den Beruf für mich so anziehend machten. Und die Tatsache, dass ich das Gefühl hatte, als Gärtner keinen schädigenden Einfluss auszuüben.

Sie seufzte, strich mir dann aber liebevoll über den Arm. »Wenn du unbedingt Gärtner werden willst, dann mach das von mir aus. Aber denke bitte daran, dass wir ein Kind haben, das Kleidung und Nahrung und Schulsachen braucht. Also überlege dir genau, ob es wirklich das ist, was du für den Rest deines Lebens tun willst. Wenn du das durchziehst, halte ich zu dir, aber wenn du in zwei Jahren wieder etwas anderes machen willst, haben wir ein Problem.«

Sie machte ein verspielt grimmiges Gesicht und legte dann ihren Kopf an meine Schulter.

Ich grübelte. »Du meinst, ich stelle mir das alles zu einfach vor?«

»Keine Ahnung«, antwortete sie. »Ich will nur, dass du dir vorher sicher bist und mit deiner Entscheidung glücklich wirst. Ein wirkliches Problem hätte ich vermutlich nur damit, wenn du dich spontan entschließen würdest, Flaschenpfandsammler oder Klofrau zu werden.«

»Vor allem wegen der Geschlechtsumwandlung.«

»Das hast du richtig erkannt.«

Sie setzte sich wieder aufrecht hin und lächelte mich an.

Ich nickte. Natürlich hatte ich darüber nachgedacht, was es für uns als Familie bedeuten würde. Ich könnte nicht immer wieder den Beruf wechseln, weil ich dann nie genug verdienen würde, um uns halbwegs sorgenfrei durchs Leben zu bringen. Aber wenn ich einfach weitergemacht hätte wie bisher, wäre ich unglücklich geworden und hätte meine Stimmung bestimmt irgendwann auf sie und unseren Jungen übertragen.

Anja lächelte mich an, beugte sich vor und küsste mich. »Ich unterstütze dich natürlich. Aber ehrlich gesagt wäre es mir lieber, wenn du dir einfach irgendeinen Bürojob besorgen würdest.«

Sie stellte die Teller zusammen, und ich half ihr, das Geschirr in die Küche zu bringen.

»Denkst du denn, ich bin gar nicht zum Gärtner geeignet?«, fragte ich.

Sie nickte in Richtung des Fensterbretts, wo ein dicker Kaktus bald über den Topf ragte. »Sagen wir mal so. Was, meinst du, ist das da?«

»Ein Rhododendronbusch«, antwortete ich scherzhaft.

Anja nickte lächelnd. »Keine weiteren Fragen, Euer Ehren.«

»Du willst *was* werden?«, fragte mich Tod, kurz nachdem Anja ins Bett gegangen war und ich es mir noch eine Serienfolge lang auf der Couch gemütlich machen wollte.

Ich hatte ihm erzählt, dass ich mit Anja über die Berufswahl gesprochen hatte, und er schien ihre Meinung zu teilen, wobei er jedoch bei weitem nicht so klang, als würde er die Wahl unterstützen.

»Gärtner. Aber ich schätze, du hast das genau verstanden.«

»Warum denn Gärtner? Gärtner ist im weitesten Sinne etwas wie ein Bauer. Und warum solltest du Bauer werden wollen? Bedenke bitte, dass ich aus Erfahrung spreche.«

»Ich will Gärtner und kein Bauer werden. Ich will mich mit Pflanzen beschäftigen. Irgendwas, was nichts mit lebendigen Wesen zu tun hat.«

»Du hältst Pflanzen also nicht für Lebewesen?«

Ich rollte mit den Augen. »Nein. Also ja, natürlich halte ich sie für Lebewesen, aber es ist eben etwas anderes, ob ich das Leben eines Menschen, eines Tiers oder einer Pflanze in Händen halte.«

»Wenn du das sagst.«

Ich schüttelte den Kopf. Zwei Sekunden lang überlegte ich, ob ich erklären sollte, wie ich von unserem Gespräch auf dem Friedhof auf den Beruf Gärtner gekommen war, aber wir wollten das Thema ja ignorieren. »Was gibt es denn überhaupt?«, fragte ich ihn.

»Gemma und ich wollen etwas Zeit miteinander verbringen. Kommst du mit?«

Eigentlich hatte ich im Moment keine rechte Lust, andererseits war ich neugierig darauf, was es mit Tods neuer Auszubildenden auf sich hatte. Also nickte ich und wollte mir gerade Schuhe anziehen, als das Wohnzimmer zerfloss. Mein Magen fühlte sich an, als schlüge er einen Salto. Ich brauchte einen Augenblick, um mich zu sammeln und das Übelkeitsgefühl loszuwerden, dann bemerkte ich, dass Tod mich an eine altbekannte Stelle transportiert hatte.

Gemma stand etwas planlos neben einem Feuer, das an unserem Aussichtspunkt auf den Azoren entfacht worden war. Drei Stühle waren darum platziert.

»Falls ich es bisher nicht erwähnt haben sollte«, sagte ich, »es geht sich wesentlich leichter in Schuhen als barfuß.«

»Du musst ja auch nicht gehen. Du brauchst dich nur zu setzen«, antwortete Thanatos.

Ich schüttelte den Kopf, setzte mich auf den mir nächsten Stuhl und wärmte meine Füße am Feuer. Gemma machte noch immer den Eindruck, mit der Situation überfordert zu sein, aber Thanatos deutete so lange auf den Stuhl zwischen uns, bis auch sie sich setzte. Ich bemerkte, dass sie etwas Erbrochenes im Mundwinkel hatte, und reichte ihr ein Papiertaschentuch. Offenbar hatte sie sich noch nicht an Tods eigentümliche Art zu reisen gewöhnt.

»Vielen Dank«, sagte sie.

»Gern geschehen.«

Im Gegensatz zu unserer letzten Begegnung hatte sie diesmal richtige Kleidung an. Lange Jeans und ein T-Shirt der Fernsehserie *Supernatural*, das unter ihrer lockeren Strickjacke durchschien.

»Weshalb genau sind wir hier?«, fragte sie.

Tod sah fröhlich aus. »Ich wollte einfach mit euch beiden etwas Zeit verbringen. Ich fände es schön, wenn wir uns regelmäßiger treffen könnten.«

»Vielleicht könnten wir das bei mir auf dem Zimmer in Toronto tun, denn dieses Beamen schlägt mir echt auf den Magen.«

»Beamen?«, fragte Tod.

»Sie meint das Transportieren. So nennt sich das bei *Star Trek*, wenn die plötzlich irgendwo anders auftauchen.«

»Er kennt *Star Trek* nicht?«, fragte Gemma.

»Ich glaube, er kennt es schon, hat es aber einfach vergessen«, erwiderte ich.

»*Star Trek* ist doch diese Filmreihe mit den Zauberern, kleinen Bären und leuchtenden Schwertern, oder?«

Gemma und ich zuckten zusammen.

»Du redest von *Star Wars*«, sagte sie. »Jedis, Ewoks und Laserschwerter meinst du.«

»Was auch immer«, sagte Tod.

Da wir bei unserer letzten Begegnung nicht dazu gekommen waren, über sie zu sprechen, fragte ich Gemma, was sie eigentlich tat und woher sie kam. Ich wusste bereits, dass sie Studentin in Toronto war, und erfuhr nun, dass sie dreiundzwanzig Jahre alt und ihr Studienfach Betriebswirtschaft war.

»Bist du aus Toronto, oder bist du da hingezogen?«

»Meinst du damit das?«, fragte sie und zeigte auf ihr Gesicht, das mit den asiatischen Zügen natürlich wenig kanadisch aussah.

»Ich meinte es eigentlich allgemein. Aber vielleicht bist du ja aus Asien nach Kanada gekommen, um da zu lernen.«

»Nein, meine Eltern stammen aus Japan, aber sie sind im Jahr vor meiner Geburt nach Kanada gezogen. Sie wohnen in Vancouver.«

»Hat Vancouver nicht auch eine gute Universität?«

»Das schon«, sagte sie, »aber dann wäre ich ständig meinem Vater über den Weg gelaufen, der mich gefragt hätte, warum ich draußen bin und nicht lerne.«

»Klingt anstrengend.«

»Jedenfalls wollte ich weit weg sein von meinen Eltern.«

»Momentan sind wir noch weiter von ihnen weg«, sagte Tod übertrieben fröhlich, als suche er eine Möglichkeit, ihr die Umstände schmackhafter zu machen.

»Und? Hast du schon akzeptiert, dass du als Nachfolger für ihn vorgesehen bist?«, fragte ich, und Tods Miene verfinsterte sich ein wenig, so als sollte ich auf diesem Punkt nicht zu sehr herumreiten.

»Ich habe noch keine Vorstellung, was das bedeutet, aber irgendwie finde ich es cool«, sagte sie.

Tods Laune hellte sich schlagartig auf.

»Es bedeutet, dass du nach deinem Tod seinen Job übernimmst, also quasi jede Sekunde irgendwo auf der Welt die Seelen der Verstorbenen einfängst.«

Tods Gesicht verdüsterte sich wieder. »Was nicht bedeutet, dass du deswegen in Kürze stirbst«, schob er hastig nach. »Und die Übelkeit beim Springen ist irgendwann auch verschwunden.«

Gemma lächelte. »Ich habe schon verstanden, dass ich die Arbeit nicht machen kann, wenn ich lebendig bin. Ich weiß nur nicht, was für coole Fähigkeiten man noch hat, wenn man der Tod ist. Außerdem fände ich es spitze, wenn ich ein paar der Arschlöcher holen könnte, die sich über mich an der Schule lustig gemacht haben.«

Tod und ich wechselten einen Blick. Wir hatten beide offenbar denselben Gedanken.

Er erklärte ihr in ruhigem Ton, dass es nicht die Aufgabe des Todes war, Menschen umzubringen.

»Na ja«, sagte Gemma, »das bliebe dann ja mir überlassen. Das wäre wie bei einem Wechsel des CEO in einem Konzern: Ich würde erst einmal alles verändern.«

Mir gefiel gar nicht, was ich da hörte. Ich schaute Tod beunruhigt an, aber der blieb ganz ruhig und erklärte ihr nochmals, dass die Aufgabe nur die war, die vorherbestimmten Seelen zu fangen.

»Schön und gut«, sagte sie, »aber bei manchen Menschen wäre es wesentlich besser, wenn sie früher dran glauben müssten. Wenn man zum Beispiel Hitler früher umgebracht hätte …«

Ich unterbrach sie durch mein Stöhnen.

»Was?«, fragte sie.

»Das ist das Standardbeispiel für alle Science-Fiction-Autoren oder Leute, die ein merkwürdiges Verständnis von Moral haben: Wenn man Hitler umbringt, bevor er etwas Böses tun konnte, wäre die Welt eine völlig andere.«

»Genau«, entgegnete sie.

»Nur ist das kompletter Blödsinn. Wenn nicht Hitler, wäre eben irgendein anderer Hirni an die Macht gekommen, der dann dasselbe getan hätte.«

»Das glaube ich nicht«, sagte sie.

»Aber wo wir schon bei Weltkrieg Nummer zwei sind: Demnach hättest du gleich mit Stalin, dem japanischen Kaiser, dem amerikanischen Präsidenten und dergleichen weitergemacht?«

»Warum hätte ich denn den amerikanischen Präsidenten umbringen sollen?«

»Na, er hat immerhin den Abwurf zweier Atombomben angeordnet. Ganz abgesehen davon, was die Amerikaner mit normalen Bomben auf dem japanischen Festland angestellt haben.«

»Aber die Japaner waren doch die Bösen!«

Bei Tod und mir schossen die Augenbrauen in die Höhe. Angesichts ihrer Herkunft war ihre Antwort bestenfalls merkwürdig. Tod hielt den Stock des Keschers fest umklammert.

»Die normalen Leute in Japan, die einfach nur ihrer Arbeit nachgingen, waren also die Bösen?«, fragte ich.

»Na, immerhin hat Japan Pearl Harbor angegriffen.«

»Und deswegen sollten deiner Meinung nach alle Menschen in Japan während des Zweiten Weltkriegs sterben? Also vielleicht auch deine, sagen wir, Großeltern?«

Sie zögerte kurz. »Vielleicht nicht alle.«

»Aber sagtest du nicht gerade, dass sie alle böse waren? Deiner Logik nach hättest du sie dann alle umbringen müssen. Hätte er«, ich zeigte auf Tod, »also damals so gedacht wie du jetzt, würde es dich gar nicht geben.«

Sie verdrehte die Augen und schien zu überlegen, was sie als Nächstes sagen sollte. Schließlich murmelte sie vor sich hin: »Vielleicht waren meine Großeltern ja böse. Zumindest würde das erklären, woher mein Vater das hat.«

»Aber wenn du schon denkst, dass die ganzen Bösen ausgerottet werden müssten, dann hättest du ja damals auch alle Deutschen erledigen müssen, oder? Die Italiener sollten wir auch nicht vergessen, die waren ja im Grunde auch Nazis.«

»Ich kann doch nicht die halbe Welt umbringen.«

»Ach?«, sagte ich, und Tod schien sich wieder etwas zu beruhigen, als er merkte, in welche Richtung meine Argumentation ging.

»Es geht mir ja nicht darum, dass ich alle abmurksen will«, sagte Gemma. »Aber ich denke, wenn man ein paar gezielte Veränderungen vornimmt ...«

»Das ist nicht die Aufgabe des Todes«, sagte Thanatos und setzte sich aufrecht hin, um dem Gesagten mehr Gewicht zu verleihen.

»Ich denke ja nur, dass man das unterschiedlich auslegen kann.«

»Keinesfalls«, sagte er.

»Ich dachte, es sollte ein nettes Beisammensein werden«, sagte Gemma. Ihre Stimme hatte einen etwas zickigen Unterton angenommen.

»Also zumindest in dem Punkt muss ich ihr zustimmen«, sagte ich und lächelte Tod an.

Wir saßen ein paar Minuten schweigend am Feuer.

»Mann, ich hoffe, mein Tivo hat *Supernatural* aufgenommen, sonst werde ich aggro«, entfuhr es Gemma plötzlich, als gäbe es nichts Wichtigeres, über das sie gerade nachdenken sollte.

»So viele Worte, so wenig Sinn«, sagte Tod und schaute verwirrt.

»Sie hofft, ihr Videorecorder hat die Fernsehsendung *Supernatural* aufgenommen, weil sie sonst äußerst gereizt reagieren würde«, übersetzte ich für ihn.

»Ah, ich verstehe«, sagte er.

»Weirdos«, sagte sie.

Tod schaute mich fragend an.

»Sie meint, dass wir merkwürdige Leute sind. Diese Eigenschaft, andere Sprachen zu verstehen, funktioniert nur zum Teil, oder?«

Tod nickte. »Ich hatte zum Beispiel arge Probleme, damals den Osterhasen zu verstehen.«

»Den Osterhasen?«, fragte Gemma.

»Das würde jetzt zu weit führen«, sagte ich.

»Was auch immer«, sagte Gemma und verdrehte die Augen. »Kann mich dann vielleicht jemand nach Hause bringen? Ich muss noch drei Quadratfuß Bücher für die Uni lesen.«

Tod und sie standen auf und waren plötzlich verschwunden, aber ein anderes Selbst von ihm saß nun auf seinem Stuhl und schaute mich an.

»Was denkst du?«, fragte er mich, während ich noch zusammenzuckte.

»Ich muss mich erst mal wieder daran gewöhnen, dass du mehrfach auftauchst.«

»Aber ich bin schon immer mehrfach auf der Welt gewesen.«

»Ja, das mag ja sein, aber bisher hattest du keinen Grund, vor mir mehrfach zu erscheinen.«

»Ja, das stimmt schon«, sagte er und wirkte kurz abwesend. Dann sagte er plötzlich: »Gemma mag dich übrigens nicht.«

»Ach, hast du das etwa aus dem Gespräch schließen können?«

»Nein, sie hat es mir gerade gesagt.«

Natürlich stand er gerade irgendwo in Toronto herum und unterhielt sich mit ihr.

»Ist das nicht unglaublich anstrengend, sich auf zwei Gespräche gleichzeitig zu konzentrieren?«

»Ist es«, sagte er, immer noch etwas abwesend, vermutlich, weil er sich mehr ihrem als unserem Gespräch widmete.

»Soll ich so lange meinen Mund halten, bis ihr fertig seid?« Mein Tonfall war schroffer als geplant.

»Nun klingt ihr beide aber arg zänkisch«, entgegnete er. »Ansonsten habe ich mich gerade verabschiedet, ich bin also ganz für dich da. Oder zumindest vorrangig, denn die Toten holen sich ja nicht von allein.«

»Manchmal frage ich mich, warum eigentlich nicht.«

»Wie meinen?«

»Na ja, dein Job ist doch im Grunde nur, die Schmetterlinge mit dem Kescher zu fangen beziehungsweise sie dort hineinzusetzen. Und dann ... verschwinden sie einfach. Warum verschwinden sie nicht gleich? Ohne dieses ganze Keschergedöns. Eigentlich macht es doch gar keinen Sinn, dass da jemand involviert ist, oder?«

Darüber musste Tod nachdenken. »Du meinst, ich bin eigentlich überflüssig?«

»Nun ... ja.«

»Vielen lieben Dank auch. So einen wahren Freund weiß man doch zu schätzen.«

»Ich meine nicht dich als Person, ich meine deine Aufgabe. Die erscheint mir irgendwie sinnlos.«

»Großartig. Ich bin zwar in Ordnung, aber meine Berufung ist Makulatur. Damit fühle ich mich viel besser.«

»Überleg doch mal, warum das so ist. Ergibt das für dich Sinn? Kann dieses Licht aus dem Kescher nicht einfach ... irgendwo erscheinen?«

»Kann es nicht«, sagte Tod kurz angebunden.

»Schon gut, ich wollte dir nicht zu nahe treten.«

Tod reagierte trotzdem gereizt. »Vielleicht überdenkst du demnächst vorher, was du zu sagen hast. Dann gäbe es vielleicht auch nicht solche Probleme wie mit Gemma vorhin.«

»Jetzt hab ich Schuld, dass sie am liebsten die halbe Menschheit umbringen würde?«

Er sprach von oben herab. »Sie hat vielleicht merkwürdige Ansichten, aber die kann man ja über die Jahre noch anpassen.«

»Manipulieren, wolltest du sagen.«

»Mir gefällt dein Ton nicht.«

»Und mir gefällt die Konditionierung von Personen nicht«, antwortete ich vielleicht ein wenig zu heftig. »Auch wenn die Person soziopathisch rüberkommt«, versuchte ich beschwichtigend zu erklären.

Tod war aber bereits genervt. »Was ich mit meiner Nachfolgerin bewerkstellige, ist nicht deine Sache.«

»Aber mich sorgt es trotzdem, wenn sie plötzlich nach Lust und Laune Menschen von der Bildfläche verschwinden lässt. Oder du der Meinung bist, dass du Einfluss auf anderer Leute Leben nehmen musst.«

Tod stand auf und stampfte mit der Stange des Keschers auf den Boden. »Ich schätze, dass noch so ein gemeinsamer Abend in Zukunft unwahrscheinlich ist.«

»Sieht wohl so aus«, sagte ich resignierend.

»Du findest nach Hause«, sagte er sachlich und war plötzlich verschwunden.

»Na, das war ja mal ein nettes Beisammensein.«

Ich ärgerte mich über ihn, aber auch über mich selbst, immerhin hatte ich ihm ja Vorwürfe gemacht. Wahrscheinlich hätte ich mich einfach nicht einmischen sollen, denn immerhin hatte ich mit der ganzen Sache nichts mehr zu tun. Und ich hatte wahrlich an andere Dinge zu denken. Ich genoss noch ein wenig die milde Luft und sprang dann nach Hause.

KAPITEL 7

EINE UNENTSCHLOSSENE FRAU UND EIN MÄDCHEN IM MERKWÜRDIGEN KLEID

Ich musste Nägel mit Köpfen machen. Entweder ich behielt meinen Job im Krankenhaus, oder ich gab ihn auf und würde unsere Familie für die nächsten Jahre in finanzielle Nöte bringen. Immerhin überredete Anja mich, meinen Beruf so lange fortzuführen, bis ich einen Ausbildungsplatz bekäme. Abschlagen konnte ich ihr das nicht, denn wir brauchten das Geld, um es für später beiseitezulegen. Im Grunde bedeutete das auch, dass ich noch fast ein ganzes Jahr als Arzt tätig wäre, da eine Ausbildung immer nach den Sommerferien im September anfing.

Ich hatte ohnehin einen Termin bei meinem Chef in der Klinik, weil er mit mir besprechen wollte, wie mein zukünftiger Dienstplan aussehen würde. Natürlich war er wenig begeistert, als er dann erfuhr, dass ich mich mit dem Gedanken trug aufzuhören. Und obwohl ich noch keine Kündigung eingereicht hatte, sah ich ihm im Grunde an, dass er mich geistig für die schlechtesten Dienstzeiten vormerkte, um seine anderen Ärzte zu entlasten. Dass seine Entscheidung, mich so zu behandeln, nur noch mehr zu meinem Unmut beitragen könnte, kam ihm offenbar nicht in den Sinn. Er hielt mich für illoyal und beschränkte den Kontakt in den nächsten Monaten auf ein Minimum. Mir war das ganz recht, denn statt auf unnötige Diskussionen wollte ich mich auf meine Arbeit konzentrieren.

Natürlich starben mir einige Leute quasi unter den Fingern weg. Die Tragik der Tode war die eine Sache, aber ich machte mir zusätzlich immer noch Sorgen, ob es die Patienten ohne mich besser gehabt hätten. Die Gespräche mit den Angehörigen schlugen mir ebenfalls auf den Magen, und auch meine Annahme, dass ich für die Schichten eingeteilt werden würde, um die sich niemand reißt, stellte sich als zutreffend heraus. Selbst Anja meinte, dass sie meinen Entschluss aufzuhören nun besser verstehen könne, als wir die dritte Woche in Folge aneinander vorbei gelebt hatten.

Es gab natürlich auch positive Momente, in denen ich in Frage stellte, das alles aufgeben zu wollen: Patienten, die fast keine Chance mehr hatten, denen es dann aber plötzlich besser ging. Das erleichterte Lächeln der Angehörigen, wenn ich ihnen sagte, dass alles gut werden würde.

Einer meiner Kollegen hatte eine etwas seltsame Art von Humor, die dafür sorgte, dass der ein oder andere Dienst erträglich wurde.

»Martin, wo ist denn der Parkinsonpatient?«

»Was sollen wir denn hier mit einem Parkinsonpatienten?«

»Wollte mir einen Martini machen lassen. Geschüttelt, nicht gerührt, verstehste.« Er lachte, aber ich verdrehte nur die Augen. »War nicht so deins?«, fragte er.

»Geht so.«

»Na ja, ich muss eh zum Patienten. Der hat Syphilis, Aids, Hepatitis und die Ruhr.«

»Und dem schiebst du zur Ernährung jetzt eine Pizza unter der Tür durch?«

»Spielverderber«, sagte er und ging grinsend weiter.

»Hey, ich bin nicht der, der alte Witze erzählt«, rief ich ihm hinterher.

»Im Wartezimmer sitzt übrigens jemand, dem der rechte Arm und das rechte Bein fehlen. Vielleicht kannst du dich ja darum kümmern.«

»Warum ist der nicht längst in Behandlung?«

»Ach, er hat noch Zeit. Ist ja nur wegen seines Fiebers hier.«

Daraufhin verschwand er lachend im nächsten Flur, und ich ärgerte mich darüber, dass ich voll hereingefallen war.

Einige der angenehmen Momente wurden dadurch getrübt, dass ich mich fragte, ob ich durch mein Eingreifen wohl eine ähnliche Tragödie wie bei Anjas Eltern vorbereitet hatte. Damit hatte ich allerdings gerechnet, auch wenn es mir Bauchschmerzen bereitete.

Womit ich allerdings gar nicht gerechnet hatte, war, von ein paar Patientinnen angeflirtet zu werden. Tod hatte mir gegenüber mal sehr treffend bemerkt, dass mein Erfahrungsschatz mit Frauen eher übersichtlich zu nennen war. Zum einen lag es daran, dass ich recht schüchtern war, und zum anderen, dass ich mich relativ früh gedanklich auf eine Person festgelegt hatte. Sonderlich attraktiv und begehrenswert hatte ich mich trotzdem noch nie gefühlt, denn die Frauen hatten sich mir nie an den Hals geworfen. Bis auf eine, aber die stellte sich im Nachhinein als Psycho heraus. Wenn überhaupt hatte mich Anja nach irgendwelchen Partys darauf hingewiesen, dass eine Frau mit mir geflirtet hatte. Meine Reaktion darauf war meistens ein »Echt jetzt?«, denn offenbar war ich jemand, der eindeutigere Signale brauchte.

In meiner gesamten Laufbahn als Arzt wurde ich nur zweimal von Patienten gefragt, ob ich mit ihnen essen gehen würde. In dem einen Fall, ein Mann in den Fünfzigern, konnte ich zumindest entgegnen, dass ich heterosexuell war. In dem anderen Fall, einer Frau in ungefähr meinem Alter, hatte ich eigentlich keinen Grund abzulehnen, da ich zu dem Zeitpunkt von Anja getrennt war. Allerdings lenkte mich damals die Tatsache ab, dass ich von meinem bevorstehenden Tod wusste. Ein Essen mit der Dame hätte gegebenenfalls zu einem etwas ungelenken Gespräch geführt:

»Und, was sind deine Pläne für die Zukunft?«

»Ich sterbe im nächsten Frühjahr.«

»Ach?«

Ich empfand es also als merkwürdig, dass ich innerhalb von drei Wochen nach meiner Rückkehr in den Dienst viermal von Patientinnen angesprochen wurde, ob sie meine Telefonnummer haben könnten, oder versuchten, mir ihre aufzudrängen. Einige dieser

Patientinnen waren deutlich älter als ich, aber ich vermutete, dass es daran lag, dass auch ich langsam älter wurde und ins akzeptable Alter für den jüngeren »Lover« der Mittfünfzigerinnen fiel. Eine der jüngeren Patientinnen, die etwa in meinem Alter war und aus unerfindlichen Gründen einen Narren an mir gefressen hatte, eine gewisse Silke Gritzner, ging so weit, für mich nach ihrer Entlassung Kuchen zu backen. Sie brachte ihn mir auf der Station vorbei, wobei sie explizit darauf hinwies, dass der nur für mich und nicht etwa für das ganze Team sei. Damit machte sie sich natürlich sehr beliebt bei den Krankenschwestern, die mich wiederum damit aufzogen und auf dem Teppich hielten. Ich bekam ein Gespräch zwischen zweien von ihnen mit, in dem es darum ging, dass ich doch gar nicht so toll sei.

Beim dritten Versuch, mir Gebäck vorbeizubringen, gelang es Silke, mich auf dem Flur in ein Gespräch zu verwickeln.

»Wir könnten doch vielleicht mal gemeinsam essen gehen«, sagte sie.

»Es tut mir leid, Frau Gritzner, aber ich habe eine Partnerin ... und es scheint mir darüber hinaus auch nicht angemessen, mit einer Patientin oder ehemaligen Patientin auszugehen«, versuchte ich mich so freundlich und professionell wie möglich aus der Gefahrenzone zu retten.

»Nenn mich ruhig Silke.«

Mit Freundlichkeit und Professionalität kam ich offenbar nicht weiter. »Frau Gritzner, ich habe wirklich keine Zeit dafür, und es wäre lieb, wenn Sie das mit dem Kuchen auch unterlassen würden. Und wenn ich mich recht erinnere, haben Sie einen Verlobten, der sich sehr um Sie gesorgt hat. Ich denke, dass er es auch nicht so toll findet, wenn Sie mit mir essen gehen.«

»Keine Sorge. Ich hab mich von Alex getrennt. Ich gehöre ganz dir.«

Ich lächelte gequält und versuchte weiterhin freundlich zu bleiben. »Das ist lieb gemeint, aber ich habe mich gegenwärtig gegen den Besitz anderer Menschen entschieden.«

»Was?«, fragte sie, offenbar wenig beeindruckt von meiner Schlagfertigkeit.

»Wie gesagt, ich bin in festen Händen und habe kein Interesse daran, dies zu ändern.«

Die Enttäuschung spiegelte sich auf ihrem Gesicht wider, trotzdem wollte sie weiter mit mir reden. Ich konnte ihr nur entkommen, indem ich in einem Behandlungszimmer verschwand und eine Krankenschwester sie der Station verwies.

Für ein paar Tage hatte ich das ungute Gefühl, dass sich mit Frau Gritzner eine ähnliche Situation wie mit Simone ergeben würde, der es gelungen war, meine Ehe zu zerstören. Vorsichtshalber erzählte ich Anja von Silke, die das lediglich damit kommentierte, dass ich eine merkwürdige Anziehungskraft auf verrückte Frauen mit der Anfangssilbe »Si-« im Vornamen hatte.

»Also sei vorsichtig, wenn dir mal eine Sibylle über den Weg läuft«, sagte sie schmunzelnd.

»Oder eine Siglinde. Obwohl keine Frau in unserem Alter mehr so heißt, nehme ich an.«

»Fandest du nicht mal Sinead O'Connor gut?«

»Zwei, drei Lieder. Aber jetzt, wo du es sagst: Vermutlich sollte ich zu keinem ihrer Konzerte gehen.«

»Na, dann verstehen wir uns ja«, sagte sie mit dem verspielt grimmigen Blick, den sie gerne mal aufsetzte.

Wie sich herausstellte, war meine Sorge um Silke völlig unbegründet. Sie ließ sich einfach nicht mehr auf der Station blicken und lief mir auch ansonsten nicht über den Weg. Dennoch hatte die Begegnung mit dieser Frau ein gravierendes Nachspiel.

Es waren ein paar Tage vergangen seit der letzten Begegnung mit Silke Gritzner. Ich schlenderte von der Cafeteria durch die Gänge, als mir plötzlich eine alte Bekannte auflauerte.

Ich hatte Bibi seit meiner Entlassung aus dem Krankenhaus nicht mehr gesehen. Sie trug noch immer ihr buntes Kleid, von dem ich mittlerweile wusste, dass das merkwürdige Muster die frischen Schmetterlinge für die Neugeborenen enthielt. Trotzdem machte ihr Gesicht nicht den üblichen frohen Eindruck. Vielleicht bildete ich es mir auch ein, aber sie wirkte etwas älter. Eventuell lag das aber auch an dem unansehnlichen Mitesser, der sich auf ihrer Nase befand. Auch ihr Hüpfen schien recht lustlos, so als erinnere sie sich bloß an ihre bevorzugte Art der Fortbewegung. Ich fragte mich, ob Tod wieder irgendwas angestellt hatte, das ihr missfiel.

»Du!«, zeterte sie los. »Du hast alles kaputt gemacht!«

»Ich ... was? Was meinst du?«

»Auf einmal ist alles anders!«

Sie fuchtelte mit dem Finger vor mir herum und drängte mich rückwärts gegen die Wand. Eine vorbeilaufende Krankenschwester sah mich mit gerunzelter Stirn an, da es für sie so aussehen musste, als würde ich vor irgendetwas Unsichtbarem zurückweichen.

»Ich weiß immer noch nicht, wovon du sprichst.«

Die Krankenschwester fragte mich, ob irgendwas sei. Ich entgegnete, dass ich mit Headset telefonierte. Zunächst nickte sie erleichtert, aber ich konnte sehen, dass sie etwas weiter den Gang hinunter wieder den Kopf schüttelte.

»Wegen dir kommt sie nicht auf die Welt!«

»Bibi, nimm bitte den Finger runter. Wer kommt nicht auf die Welt?«

Bibi sah mich schmollend an. »Das kleine Mädchen, das in ein paar Monaten gezeugt und geboren werden sollte.«

»Und was hab ich damit zu tun?«

»Du hast die Eltern dazu gebracht, sich zu trennen.«

Ich brauchte ein paar Momente, um zu begreifen, was sie da sagte. Und dann schlug ich mir die Hand vor die Stirn.

»Frau Gritzner«, sagte ich.

Bibis Mundwinkel hingen so weit herunter, dass auf ihrem Gesicht fast kein Platz mehr war. Mit diesem grummeligen Gesichtsausdruck nickte sie mir zu.

»Die Frau sagte, sie hätte sich von ihrem Verlobten getrennt, aber ich konnte ja nicht wissen, dass deswegen ein Kind nicht auf die Welt kommt.«

Bibi schmollte weiterhin.

»Aber was soll ich denn ... Ich wollte ja noch nicht mal was von ihr. Sie hat sich von ihrem Kerl getrennt, bevor sie überhaupt mit mir darüber gesprochen hat. Ich trage nun wirklich keine Schuld daran!«

Bibis Gesichtsausdruck wurde etwas freundlicher, trotzdem war dort diese Traurigkeit zu sehen, die für sie absolut untypisch war. »Aber nun wird das Kind auf der Welt fehlen. Alles ist völlig durcheinander.«

Ich versuchte zu beschwichtigen. »Alles?«

»Alles!«, rief sie verärgert und stapfte davon.

Ich glaube, es war das erste Mal, dass ich sie nicht hüpfen sah. Ihr Gang hatte etwas von meinem Chef, wenn er zu einem Budget-Meeting musste und ein Arzt im Praktikum ihm eine Frage stellte, die er sich selbst hätte beantworten können.

Ein weiteres Mal hatte meine bloße Existenz das Leben anderer Menschen auf den Kopf gestellt. Anjas Eltern waren indirekt dadurch gestorben, dass ich immer noch unter den Lebenden weilte. Und nun kam ein Kind nicht auf die Welt, weil ich dafür gesorgt hatte, dass seine Eltern nicht miteinander schlafen würden. Mir machte die Vorstellung Angst, dass ich für die Nichtexistenz von drei Menschenleben verantwortlich war. Und je mehr ich darüber nachdachte, umso unangenehmer war der Gedanke, was diese drei Leben vielleicht noch beeinflusst hätten. Vielleicht hätte das ungeborene Mädchen später Krebs geheilt, vielleicht hätten Anjas Eltern einen tödlich ausgehenden Banküberfall gestoppt. Zugegeben, es fiel mir schwer, mir vorzustellen, wie Anjas Mutter Bruce Willis Konkurrenz machte, indem sie eigenhändig einen bewaffneten Mann überwältigte. Aber es war immerhin denkbar, dass sie vielleicht einfach durch ihre unangenehme Art jemanden davon abgehalten hätte, etwas Dummes zu tun. Oder ihn zu Tode gequatscht hätte. Vielleicht hätte sie jemanden so lange genervt, bis er sein Leben überdacht hätte, nur um nichts mehr mit ihr zu tun zu haben.

Ich überlegte, ob es etwas gab, mit dem ich das Problem beheben konnte, aber eine schlaue Lösung wollte mir partout nicht einfallen. Natürlich hätte es mir freigestanden, Silke und ihren Freund wieder zusammenzubringen. Aber erstens wusste ich nicht, wie beide überhaupt dazu standen, und zweitens wollte ich Silke durch meine Aufmerksamkeit nicht dazu anstiften, es weiter bei mir zu versuchen, um dadurch die Situation noch schlimmer zu machen. Vielleicht kam sie ja wieder mit ihrem Freund zusammen, und alles würde laufen wie geplant. Erneut beschloss ich, das Problem einfach zu ignorieren, und fuhr damit auch ganz gut. Zunächst.

KAPITEL 8

3D UND DREI LEUTE

Meine schrecklichen Arbeitszeiten hatten dazu geführt, dass Anja, Tobias und ich kaum Zeit miteinander verbracht hatten. Es war bereits Mitte Januar, als wir drei auf Drängen von Tobi gemeinsam ins Kino gingen, um den Film zu schauen, der seit Mitte Dezember in aller Munde war.

Avatar von James Cameron war nach wenigen Wochen im Kino zu einem Phänomen geworden. Das lag weniger an der Story, die wohl eher als generisch zu bezeichnen war. Anja, die von uns am wenigsten von dem Streifen begeistert war, bezeichnete ihn in den folgenden Wochen nur als »diesen Film mit den Schlümpfen«. Die Begeisterung der Massen, die ihn schließlich zum erfolgreichsten Film an den Kinokassen machen sollten, kam wohl eher dadurch, dass er so eindrucksvoll eine eigene Welt erschuf, die auf der Leinwand lebendig zu werden schien. Ein wenig Anteil daran hatte auch die Tatsache, dass er spektakulär in 3D wirkte.

Der Film war bei weitem nicht der erste, der in 3D gezeigt wurde, sorgte aber dafür, dass diese Technik wieder salonfähig wurde. Natürlich hatte es schon in den 50er Jahren Filme gegeben, die damit spielten. Meist aber musste die Story hinter billiger Effekthascherei zurückstehen. In den 80ern gab es eine kurze 3D-Renaissance im Fernsehen, aber selbst im Kindesalter konnte mich die gräuliche Mischung aus rot und grün nicht hinter dem Ofen hervorlocken.

Ganz anders war es, als es irgendwann in den Neunzigern für eine kurze Zeit Brillen für 3D-Übertragungen gab, die die volle Farbe zuließen. Die Programme waren ähnlich dämlich, aber immerhin wurde die total sinnentleerte Sendung *Tutti Frutti* in 3D ausgestrahlt, in der Frauen ihre nackten Brüste in die Kamera hielten.

Während meine Eltern schliefen, saß ich vor dem Fernseher und sah mir eine Stripperin an, deren abstehende Nippel mir entgegensprangen. Ich fühlte schon damals, wie mein IQ beim Betrachten der Sendung rapide sank, aber mangels einer Freundin und des damals noch fehlenden Internets hielten sich die Gelegenheiten, bei denen ich als 16-jähriger nackte Frauen sehen konnte – vor allem in dreidimensionaler Form – nun mal in Grenzen.

Avatar hatte das 3D-Erlebnis perfektioniert und sah dazu noch spektakulärer auf der IMAX-Leinwand aus. So wenig wie Anja von dem Film angetan war, umso begeisterter war Tobi, der am liebsten gleich noch einmal hineingegangen wäre. Die nächsten Wochen sprach er kaum von etwas anderem, und ich hatte nun eine vage Vorstellung davon, wie ich meinen Eltern auf die Nerven gegangen sein musste, als ich damals *Star Wars* zum ersten Mal sah.

Das nächste 3D-Erlebnis kam sehr überraschend, als ich in der Nacht vor dem Fernseher saß und mir die Spätnachrichten anschaute.

Das beherrschende Thema an diesem Tag war das massive Erdbeben, das am Tag zuvor in Haiti stattgefunden hatte. Die ersten Bilder, die nun gezeigt wurden, ließen es aussehen, als wäre das ohnehin arme Land fast völlig verwüstet. Ich saß geschockt vor der Mattscheibe, als sich das Fernsehbild plötzlich wölbte und Tod durch den Apparat ins Wohnzimmer trat.

»Meine Fresse«, sagte ich und hielt mir dramatisch die Hand aufs Herz.

»Was?«, fragte Tod überrascht.

»Du hast die Möglichkeit, einfach irgendwo zu erscheinen, was schon schlimm genug ist, warum musst du noch durch den Fernseher laufen und mich so erschrecken?«

»Entschuldige bitte, dass ich etwas Wichtiges mit dir zu besprechen habe.«

»Das war doch nicht der Punkt.«

»Sondern?«

»Das Erschrecken!«

»Man sollte meinen, dass du dich nach all diesen Jahren daran gewöhnt hast.«

Ich seufzte. »Und was willst du? Ich dachte, du hättest alle Hände voll zu tun.« Ich zeigte auf den Fernseher, und Tod drehte sich um.

»Das Erdbeben? Ja, so beschäftigt war ich mit einem Ereignis schon eine Weile nicht mehr.«

»Hab mir schon gedacht, dass es viele Tote gegeben hat.«

»Tatsächlich hat mein Besuch etwas damit zu tun. Zumindest indirekt.« Er hielt einen Moment inne. Auf mich wirkte es fast, als wäre er unsicher, was er sagen sollte, fast so, als würde er sich schämen. Die Art, wie er den Kopf bewegte, ließ darauf schließen, dass er nervös war. »Vielleicht sollte ich es dir einfach zeigen.«

Mit der freien Hand, die nicht den Kescher hielt, bedeutete er mir aufzustehen – und kurz darauf fand ich mich einmal mehr auf den Azoren wieder.

Gemma saß auf einem Gartenstuhl neben dem Feuer, den Kopf gelangweilt auf einer Hand abgestützt. Neben dem Knistern der Scheite konnte ich das Geräusch eines würgenden Mannes ausmachen. Es schien seinen Ursprung hinter einem Strauch zu haben, aber erkennen konnte ich nichts.

»Wenn es nicht Gemma ist, die da würgt«, sagte ich, »wer ist dann ...«

Das Gesicht eines schwarzen Mannes mit rasiertem Kopf und einem deutlichen Dreitagebart kam hinter dem Busch hervor, nach Luft ringend und etwas blass um die Nase.

»Das ist gar nicht gut. Gar nicht gut«, presste er hervor. Er wischte sich mit der rechten Hand den Mund ab und schaute erst Tod und dann mich überrascht an.

Tods Gesicht zeigte eine Mischung aus Sorge und Verwirrung. Vermutlich sah ich nicht sonderlich anders aus.

»Ich schätze, du verstehst, weswegen ich heute vielleicht etwas komisch bin«, sagte er.

»Heute?«, fragte ich, aber er reagierte nicht weiter drauf. »Wer ist das?«

»Martin, das ist Pierre. Pierre, das ist Martin.«

Der Mann kam hinter dem Busch hervor. Ich schätzte ihn auf Mitte zwanzig und hatte das Gefühl, dass er mich trotz seiner etwas geringeren Körpergröße ohne Probleme niederringen könnte. Sein Körper war eine Mischung aus unterernährt und unglaublich sportlich. Er kam auf mich zu und streckte mir den rechten Arm entgegen.

»Äh«, stammelte ich bei ausgestreckter Hand, weil er mir nur den Unterarm, aber nicht die Hand hinhielt.

Mit seiner linken Hand griff er meine und legte sie auf seinen Unterarm. »Hallo!«, sagte er freundlich. »Meine Hand war vermutlich dreckig von ...« Er schaute kurz in Richtung Gebüsch.

Ich nickte, schüttelte seinen Arm und sagte ebenfalls Hallo, dann wandte er sich Tod zu.

»Mann, ich habe wirklich keine Zeit. Ich muss meinen Leuten helfen.«

»Sprecht Englisch!«, rief Gemma, verfiel aber gleich wieder in ihre Lethargie, und ich fragte mich, was eigentlich ihr Problem war.

Tod nahm ihren Ruf zum Anlass, sie ebenfalls vorzustellen. Sie schaute genervt herüber, als er auf sie deutete und sagte: »Und das da hinten ist Gemma, die offenbar keine Lust hat aufzustehen.«

»Ich müsste eigentlich lernen!«, rief sie und schaute Pierre abschätzig an.

Pierre ging mit schnellen Schritten zu ihr herüber und bot ihr den Unterarm an, aber sie hob nur abwehrend die Hände.

»Warum ist da jetzt noch jemand, der dich sehen kann?«, fragte ich Tod.

Der zuckte mit den Schultern. »Darüber kann ich auch nur mutmaßen.«

»Aber ... aber wer von ihnen ist denn jetzt dein Nachfolger?«

Tod schüttelte den Kopf. »Ich habe nicht die geringste Vorstellung.«

Gemma rief uns zu: »Na, dann werde dir mal schnell darüber klar, denn wenn ich keine Leute umbringen darf, habe ich darauf nicht viel Lust.«

»Was sagt sie?«, fragte Pierre, und Tod erklärte ihm, dass der Tod niemanden persönlich in den Tod schickt.

»Sprecht Englisch, verdammt noch mal!«, rief Gemma, und ich wunderte mich, was sie meinte.

Plötzlich hörte ich hinter mir, wie eine Frau versuchte, ein Würgen zu unterdrücken. Gemma und Pierre schauten an mir vorbei, und als ich mich ebenfalls umdrehte, merkte ich, dass Tod nicht mehr neben mir stand, sondern neben der stämmigen Frau, deren dunkler Oberlippenflaum es fast so aussehen ließ, als hätte sie einen Schnurrbart.

»Das war unangenehm«, sagte die herrische Dame, die diese Bezeichnung in vielerlei Hinsicht verdiente.

»Das sind die anderen, von denen ich dir erzählt habe«, sagte Tod und zeigte in unsere Richtung.

Mit stampfendem Schritt kam sie auf mich zu, riss meinen Arm an sich, nickte kurz und schüttelte mir die Hand. Dann ging sie weiter zu Pierre. Sie ignorierte seinen Versuch, ihr den Unterarm hinzuhalten, griff stattdessen seine Hand und schüttelte sie mit einer Kraft, als würde sie seinen ganzen Körper in Bewegung versetzen wollen. Gemma hob lediglich die Hand und winkte, bevor sie sich wieder dem Feuer zuwandte.

»Gemma, Pierre und Martin«, sagte Tod. »Das ist Witalina.« Er sagte den Satz zweimal, was mich irritierte.

»Oh, gut, ich hatte sie fast für ihren Bruder Wladimir gehalten«, sagte ich.

Tod warf mir einen scharfen Blick zu, und Witalina schien zu ahnen, dass ich nichts Nettes gesagt hatte. Zumindest zuckten ihre Oberlippe und die darauf befindliche Warze, als wäre sie kurz davor, an mir neue Wurftechniken auszuprobieren. Ich beschloss, meinen Mund zu halten.

»Witalina stammt aus Tomsk«, sagte Tod daraufhin zweimal. »Liegt ungefähr in der Mitte von Russland.«

Pierre nickte aufgeregt, Gemma schien noch immer uninteressiert.

»Pierre stammt aus einer kleinen Stadt im Süden von Haiti, die erheblich von dem Erdbeben getroffen wurde.«

Witalina grunzte nur.

»Gemma ist Studentin in Toronto.«

»Aber was genau machen wir hier?«, fragte Witalina in kristallklarem Deutsch, worüber ich etwas verwirrt war. Natürlich klang ihre Stimme so, als hätte Wodka die Stimmbänder schon etwas zersetzt, aber ich hätte einen klischeehaften Akzent wie die Russen aus einem Hollywood-Film erwartet. Offenbar funktionierte meine neugefundene Fähigkeit, andere Sprachen zu verstehen, so gut, dass für mich alles rein klang.

Tod hatte Probleme, die Frage zu beantworten. Er sah mich an, als wüsste er nicht, was er sagen sollte.

»Wir alle können den Tod sehen«, antwortete ich Witalina schließlich. »Seine Aufgabe ist es, die Seelen nach dem Tod zu fangen. Und die Aufgabe von einem von euch ist es, sein Nachfolger zu werden.«

Witalina hob nur eine Augenbraue und die Warze auf ihrer Lippe und sah zu Tod herüber, der Pierre und Gemma etwas zutuschelte, bevor sie reagierten.

»Das hat er mir schon erklärt«, sagte Witalina und musterte mich von oben bis unten. »Wer bist du überhaupt?«

»Englisch, verdammt noch mal!«, rief Gemma erneut.

»Was brüllst du denn immer rum?«, fragte ich sie.

»Wenn ihr kein Englisch sprecht, dann versteht ja niemand was. Also sprecht Englisch.«

»Was will die Kleine?«, fragte Witalina.

»Sie will, dass wir Englisch sprechen.« Ich dachte kurz nach. »Moment mal, du hast sie nicht verstanden?«

Witalina schüttelte langsam den Kopf und zog die Mundwinkel nach unten.

Pierre hob einen Finger. »Ich hab sie«, er deutete auf Witalina, »auch nicht verstanden.«

Ich seufzte.

Tod hob beschwichtigend die Arme. »Ihr könnt euch untereinander nicht verstehen, also werde ich übersetzen müssen.«

Jetzt verstand ich, weswegen Thanatos jeden Satz zweimal gesagt hatte.

»Könnt ihr nicht einfach Englisch sprechen, wie es alle normalen Leute tun?«, fragte Gemma.

Pierre sah sie abfällig an. Offenbar hatte er sie nur zu gut verstanden, antwortete aber in Kreolisch. »Vielleicht sollte sie mal andere Sprachen lernen und nicht annehmen, dass alle einfach ihre sprechen wollen.«

»Was sagt der Typ?«, fragte Gemma.

»Genug!«, rief Tod und hatte damit wieder die volle Aufmerksamkeit. »Was Martin sagt, stimmt. Einer von euch ist als mein Nachfolger vorgesehen. Wir müssen jetzt nur noch herausfinden, wer.«

Es dauerte etwas, bis eine Antwort kam, weil er den Satz nun dreimal in verschiedenen Sprachen wiederholen musste.

»Aber wer ist der Mann denn nun?«, fragte Witalina und zeigte auf mich.

Tod übersetzte ihre Frage nicht, da sie offensichtlich war. »Das ist Martin. Martin war als mein Nachfolger vorgesehen. Aber ich habe mich dann dagegen entschieden.«

»Du hast dich dagegen entschieden?«, sagte ich überrascht. »Ich dachte, dass ich ziemlich deutlich gemacht habe, dass ich den Job nicht machen werde. Du hast mich nur am Leben gelassen.«

»Nur?«, fragte Tod und hob eine Augenbraue an. Auf die fragenden Gesichter hin übersetzte er das Gesagte, woraufhin Pierre fragte, ob man denn wirklich einfach so beschließen könne, nicht der Nachfolger des Todes zu werden, denn er wollte viel lieber seinen Leuten helfen.

»Nun, diese Frage stellt sich wohl noch«, sagte Thanatos und schaute mich an.

»Was? Du meinst, dass ich quasi immer noch auf der Liste stehe? Aber warum sind die dann hier?«.

»Also«, schob jetzt Witalina ein, »sind wir alle potentielle Nachfolger des Todes? Geht es hier um eine Art Wettkampf, wer am Ende die Stelle bekommt?«

Tod übersetzte für die anderen, antwortete aber zunächst nicht. Er wackelte nur ein wenig mit dem Kopf, unschlüssig, ob er ihr zustimmen sollte oder nicht.

»Nicht, dass ich daran viel Interesse hätte, aber ...«, Witalina musterte Gemma von oben bis unten, »...das wird ein Klacks.«,

Gemma saß immer noch gelangweilt auf ihrem Baumstamm und vermittelte den Eindruck, als wären alle anderen Idioten.

Pierre schien zu grübeln. »Man kann also als Tod auch Menschen am Leben lassen?«

»Nein, so simpel ist das nicht«, sagte Thanatos und hob den Zeigefinger, aber Pierre führte seine Gedanken weiter laut fort.

»Insofern kann man also auch den Tod einer Person verhindern. Die Leute, die bei uns verschüttet sind, müssten nicht sterben.« Er wirkte plötzlich interessiert.

»Nein, nein, nein«, sagte Tod und stampfte mit den Stock des Keschers auf den Boden.

Alle starrten ihn an, auch ich.

»Man kann einen Tod nicht verhindern«, sagte die physische Manifestation des Todes nacheinander in drei verschiedenen Sprachen.

Ich schüttelte den Kopf, denn ich war das lebende Beispiel, dass dem nicht so war.

»Du magst die Ausnahme von der Regel darstellen«, sagte er zu mir. »Aber ganz offensichtlich war das ein Fehler.«

»Du bezeichnest meine Existenz als Fehler?«

»Natürlich. Immerhin führte das auf den verschlungenen Pfad, der jetzt dieses Chaos heraufbeschwor.«

»Was für ein Chaos?«, fragte ich.

Tod zeigte auf die drei Kandidaten für seine Nachfolgeschaft.

Witalina schaute leicht verärgert. »Ich habe mich nicht freiwillig für das hier gemeldet.«

»Englisch!«, rief Gemma, aber Witalina schnaufte nur verächtlich.

»Aischylos!«, rief Tod plötzlich.

»Was?«, fragte ich.

»Wenn ihr euch an die Funktion und den Ablauf des Todes erinnern wollt, so denkt an Aischylos«, fuhr Tod fort und erntete skeptische Blicke. »Niemand weiß von Aischylos?«

Wir schüttelten die Köpfe.

»Aischylos war ein griechischer Dichter, dem geweissagt worden war, dass er durch den Sturz eines Hauses sterben sollte. Um den Tod zu betrügen, zog er aufs Land und lebte auf den Feldern. Ein Adler mit einer Schildkröte im Schnabel, die er auf einem Felsen zerschellen lassen wollte, flog über ihn hinweg. Er verwechselte Aischylos' Glatze mit einem Stein, ließ los, und die Beute erschlug den Dichter.«

Er übersetzte die Geschichte.

Gemma verdrehte die Augen, Pierre strich sich sorgenvoll über den rasierten Kopf, und Witalina nickte mit heruntergezogenen Mundwinkeln.

»Und die Moral von der Geschicht: Kauf beim Fernsehsender dieses Wundermittel gegen Haarausfall«, sagte ich und schob rasch noch hinterher: »Verdammt, das reimt sich nicht.«

»Ich finde nicht, dass das ein Sujet ist, dem man mit Komik begegnen sollte«, entgegnete Tod.

»Sonst hast du dich auch nicht so.«

Er ignorierte mich. »Was ich damit zum Ausdruck bringen möchte: Der Tod findet immer einen Weg. Insofern sollte man nicht versuchen, ihm ins Handwerk zu pfuschen. Widerstand ist zwecklos.«

Gemma schnaubte kurz amüsiert, als Tod es in ihrer Sprache wiedergab. »Aber wenn wir dann selber der Tod sind, können wir doch unsere eigenen Regeln machen, oder, Locutus?«

Tod runzelte die Stirn, weil er nicht wusste, auf was sie sich bezog.

»Wir hatten doch schon beim letzten Mal festgestellt, dass er keine Ahnung von *Star Trek* hat«, sagte ich zu Gemma, die daraufhin ein weiteres Mal mit den Augen rollte.

Tod schien langsam die Geduld zu verlieren. »Natürlich könnt ihr als Tod nicht eure eigenen Regeln machen. Wo kämen wir denn da hin?«

»In eine bessere Welt?«, fragte Gemma rhetorisch.

»Das wage ich stark zu bezweifeln«, meinte Tod.

»Vielleicht sollten alle erst einmal in Ruhe darüber nachdenken, was das für sie bedeutet«, versuchte ich die Wogen zu glätten. »Als du mir gesagt hast, dass ich deinen Job übernehmen soll, musste ich das auch erst mal verarbeiten.«

»Sofern ich mich richtig erinnere, hast du sofort abgelehnt.«

»Ja, schon, aber ich habe trotzdem tagelang ... na ja, im Endeffekt habe ich jahrelang darüber nachgedacht. Oder nachdenken müssen. Alles, was ich damit sagen will, ist, dass du sie damit vielleicht nicht so überfallen solltest. Gib ihnen Zeit, das sacken zu lassen.«

Tod schaute skeptisch, nickte aber schließlich.

Gemma, Pierre und Witalina reagierten unterschiedlich. Da sie bereits einige Zeit von Thanatos wusste, war Gemma nur allzu bereit, sich von ihm wieder zurückbringen zu lassen. Pierre schien von den Dreien am verwirrtesten zu sein, wollte aber schnellstens nach Hause, um in seiner Nachbarschaft zu helfen. Witalina hingegen lehnte es zunächst ab, wieder weggebracht zu werden. Sie wollte wissen, ob man als Tod Menschen, denen medizinisch nicht mehr zu helfen war, Erleichterung verschaffen könne. Thanatos hatte aber keine Lust, auch darüber noch zu diskutieren.

Obwohl er gar nicht hätte verschwinden müssen – immerhin konnte er sich ja aufteilen –, ließ mich Tod allein am Lagerfeuer zurück. Ich machte es mir auf einem Stamm so bequem wie möglich und wartete darauf, dass er zurückkam.

Nach einigen Minuten nahm er mir gegenüber Platz.

»Was denkst du?«, fragte er.

»Jetzt sind es schon drei?«

Tod nickte.

»Meinst du, es bleibt dabei?«

Er hob die Schultern. Sein Blick sagte allerdings, dass er durchaus befürchtete, dem sei nicht so.

»Was passiert, wenn immer mehr auftauchen, die dich plötzlich sehen können?«

»Hast du schon mal über Selbstmord nachgedacht?«, fragte er mich plötzlich.

»Was ist denn das für eine Frage?«

»Mein Gefühl sagt mir, dass das alles mit deinem nicht nach Plan verlaufenen Ableben zu tun hat«, sagte er im Plauderton. »Insofern lag für mich der Gedanke nahe, dass du vielleicht doch sterben musst, um dem ganzen Einhalt zu gebieten.«

Im Gegensatz zu ihm konnte ich bei diesem Thema nicht ruhig bleiben. »Du willst doch nur, dass ich deinen Job übernehme, weil die anderen, die zur Auswahl stehen, nicht deinen Ansprüchen genügen. Die eine will am liebsten alle umbringen, der andere will alle leben lassen. Und die dritte ... na ja, sie will zumindest nur ein paar umbringen, schätze ich.«

»Sie brauchen Zeit, um zu Sinnen zu kommen«, sagte er ruhig.

»Du meinst, du brauchst Zeit, um sie zu beeinflussen«, erwiderte ich scharf.

»Willst du wieder einen Streit vom Zaun brechen?«, fragte er mit einem Seufzen in der Stimme.

»Ich sag ja nur.«

Wir schwiegen.

Tod schob mit dem Stock des Keschers ein paar Holzscheite zusammen. »Ich ... ich weiß nicht, was ich tun soll«, sagte er schließlich und schaute mich mit einem Anflug von Verzweiflung an. »Was ist, wenn mich noch mehr Leute sehen können, die ich bisher nicht bemerkt habe. Das wird ein Chaos bei der Arbeit!«

In der Tat war eine Welt, in der viele Menschen den Tod sehen konnten, äußerst merkwürdig. Wer zum Beispiel bei Rot über die Straße gehen wollte und auf der anderen Seite den Tod warten sah, dachte vielleicht noch mal darüber nach. Nur ein kleiner Einschnitt in die Arbeit des Todes, aber ein großer Tag für die Verkehrssicherheit.

»Vielleicht bleibt es ja bei den dreien. Oder es kommen noch ein paar dazu und dann keine mehr. Vielleicht sollten wir erst einmal schauen, wie es weitergeht, bevor wir irgendwelche Schlüsse ziehen.«

»Du meinst abwarten und Tee trinken?«

»In dem Fall wäre vielleicht sogar Alkohol angebracht«, seufzte ich.

»Das ließe sich einrichten!«

Tod sprang mit mir an einen Strand, der sich wohl irgendwo in der Karibik befand. Eine grob zusammengezimmerte Hütte aus Stöcken, Wellblech und Palmwedeln diente als Bar und beschallte mit einem alten, klobigen Radio die Umgebung. Ein paar Meter weiter tanzten ein paar Einheimische zu der Musik. Ich war nicht stolz darauf, aber mit der Eigenschaft, für andere unsichtbar zu sein, klaute ich eine Flasche Rum und gesellte mich danach etwas abseits des Trubels zu Tod, der an eine Palme gelehnt dasaß und aufs Meer schaute. Wir tranken abwechselnd aus der Flasche, schweigend, jeder in Gedanken versunken.

»Wie entscheiden wir, welcher von ihnen mein Nachfolger werden soll?«, fragte Tod.

In diesem Moment ging ein junger Schwarzer an uns vorbei, der singend drei Mädchen unterhielt, die ihm hinterher schmachteten, als wäre er der größte Star der Welt.

Ich musste unwillkürlich an die Fernsehsendung denken, die Anja immer schaute, obwohl sie sich selbst dafür hasste.

»Wir machen ein Casting«, sagte ich.

»Wie bitte?«

»Ein Casting. Wie bei *Deutschland sucht den Superstar.*«

»Du meinst diese merkwürdige Sendung, die es auf der ganzen Welt gibt, in der Leute singen?«

»Und dann darüber abgestimmt wird, ob sie weiterkommen oder nicht. Genau.«

»Wie stellst du dir das vor?«

»Na ja, du, ich und ... Bibi vielleicht noch? Wir sitzen da, schauen uns die Leute an, die sich bei uns bewerben. Und dann sieben wir aus.«

Tod grübelte. »Nach welchen Kriterien denn?«

»Was weiß ich ... Belastbarkeit? Vorausschauendes Denken? Ob sie die Beatles mögen? Ich habe kein fertiges Konzept im Kopf. Mir ist das gerade nur eingefallen.«

»Und du willst selbst in der Jury sitzen? Warum?«

»Es war nur ein Vorschlag, weil ich ... irgendwie der Grund dafür bin, dass sie überhaupt dabei sind.«

Tod runzelte die Stirn. »Ich weiß auch nicht, ob Bibi wirklich unparteiisch ist. Sie tendiert dazu, meine Tätigkeit viel zu persönlich zu nehmen.«

Ich nickte. »Schon, aber es ist ja nicht so, als hätten wir viel Auswahl, was die potentiellen Juroren angeht. Der Osterhase wäre zumindest fehl am Platz.«

»Außerdem bin ich mir generell noch nicht im Klaren darüber, ob ich dies für eine gute Idee halte.«

»Weil es keine gute Idee ist«, sagte ich und schaute ihn lächelnd an. »Es ist eine *großartige* Idee.«

Tod sagte zunächst nichts, aber seiner Miene nach zu urteilen, war er anderer Auffassung als ich.

»Gib es zu«, sagte ich.

»Eine großartige Idee ist es bestimmt nicht.«

»Na, von dir habe ich noch keinen Vorschlag gehört. Zumindest keinen, der irgendwie nicht meinen Selbstmord beinhaltet. Und davon würde ich lieber absehen.«

Tod grübelte weiter. Irgendwann murmelte er ein »Hm« und sagte, dass er darüber nachdenken müsse. Dann trennten sich unsere Wege und ich kehrte nach Hause zurück.

Als ich daheim im Bett lag, wünschte ich mir fast, es würden noch mehr Kandidaten für die Nachfolge erscheinen. Vor meinem geistigen Auge wurde die Castingshow im Fernsehen übertragen. Wobei *Deutschland sucht den Supertod* vermutlich nicht sehr viel Anklang finden würde, zumal bis jetzt nur ein paar Leute auf der Welt den Tod überhaupt sehen konnten. Und die Chancen auf folgende Staffeln und eine Lizenzierung in andere Länder waren eher gering. Es gab ja nur einen Tod. Und nach dem Casting gäbe es auch keine zweite Staffel.

In dem Moment amüsierten mich diese Gedanken. Ich hatte jedoch keine Ahnung, was ein vermehrtes Auftreten von potentiellen Nachfolgern alles anrichten würde.

KAPITEL 9

JOBINTERVIEWS UND ANDERE KATASTROPHEN

Ich schrieb mehrere Gärtnereien in der weiteren Umgebung an, um mich bei ihnen um einen Ausbildungsplatz zu bewerben. Die meisten nahmen mein Schreiben gar nicht für voll, zumindest musste ich das annehmen, denn ich erhielt von ihnen keine Rückmeldungen. Ansonsten bekam ich mehrere Absagen. Eine davon kam direkt vom Eigner eines der Gärtnereibetriebe. Er fragte mich, ob ich noch alle Tomaten im Glashaus hätte – eine Redewendung, die mir bis dahin noch nicht untergekommen war.

Genau zwei Gärtnereien luden mich zu einem Gespräch ein. Bei beiden Terminen kam ich direkt aus der Nachtschicht und hätte mich am liebsten ins nächste Beet schlafen gelegt.

Beim ersten Gespräch starrte mich der Leiter des Betriebs zunächst erstaunt an und blätterte dann in den Bewerbungsunterlagen, weil er offensichtlich mein Geburtsdatum überlesen hatte. Er wollte mir zwar nicht geradeheraus sagen, dass ich zu alt war, aber nachdem wir beide zehn Minuten stammelnd herumgesessen hatten, nahm ich einfach an, dass es nichts werden würde.

Das zweite Gespräch lief schon besser, auch wenn ich mit der besonderen Art des Chefs zunächst warm werden musste.

»Da wollen se also bei uns inne Lehre«, sagte er, als wir uns in seinem kleinen, unaufgeräumten Büro hingesetzt hatten, als wäre der Grund meines Besuchs nicht auch so sonnenklar.

»Das trifft so ziemlich den Kern der Sache«, entgegnete ich möglichst wenig sarkastisch.

»Wenn ick dit richtig sehe, dann sind se doch aber Dokter. Wat wollen se dann hier?«

Ich hatte die Frage erwartet, wenn auch in einer etwas anderen Formulierung. »Ich würde gerne Landschaftsgärtner werden, weil ich ...«

»Jetzt sagen se nich, dass se Blumen lieben oder so'n Scheiß. Wenn se bei fünf Grad im Regen draußen stehen und wat ein- oder ausbuddeln sollen, gehen ihnen die blöden Blumen nämlich mächtig am Arsch vorbei.«

»Sie nehmen ja kein Blatt vor den Mund«, sagte ich und nickte anerkennend.

»Ja, dit is hier nich wie im Krankenhaus, wo man nach dem Gespräch nich weiß, wat der eigentlich zu einem gesagt hat.«

Ich kicherte, denn das kam tatsächlich öfter vor, als es vermutlich vielen Ärzten lieb war. »Nun«, sagte ich, »wenn sie so offen sind, kann ich es vielleicht auch sein?«

»Ick bitte darum«, sagte er, lehnte sich im Sessel zurück und stieß dabei einen Ordner aus dem Regal, um den er sich aber nicht weiter kümmerte.

»Ich möchte gerne den Beruf wechseln, weil mein alter Job mir in mancher Hinsicht mehr abverlangt, als ich zu leisten im Stande bin. Und das hat nichts mit Arbeitsmoral oder fehlendem Durchhaltevermögen oder so etwas zu tun, sondern vielmehr damit, dass buchstäblich Menschenleben in meinen Händen liegen. Ich sehe ein, dass Landschaftsgärtner für jemanden wie mich vielleicht nicht die passende Wahl zu sein scheint, aber ich habe überlegt, wo ich etwas Bleibendes schaffen kann, an dem ich mich auch noch erfreue, wenn ich nach Hause gehe. Ohne dabei einen Gedanken daran verschwenden zu müssen, dass irgendwo eine andere Familie weniger glücklich ist als meine, weil ich nicht helfen konnte.« Ich redete mich richtig warm und fühlte mich von jedem Satz mehr in dem bestätigt, was in den letzten Wochen in mir rumort hatte. »Ich denke, es könnte mir gefallen, wenn ich tatsächlich etwas schaffe und nicht nur versuche, wieder etwas in Ordnung zu bringen, was vielleicht nicht mehr in Ordnung zu bringen ist. Und falls Sie denken, dass ich vor der Arbeit zurückschrecken würde, weil ich mir die Hände nicht schmutzig machen will oder die Arbeitszeiten blöd sind ... Glauben Sie mir, da habe ich Schlimmeres durchgemacht, als Sie mir je entgegenwerfen könnten. Und da ich praktizierender Arzt gewesen bin, können Sie auch davon ausgehen, dass ich Durchhaltevermögen und Arbeitsethos habe. Alles, was ich will, ist eine Chance.«

Der Chef sah mich einen kurzen Moment ausdruckslos an. Ich wollte schon fragen, was los sei, als er plötzlich wieder zum Leben erwachte. »Na, dit war mal 'n Text.«

»Alles selbst ausgedacht«, sagte ich, weil mir nichts Besseres einfiel.

Er beugte sich vor. »So ein bisschen spinnen tuste schon, wa? Aber dit is mir irgendwie sympathisch.«

»Also habe ich den Job?«, fragte ich hoffnungsvoll.

Der Chef hob beschwichtigend die Hände. »Nu hetz ma nich. Da haben sich noch ein paar andere beworben. Die schau ick mir auch noch an, dann sehen wa ma. Ick melde mich.«

Ein paar Wochen darauf kamen die Bestätigung und der Vertrag von der Gärtnerei. Es war also beschlossene Sache: Nach Ende des Sommers wäre ich kein Arzt mehr.

Anja beglückwünschte mich, dass ich einen Ausbildungsplatz gefunden hatte, aber ich konnte ihr ansehen, dass es ihr lieber gewesen wäre, ich hätte mich doch noch anders entschieden. Trotzdem machte sie mir keine Vorwürfe oder versuchte mich davon abzubringen. Die vergangenen Wochen, in denen wir kaum fünf gemeinsame Minuten im Bett verbracht hatten, geschweige denn miteinander geschlafen – in jedem Sinne des Wortes –, überzeugten sie wohl auch davon, dass eine Umstellung in meinem Leben besser wäre.

Mein Chef, der durch das Gespräch, das ich mit ihm ein paar Monate zuvor geführt hatte, bereits vorgewarnt war, nahm meine Kündigung mit unbewegter Miene hin und sagte nicht ein Wort zu mir. Per E-Mail erfuhr ich ein paar Wochen später, dass ich – abzüglich meines verbleibenden Urlaubs und so weiter – Ende Juni aus meinem Vertrag käme. Ein paar Monate wäre ich demnach arbeitslos, aber auch das war irgendwie zu schaffen.

Zum ersten Mal nach langer Zeit fühlte sich alles richtig und gut an. Meine Verletzungen machten mir nicht mehr zu schaffen, ich hatte einen neuen Job in Aussicht, der mir weniger Sorgen bereiten würde, und Anja war tatsächlich zu mir zurückgekommen und schien das noch nicht einmal zu bereuen. Tobias machte sich ganz gut in der Schule und nahm offenbar nicht die seltsamen Marotten einiger seiner Mitschüler an, die in seinem Alter schon mit Smartphones durch die Gegend liefen und miteinander nur noch per Schnellnachricht kommunizierten. Er interessierte sich weiterhin für LEGO und Playmobil und nicht für Angry Birds, das seit kurzem Handybesitzer in den Wahnsinn trieb.

Das soll nicht heißen, dass ich, Anja oder Tobi keine Sorgen hatten. Natürlich machten Anja und ich uns Gedanken darüber, ob alles so klappen würde. Aber wir waren zufrieden.

So gut es für uns lief, umso schlechter lief es für andere. Schon die ersten Monate von 2010 ließen es wie ein Unglücksjahr erscheinen. Es war das Jahr der Erdbeben und Naturunglücke. Und es war kein gutes Jahr für die Luftfahrt.

Im Februar kam es zu einem der größten Erdbeben der Geschichte in Chile, von dem im Nachhinein behauptet wurde, dass es so stark gewesen sei, dass dadurch die Tage um ein paar Millisekunden kürzer wurden. Innerhalb der gleichen Woche kam es zu Überschwemmungen auf Madeira und einem Orkan, der quer durch Europa fegte. Im April stürzte die Maschine des polnischen Staatspräsidenten Lech Kaczynski ab. Mit ihm starb ein Großteil der politischen Führungsriege des Landes. Regenfälle in Brasilien verursachten Erdrutsche, und im Golf von Mexiko flog die Ölplattform *Deepwater Horizon* in die Luft.

Anja hatte schon keine Lust mehr, den Fernseher einzuschalten. »Geht nur mir das so, oder gibt es nur noch Katastrophen?«

»Redest du von der letzten *Lost*-Staffel?«

»Nein, ich rede davon, dass andauernd die Natur verrückt spielt oder ein Flugzeug abstürzt.«

»Wir können also von Glück reden, dass wir uns keine Flugreise leisten können.«

Anja wirkte nicht überzeugt. »So hätte ich das nicht formuliert, aber irgendwie muss man sich das wohl schönreden.«

Ich grinste. »Ich erinnere dich in den nächsten Ferien daran, dass wir nur zu unserer eigenen Sicherheit daheim bleiben.«

Zu diesem Zeitpunkt wusste ich noch nicht, dass es im Rest des Jahres zu weiteren Flutkatastrophen in Pakistan, Zentralafrika und Europa kommen würde, bei denen allein in Pakistan über 1600 Menschen sterben sollten. Und elf weitere Flugzeuge würden abstürzen.

Aber all diese Unglücke waren nichts gegen das Erdbeben im April, welches in China über 2500 Menschenleben forderte.

Insofern verwunderte es mich nicht, dass ein erneuter Besuch von Tod auf sich warten ließ. Ich ging davon aus, dass er zu viel zu tun hatte für einen Plausch. Oder für eine Antwort auf meine Frage nach dem Casting. Wenn ich ehrlich bin, verdrängte ich die ganze Nachfolgerproblematik vollkommen und genoss die Zeit mit meiner Familie.

In den Osterferien hatte ich mal wieder ein paar Tage am Stück frei, so dass ich etwas Zeit mit Anja und Tobi verbringen konnte. Es war ziemlich kalt, insofern lag es nahe, eine Reise ins Warme zu machen, aber weil wir wegen meiner Entscheidung, den Beruf zu wechseln, Geld sparen mussten, blieben wir daheim und machten nur ein paar Ausflüge in die Umgebung. Ich fühlte mich ein wenig schlecht dabei, dass wir keine Flugreise machen konnten, aber Anja wollte davon nichts hören.

»Außerdem dient das ja alles nur unserer Sicherheit«, erinnerte ich sie und lachte.

Sie lächelte. »Konntest du dir nicht verkneifen, was?«

»Natürlich nicht.«

Tobi genoss die Ferien auch so, zumal er mehr Zeit mit einem Schulfreund und meiner Mutter verbringen konnte. Die wollte nicht in der Gegend herumreisen, weil gerade Ferien waren: »Da sind ja überall nur blöde Touristen.«

Auf die Sinnlosigkeit ihrer Aussage sollte ich sie viel später noch einmal ansprechen. So ließ ich sie während einer Wanderung durch den Babelsberger Schlosspark mit Tobi fangen spielen, wobei sie sich als außergewöhnlich agil für ihr Alter erwies.

Anja hakte sich bei mir unter und legte den Kopf an meine Schulter. »Wir brauchen gar keine Fernreise. Ist auch schön hier.«

»Etwas mehr Wärme wäre trotzdem gut gewesen. Ein Picknick hätte ich auch gerne gemacht«, sagte ich, weil mir der Magen knurrte.

»Das holen wir halt im Sommer nach.«

Meine Mutter gesellte sich außer Atem zu uns. »Aber dann ... renne ich nicht ... durch die Gegend.«

»Es hat dich keiner gezwungen«, sagte ich.

»Der Junge braucht ein ruhigeres Hobby«, sagte sie immer noch keuchend. »So wie du früher Schach gespielt hast. Da kommt man wenigstens nicht aus der Puste.«

»Aber du kannst doch gar kein Schach.«

»Dann bringe ich ihm eben Rommé bei. Das spielt sich auch leichter während eines Picknicks. Oder wir nehmen *Mensch ärgere mich nicht* mit.«

»*Mensch ärgere dich nicht*«, korrigierte ich sie

»Ja, eben«, prustete sie fast, und Anja reichte ihr eine Wasserflasche aus dem Rucksack, den ich auf dem Rücken trug.

Wie sich herausstellte, war unsere Entscheidung, nicht in den Urlaub zu fliegen, auch in anderer Hinsicht die richtige: Auf Island brach der Vulkan Eyjafjallajökull aus, was zur Folge hatte, dass einige Tage lang die meisten Flughäfen in Europa gesperrt wurden und sich Nachrichtenmoderatoren bei der Aussprache des Namens verhaspelten.

KAPITEL 10

EINE ANDERE MÖGLICHKEIT

Tod kam mich erst in der Woche nach meinem Geburtstag wieder besuchen, der auf ein Wochenende fiel, an dem ich arbeiten musste. Zum Ausgleich hatte ich in der Woche frei und etwas Zeit für mich, denn Tobi war in der Schule und Anja bei der Arbeit.

Wie schon all die Jahre zuvor hatte Thanatos kein Geschenk dabei, aber zumindest hatte er diesmal tatsächlich an meinen Geburtstag gedacht.

»Herzlichen Glückwunsch nachträglich«, sagte er, nachdem er diesmal auf dem Balkon erschienen war und gegen das Glas der Tür geklopft hatte, um mich nicht zu erschrecken. Er wirkte müde. Das war mal etwas Neues.

»Vielen Dank! Komm doch rein und setz dich«, sagte ich freundlich, nachdem ich ihn hereingelassen hatte.

Ohne ein weiteres Wort ließ er sich in den Sessel fallen und stieß einen erleichterten Seufzer aus.

»Du wirkst merkwürdig abgekämpft. Alles okay bei dir?«

Er hob den Kopf, den er vorher auf das Rückenteil hatte fallen lassen. »Nein, ich schätze, ich bin tatsächlich nicht ganz auf der Höhe.«

»Du solltest mal Urlaub machen.«

»Sehr witzig«, sagte er kurz angebunden.

»Nein, ernsthaft. Auch du musst doch irgendwann mal Pause machen, oder etwa nicht?«

Tod schaute mich skeptisch an. »Ist dir eigentlich klar, was du da redest? Ich bin der Tod. Ich kann keine Pause machen. Nichts würde mehr richtig laufen.«

»Du machst das doch jetzt fünfhundert Jahre. So Pi mal Daumen zumindest, oder?«

Tod nickte.

»Und in dieser ganzen Zeit hast du nicht einmal geschlafen? Dich nicht einmal ausgeruht? Fünfe gerade sein lassen? Stattdessen hast du dich sogar aufgeteilt und bist als mehr als eine Person um die Welt gehüpft. Das kann doch nicht gesund sein.«

Tod wirkte amüsiert. »Du vergisst, dass ich als Tod genau das bin: tot. Gesundheit ist nichts, um das man sich als Tod scheren muss. Wohl der Hauptgrund, weswegen man als Tod tot sein sollte.«

»Selbst wenn es dich vielleicht nicht körperlich belastet, was ich irgendwie bezweifle, wenn ich dich so ansehe, kann es doch sein, dass es sich psychologisch auswirkt.«

Tod hob eine Braue. »Willst du mir damit durch die Blume sagen, dass ich langsam den Verstand verliere?«

»Eigentlich sollte es nur heißen, dass du vielleicht mal Urlaub brauchst. Auch geistig. Frag mich mal – nach einem halben Jahr Schichtdienst gehe ich am Stock, immerhin geht es da um Leben und Tod. Und bei dir ...« Ich hielt inne, weil mir der offensichtliche Fehler in der Argumentation auffiel.

Tod schmunzelte.

»Ich beantrage die Streichung meines letzten Kommentars aus dem Protokoll«, sagte ich peinlich berührt.

»Bei mir geht es immerhin nur um den Tod, wenn man so will«, sagte er trocken, und wir mussten daraufhin beide lachen.

»Aber im Ernst«, schob ich nach, »du hast nie Feierabend, arbeitest an allen Feiertagen ... Ich nehme mal an, dass du noch nie einen Brückentag nehmen konntest.«

»Das kommt darauf an, was du mit Brückentag meinst. Es gibt Tage, an denen mehrere Personen von der Golden Gate Bridge springen«, sagte er.

»Ja, das meinte ich definitiv nicht. Ich wollte nur sagen, dass ich das nachvollziehen kann.«

Er lächelte. »Aber im Gegensatz zu mir wirst du einfach alt, Martin.«

Ich tat so, als wäre ich empört. »Ich bin fünfunddreißig, da bin ich doch noch nicht alt. Fünfunddreißig ist das neue fünfundzwanzig.«

»Ich bin gespannt, was deine Knochen dazu sagen, wenn du denn wirklich Gärtner wirst.«

»Es ging eigentlich um dich, nicht um mich«, sagte ich.

»Wie gesagt, ich kann nicht einfach Pause machen.«

»Aber du hast doch jetzt Nachfolger, die das für dich übernehmen könnten, oder nicht?«

»Aber noch ist ja keiner mein Nachfolger.«

»Du missverstehst mich. Ich sage ja gar nicht, dass dich einer permanent ablösen soll. Aber sie könnten dir doch zeitweise die Arbeit abnehmen.«

Tod schüttelte den Kopf. »Wie stellst du dir das denn vor? Mal ganz abgesehen davon, dass keiner von denen bisher irgendwelche Fähigkeiten von mir übernommen hat, also weder irgendwo hinspringen noch die Tode der Menschen voraussehen kann, haben wir es immer noch mit Leuten zu tun, die entweder am liebsten alle umbringen würden oder am Leben lassen möchten. Oder nur zum Teil umbringen wollen, schätze ich. Ganz zu schweigen davon, dass sie alle noch quicklebendig sind.«

Geistig ohrfeigte ich mich selbst. »Ja, richtig, da war doch was.«

»Ferner habe ich nur einen Kescher. Also kann ich ja schlecht irgendwem sagen: ›Hier, nimm und hol Seelen.‹«

»Ja, schon gut. Blöde Idee.«

»Im Grunde ist die einzige Person, die in der Lage wäre, mich halbwegs zu ersetzen, die, die mir gegenübersitzt.« Er sah mich mit schiefem Blick an. »Da wäre allerdings noch die Sache mit dem Totsein. Hast du inzwischen schon mal über Selbstmord nachgedacht?«

»Äh, danke. Ich verzichte«, sagte ich und bereute schon, überhaupt davon angefangen zu haben.

»Mit anderen Worten: Du findest zwar, ich sollte mir eine Auszeit gönnen, weigerst dich aber, mir dabei zur Hand zu gehen?«, sagte er mit ernsterer Miene, als mir lieb war.

»Du wolltest doch gar keinen Urlaub!«, verteidigte ich mich.

»Aber du hast es mir doch nahegelegt.«

Ich seufzte. »Ist das jetzt wieder einer von diesen Tagen, die eigentlich ganz freundschaftlich anfangen und dann im Streit enden?«

Tod winkte ab. »Dazu habe ich nicht die Kraft.«

»Und was wolltest du eigentlich genau?«

Tod rutschte ein wenig im Sessel hin und her, bis er eine bequeme Position gefunden hatte. »Im Grunde wollte ich nur einen Diskurs mit jemandem führen, bei dem es nicht immer um dieselben Dinge geht.«

»Die da wären?«

Er verstellte die Stimme und äffte seine potentiellen Erben nach. »Warum soll ausgerechnet ich dein Nachfolger werden? Warum kann ich böse Leute nicht einfach mitnehmen? Gibt es ein Leben nach dem Tod? Kann ich als Tod dann Leute unbemerkt unter der Dusche beobachten?«

»Das hat wirklich einer gefragt?«

»*Alle* haben das gefragt. Und noch einen Haufen anderer Dinge, die mich einfach nur ermüden. Natürlich hast du mir ähnliche Fragen gestellt, aber bei dir kamen sie über die Jahre verteilt. Und du warst nur eine Person, nicht drei.«

»Die Frage nach der Dusche habe ich nie gestellt.«

»Möchtest du zur Belohnung einen Keks?«

Ich seufzte, denn er schien angespannt. Aber immerhin schien sich eine Sache nicht verändert zu haben. »Also ist sonst keiner hinzugekommen?«

»Bis jetzt nicht.«

»Hast du noch einmal über meinen Vorschlag nachgedacht?«

»Sprichst du davon, per Komitee zu entscheiden, wer mein Nachfolger wird?«

»Äh ... ich hab's Casting genannt, aber ... ja, das meinte ich.«

»Ich bin noch nicht vollends überzeugt.«

Ich grübelte. »Vielleicht sehen wir beide das auch völlig falsch.«

Tod schaute skeptisch. »Ich bin ganz Ohr.«

»Vielleicht sollen sie dich alle zusammen ersetzen. Also alle drei, nicht nur einer von ihnen.«

»Bisher war es immer nur ein Tod. Warum sollte es jetzt anders sein?«

Ich zuckte mit den Schultern. »Was weiß ich? Warum gibt es überhaupt die Schmetterlinge, und warum müssen sie gefangen werden?«

Tod schüttelte genervt den Kopf. »Fängst du schon wieder damit an? Darüber möchte ich nicht diskutieren.«

»Ich will nur sagen, dass wir gar nicht so genau wissen, wie das alles gedacht ist. Ich meine, vielleicht steckt ja ein Plan dahinter, von dem wir keine Ahnung haben«, sagte ich ruhig.

»Natürlich. Das Schicksal will, was das Schicksal will.«

»Also, Schicksal ... ich weiß nicht. Das ist ein merkwürdiger Begriff für etwas, was Entscheidungen zu treffen scheint.«

»Du mutmaßt, es gäbe eine Person, die einen Plan hätte?«, fragte Tod mit hochgezogener Augenbraue.

»Warte, warte, ich verstehe deine Skepsis. Ich weiß, du bist der Meinung, dass es so etwas wie Gott nicht gibt. Ich sehe das eigentlich genauso, weil ich nicht glaube, dass irgendwer mal Backe-backe-Kuchen gespielt hat und dann war die Menschheit da. Aber auch du wirst zugeben müssen, dass es irgendwas geben muss, was dich und mich ausgesucht hat, diesen Job zu machen, oder? Denn es ergibt schlichtweg keinen Sinn, so etwas wie deine Schmetterlinge zu fangen, wenn dahinter nicht irgendein wichtiger Grund steckt.«

»Darüber ließe sich diskutieren. Aber worauf genau möchtest du eigentlich hinaus?«

»Ich kann nicht glauben, dass ich als Atheist jetzt so argumentiere, aber ... Irgendwas hat beschlossen, dass du nicht mehr der Tod sein sollst, sondern jemand anders. Nenne es Gott, Natur ... was weiß ich, Odin, Osiris ... von mir aus auch Mutter Erde, falls dir das alles zu patriarchalisch ist ... oder meinetwegen Tante Gerda.«

»Tante Gerda?« Er sah mich verständnislos an. »Hat das schon wieder etwas mit diesem *Star Trek* zu tun?«

»Ich meine ja nur, falls dir die anderen Bezeichnungen zu blöd sind, rede ich eben von Tante Gerda.«

»Es heitert mich jetzt bereits auf, wie du versuchst, mir die Welt zu erklären, indem du diese Wörter nutzt. Ist dir übrigens bewusst, dass es bei den Griechen nicht nur eine Tante Gerda, sondern *drei* Schicksalsgöttinnen gab? Die Moiren.«

»Moiren? Wie Moira? Dieser englische Name? Klingt für mich schon fast wie Tante Gerdas angeheiratete Cousine, über die in der Familie aber nie gesprochen wurde ...«

Tod wirkte amüsiert. »Du kannst gern bei deiner sonderbaren Schöpfung bleiben.«

Ich ignorierte seinen überheblichen Ton. »Also, stellen wir uns vor, es gibt irgendwo eine Tante Gerda, die dafür zuständig ist, dass Menschen auf die Welt kommen und dass Menschen diese Welt wieder verlassen. Und dazu braucht sie geübtes Fachpersonal – also dich.«

Tod rollte mit den Augen.

»Tante Gerda denkt, dass du nun langsam genug davon hast, die Schmetterlinge einzufangen, und will dich ablösen. Vielleicht hat Tante Gerda ausgerechnet wegen dir ihr soziales Gewissen wiederentdeckt, das sie – um mal ehrlich zu sein – die letzten zweitausend Jahre des Öfteren hat vermissen lassen.«

Tod nickte, machte aber den Eindruck, als käme ihm diese Vorstellung allzu blöd vor.

»Sie wählt mich, aber ich will nicht. Und du siehst ein, dass es für mich nicht das Richtige wäre. Du kannst mir so weit folgen?«

Tod wedelte mit der Hand.

»Diese neue Entwicklung bringt sie dazu, noch einmal darüber nachzudenken. Sie stellt fest, dass eine Person für diesen Job vielleicht zu wenig ist. Ich meine, noch vor hundert Jahren war die Weltbevölkerung, was, halb so groß? Oder ein Viertel so groß?

Da ging das mit einem Tod vielleicht noch. Aber heute, bei sieben Milliarden?«

Tod grübelte. »Also, die letzten hundert Jahre waren in der Tat viel beschwerlicher als die Jahrhunderte zuvor.«

»Jedenfalls«, fuhr ich fort, »ist Tante Gerda der Meinung, du sollst einfach mehr Nachfolger haben.«

Tod wirkte plötzlich wacher als zuvor. Er schaute nachdenklich an die Decke und meinte schließlich, dass etwas weniger Arbeit sicherlich hilfreich wäre. Und er fügte hinzu: »Ich schätze, ein Casting für die Nachfolge wird dann nicht länger nötig sein.«

Ich gebe zu, dass ich ein wenig enttäuscht war. Irgendwie hatte mich der Gedanke gefreut, den Kandidaten gegenüberzusitzen und eine Entscheidung zu treffen. Nun konnte ich nur hoffen, dass ich mit meiner Vermutung richtig lag.

»Also werde ich wohl alle in die Lehre nehmen«, sagte Tod. »Obwohl mir die ewig gleichen Fragen Kopfschmerzen bereiten.«

»Dann lass sie nur im gemeinsamen Unterricht Fragen stellen«, sagte ich.

»Der ist durch die verschiedenen Zeitzonen so gut wie unmöglich.«

Ich zuckte mit den Schultern. »Na, dann lass dir eben was einfallen.«

»Was für eine hilfreiche Aussage.«

Ich hob abwehrend die Hände. »Ich muss mir darüber auch weiter gar keine Gedanken machen. Ich bin raus aus der Diskussion.«

»Wer sagt das?«

»Ich«, entgegnete ich vorsichtig.

Tod sprach ganz ruhig. »In Anbetracht der Tatsache, dass wir hier sitzen und reden, könnte die Vermutung naheliegen, dass du mitnichten deiner Pflicht entbunden wurdest. Du kannst mich immerhin noch sehen. Und du hast immer noch die Gaben.«

Ich stöhnte. »Wir hatten das doch alles schon geklärt!«

»Ja, aber Tante Gerda hat vielleicht andere Pläne.«

Ich verzog das Gesicht. »Ich habe demnächst mit einer Lehre schon mehr als genug zu tun. Da brauche ich nicht noch eine zweite, von der ich gar nichts wissen will.«

»Ich will damit lediglich zum Ausdruck bringen, dass du deiner Logik folgend nicht unbedingt jegliche Verantwortung von dir werfen kannst. Wenn es eine Tante Gerda gibt, hat sie dich vielleicht noch nicht vergessen.«

Ich musste zugeben, dass Thanatos nicht unbedingt falsch lag. Gefallen musste mir das Ganze deswegen trotzdem nicht.

Tod betrachtete mich konzentriert. »Oder kommst du zu einem anderen Schluss?«

»Nein«, sagte ich barsch. Und noch etwas anderes ging mir im Kopf herum. »Vielleicht hat die Tatsache, dass die Kandidaten sehr unterschiedliche Ansichten zu dem Thema haben, auch etwas damit zu tun.«

»Was genau meinst du damit?«

»Nun, Gemma will ganz offensichtlich die Fähigkeiten dazu nutzen, schlechte Menschen aus der Welt zu schaffen.«

Tod schnaubte.

»Inwiefern ihr Ehrgeiz und ihre Meinung da stimmig sind, lassen wir mal beiseite. Witalina scheint leidenden Menschen helfen zu wollen. Und Pierre versucht Leute länger am Leben zu erhalten, damit ihnen geholfen werden kann.«

»Und?«

»Sie wollen alle zunächst mal etwas Gutes: der Menschheit helfen.«

Tod sah mich scharf an. »Das ist doch wohl nicht dein Ernst.«

Ich blieb ruhig. »Doch, alle wollen auf ihre Weise den Menschen helfen, indem sie Leid mindern.«

»Als du im Krankenhaus mit gebrochenen Beinen und allerlei anderen Dingen gelegen hast, fandest du da auch, dass ich dein Leid gelindert hätte?«

»Nun, zumindest war ich nicht tot.«

»Aha, er war also doch glücklich darüber«, erwiderte Tod in einem Ton, als hätte er mich beim Naschen erwischt.

»Das bestreite ich doch gar nicht.«

»Du hast gesagt, dass ich dich *nur* am Leben gelassen hätte.«

»Habe ich?«

»Hast du.«

Ich schlug einen beschwichtigenden Ton an. »Das habe ich bestimmt nicht so gemeint.«

Tod verschränkte die Arme.

»Jedenfalls wollte ich sagen, dass unterschiedliche Ansichten verschiedener Tode vielleicht etwas Gutes haben, weil es dann nicht nur an einem hängt, darüber zu entscheiden, ob jemand lebt oder stirbt.«

Tod fasste sich an die Stirn und schüttelte den Kopf.

»Was?«, fragte ich.

»Ich weiß nicht, wie oft ich das mit dir besprochen habe. Und inzwischen auch mit den anderen. Der Tod bestimmt nicht, wer stirbt und wer lebt. Er macht einfach nur seine Arbeit.«

»Aber vielleicht liegst du da falsch. Denn offensichtlich geht es ja anders. Ich bin der lebende Beweis.«

»Der lebende Beweis dafür, dass das Weltgeschehen falsch läuft, wenn man es anders handhabt. Ich hatte eigentlich angenommen, dass du das von allen am besten verstehst.«

»Was ich sagen will, ist, dass du ja vielleicht den Job falsch interpretierst. Vielleicht *ist* es deine Aufgabe, ins Weltgeschehen einzugreifen.«

Tod verdrehte die Augen und schüttelte den Kopf. Er antwortete nicht gleich, sondern sah mich an und schien zu überlegen. Dann sprach er endlich. »Ich glaube, ich sollte dir etwas zeigen.«

Er griff den Kescher und sprang auf.

Ich hob den Zeigefinger, um ihm zu signalisieren, dass er einen Moment warten sollte. »Lass mich wenigstens diesmal Schuhe anziehen.«

KAPITEL 11

SIDI BOUZID

Das merkwürdige Gefühl, das ich beim Springen hatte, stellte sich ein. Als sich die Welt um uns wieder normalisiert hatte, fanden wir uns in einer kleinen dreckigen Gasse wieder, zwischen ein paar Gebäuden, die nicht aussahen, als wären sie mit Liebe gebaut worden. Sand lagerte sich an den Stellen ab, wo die Häuser aus dem Boden wuchsen. Irgendwann hatte man sie mal weiß gestrichen, vermutlich, um sie etwas hübscher aussehen zu lassen, aber mittlerweile war es nur noch grau. Es half auch nicht, dass etliche von ihnen nur halbfertig waren.

»Ägypten?«, fragte ich, da mir der Stil aus unseren vorherigen Trips in die Hauptstadt am Nil bekannt vorkam.

»Tunesien«, sagte Tod. »Um genau zu sein, befinden wir uns in der Stadt Sidi Bouzid.«

»Noch nie von gehört.«

Tod lächelte und ließ seinen Blick über ein paar Marktstände schweifen, die auf der anderen Straßenseite aufgebaut waren. Schließlich zeigte er auf einen jungen Mann, den ich auf Mitte zwanzig schätzte. »Dann wirst du auch keine Ahnung haben, wer Mohamed Bouazizi ist?«

Ich sah genauer hin. Der Mann trug ein weißes Hemd und hatte kurze gelockte Haare. An seinem Stand – im Grunde nur ein alter Karren, der schon bessere Tage gesehen hatte – verkaufte er Obst und Gemüse.

»Nein, hatte ich bisher nicht«, sagte ich. »Und?«

»Würdest du mir glauben, wenn ich sage, dass dieser junge Mann die Welt verändern wird?«

Ich war skeptisch. »Inwiefern?«

Mohamed machte auf mich keinen besonderen Eindruck. Ein Händler wie die anderen auch. Ein kleiner Junge – anhand seiner Kleidung war unschwer zu erkennen, dass er aus ärmlichen Verhältnissen stammte – lief schüchtern am Stand vorbei und schaute auf die leckeren Früchte. Mit breitem Lächeln riss Mohamed eine Banane von der Staude und drückte sie dem Kind in die Hand, welches daraufhin grinste und freudig nach Hause lief.

»Zumindest scheint er nett zu sein«, sagte ich.

»Schau ihn noch einmal an, aber diesmal blicke hinter das Offensichtliche. Sieh dir seinen Tod an.«

Seit dem Tod von Anjas Eltern hatte ich keine Vision mehr zugelassen. Besonders erpicht darauf war ich nicht. Die wirklichen Tode anderer Leute zu sehen, ist nichts, was man als »nettes Hobby« bezeichnen würde. Aber ich tat, was Tod sagte, und senkte meine geistigen Barrieren. Ich sah Mohamed komplett mit Bandagen bedeckt im Krankenhausbett liegen. Eine rotkarierte Decke reichte ihm bis an die Brust. Seine Haut war nahezu komplett verhüllt, nur eine kleine Öffnung unterhalb der Nase, wo ein Schlauch durch die Verbände lief, ließ einen kleinen Blick zu. Ich konnte lediglich ahnen, dass er schwerste Verbrennungen erlitten hatte.

Als ich zurück im Hier und Jetzt war, sah mich Tod gespannt an. »Und?«

»Er wird eingewickelt wie eine Mumie in einem Krankenhausbett sterben«, sagte ich lapidar.

»Ich bezweifle, dass es sich dabei um den medizinischen Fachterminus handelt.«

»Es war nicht angenehm anzuschauen. Das ist eigentlich der wesentliche Punkt.«

»Ja«, sagte Tod. »Aber hast du auch gesehen, wie es dazu kommen wird?«

»Nein, wie auch? Ich kann ja nur seinen Tod sehen.«

Tod schaute mich verdutzt an. »Hast du dir nie die Todesursachen angesehen?«

Ich schüttelte den Kopf.

»Vielleicht solltest du deine Fähigkeiten trainieren, statt zu versuchen, sie loszuwerden«, seufzte Tod.

»Wovon sprichst du überhaupt?«

»Schau dir seinen Tod noch einmal an – und dann geh zurück.«

Offenbar sah ich noch immer so aus, als hätte ich nur Bahnhof verstanden, denn Tod wurde ungeduldig.

»Los«, sagte er und zeigte auf den Gemüsehändler. »Und dann spulst du einfach zurück so wie früher bei deinem Videorecorder.«

Ich sah Mohamed erneut im Krankenbett liegen. Die Maschinen, die ihn am Leben hielten, piepten, und Tods Stimme drang geflüstert an mein Ohr.

»Geh zurück.«

Ich schritt nicht buchstäblich zurück, aber ich konzentrierte mich auf die Idee, eine Videokassette zurückzuspulen ... und auf einmal dachte ich tatsächlich rückwärts: Alles lief andersherum ab! Ich sah, wie Mohamed ins Krankenhaus kam. Ich sah die Fahrt im Krankenwagen.

Und dann sah ich, wie er in Flammen aufging.

»Heilige Scheiße«, stieß ich, zurück in der normalen Welt, hervor. »Warum zum Teufel sollte ich das sehen?«

»Weil du verstehen sollst.«

»Ich wünschte, du würdest es mir einfach erklären, denn ehrlich gesagt finde ich es wenig geschmackvoll, jemandem dabei zuzusehen, wie er bei lebendigem Leib verbrennt.«

»Das war auch nicht der springende Punkt.«

»Sondern?«

»Die Tatsache, dass er sich selbst verbrannt hat.«

»*Was?*«

Tod schaute enttäuscht. »Du bist nicht weit genug zurückgegangen. Du hast nicht alles gesehen.«

»Sag mir jetzt nur nicht, dass ich das noch mal machen soll, denn das fällt aus. Erkläre es mir einfach.«

Tod seufzte. »Also gut.« Er nickte in Richtung des Gemüsehändlers, der gerade von ein paar Polizisten umringt wurde. »Sein Vater ist vor ein paar Jahren gestorben, was die Familie praktisch ohne Einkommen zurückgelassen hat. Seitdem verkauft er auf dem Markt Obst und Gemüse, damit seine Geschwister zur Schule gehen können. Allerdings reicht es nicht, um sich eine richtige Lizenz dafür zu kaufen. Deswegen wird er immer wieder von der Polizei bedrängt.«

Tatsächlich gab es auf der anderen Straßenseite gerade einen lautstarken Streit, als die Polizisten Mohamed von seinem Karren wegdrängten.

»Sie haben ihm bereits eine Geldstrafe auferlegt, die er nicht bezahlen kann, weil sie fast so hoch wie zwei seiner Monatseinkommen ist. Sie werden ihm seine Waren und die Waage wegnehmen.« Tod seufzte. »In ein paar Monaten wird das Ganze noch einmal geschehen, aber dann wird ein Wort das andere ergeben. Eine Polizistin wird Mohamed ins Gesicht schlagen, und er wird sich darüber bei der Polizei beschweren. Dort nimmt ihn niemand ernst, und er wird weggeschickt. Aus Verzweiflung über diese Schikane, von der er ahnt, dass sie niemals ein Ende nimmt, wird er sich mit Benzin übergießen und anzünden.«

»Was? Nur wegen ein paar übereifriger Polizisten?«, entfuhr es mir.

Tod nickte.

»Woher weißt du diesen ganzen Kram überhaupt? Ich denke, du kannst nur die Tode der Leute sehen, oder spionierst du ihm seit Jahren hinterher?«

»Ich habe lediglich die Hintergründe eines interessanten Todes erforscht, indem ich weiter zurückgegangen bin, also genau das tat, was du gerade eben getan hast.«

»Und was ... ich meine ... wie ... was, was soll mir das jetzt beweisen?«

»Nun, du meintest, dass es vielleicht gerade meine Aufgabe sein könnte, ins Weltgeschehen einzugreifen. Dass vielleicht der verfrühte Tod oder der ausbleibende Tod etwas wäre, um das ich mich kümmern müsste.«

»Ja?«, sagte ich zaghaft.

»Der Bursche dort drüben, der sich gerade von den Polizisten herumschubsen lassen muss, stößt mit seiner Selbstverbrennung eine Revolution an, die sich auf nahezu den gesamten arabischen Raum ausbreiten wird.«

»Wow«, sagte ich.

»Viele Leute werden deswegen sterben. Vielen wird es deswegen schlechter gehen.«

»Sollte man dann nicht versuchen, ihn aufzuhalten?«

Tod legte den Kopf schief. »Vielen wird es wegen der Revolutionen aber auch besser gehen. Vielen anderen nicht, aber sie leben zumindest in größerer Freiheit. Würdest du ihnen die nehmen wollen?«

»Natürlich nicht. Aber ... woher weißt du das nun wieder? Bist du jetzt auch noch Hellseher?«

Es schien fast, als würde mein alter Freund schmunzeln. »Selbstverständlich kann ich nicht hellsehen. Ich denke aber über die Kausalitäten nach. Jeder Tod ist ein Puzzlestein, der das Leben erklärt – denn wenn ich mir verschiedene Tode anschaue, dann kann ich daraus natürlich Rückschlüsse ziehen. In diesem Fall habe ich das Ableben vieler Menschen in der arabischen Welt in Verbindung mit diesem Auslöser bringen können. Einiges von dem, was ich sagte, ist natürlich Spekulation ... aber empirisch gesehen geht es den Leuten nach einer Revolution besser.«

»Die Franzosen, die um 1789 gelebt haben, hätten dazu vermutlich eine abweichende Meinung«, frotzelte ich.

»Sehr witzig, Martin.«

Ich wollte gerade etwas Schlagfertiges entgegnen, als ich hörte, wie Mohamed sich lautstark bei den Polizisten beschwerte. Seine Stimme hatte einen gequälten Tonfall, und sofort fiel mir wieder ein, wie ich ihn im Krankenhausbett gesehen hatte. »Gut, ich weiß ja, dass man als Tod nicht ins Weltgeschehen eingreifen sollte, aber vielleicht hat es ja Sinn, wenn man sein Leiden verkürzt. In der Vision erschien es mir, als ob Mohamed eine lange Zeit im Krankenhaus war, bevor er verstarb.«

»Ah, also das, was Witalina vorschlagen würde«, sagte Tod. »Nein, das funktioniert so natürlich auch nicht.« Er schaute zu dem Obstverkäufer rüber, der verzweifelt mitansehen musste, wie die Polizisten seinen Karren beschlagnahmten. »Der tunesische Präsident wird ihn zwei Wochen nach seiner Verbrennung im Krankenhaus besuchen. Seinerseits ein Versuch, die Wogen im Land zu glätten und eine Revolution zu stoppen. Aber das Pressefoto, welches dabei entsteht, hat für viele Leute eine andere Wirkung. Es spornt sie erst an. Also erneut die Frage: Solltest du eingreifen?«

»Das mit dem Pressefoto hast du aus dem zukünftigen Tod eines Menschen lesen können?«

»Selbstverständlich. Oder hältst du es für so absurd, dass jemand sich aufgrund eines Fotos in den Kampf wirft und dabei stirbt?«

Mir lag ein eindeutiges »Ja« auf der Zunge, aber dann fiel mir ein, wie viele Kriege schon aus den absurdesten Gründen angezettelt worden waren, wie dem Lächeln der schönen Helena, das unschöne Konsequenzen für die Bevölkerung von Troja haben sollte, oder dem Schweinekrieg, der im 17. Jahrhundert dort tobte, wo heute der New Yorker Stadtteil Staten Island liegt. »Nein, natürlich nicht«, sagte ich mit leicht genervtem Unterton. »Und eingreifen sollte man auch nicht. Das war es doch, was du hören wolltest.«

»Was ich eigentlich hören wollte, war Verständnis dafür, dass man nicht einfach machen kann, was man will.«

»Ja doch. Ich habe das Gefühl, wir haben uns darüber schon tausendmal unterhalten.«

»Das haben wir auch. Aber du verstehst es immer noch nicht. Und auch Gemma und die anderen sehen einfach nicht das große Ganze. Natürlich könnte man Mohammed da drüben davon abhalten, sich selbst anzuzünden, aber zu welchem Preis? Von dieser einen Handlung eines verarmten Obstverkäufers in einer unwichtigen Stadt eines kleinen Landes wird ein Großteil der zukünftigen Weltpolitik bestimmt.«

Ich war trotzdem noch skeptisch. »Ja, gut, aber ist das nicht ein wenig wie mit diesem Typen, der den österreichischen Kronprinzen in Sarajevo erschossen hat, was dann zum Ersten Weltkrieg führte? Im Grunde war es doch völlig egal, was er tat. Zum Weltkrieg wäre es doch irgendwann ohnehin gekommen.«

»Mag sein«, sagte Tod. »Aber vielleicht hätte jede Verzögerung dazu geführt, dass eine Person stirbt, die vielleicht sonst überlebt hätte.«

»Oder umgekehrt.«

»Auch das. Der Wichtige dabei ist: Die Konsequenzen sind nicht absehbar. Etwas, was jetzt geschieht, könnte Auswirkungen auf zukünftige Generationen haben. Was wäre zum Beispiel, wenn eine Person stirbt, die Elternteil eines wichtigen Revolutionsführers geworden wäre?«

»Die Maschinen würden einfach einen weiteren Terminator schicken, aber diesmal einen aus flüssigem Metall«, witzelte ich.

Tod kräuselte die Stirn. »Wovon sprichst du?«

»Du hast gerade die Hintergrundgeschichte des Films *Terminator* beschrieben. Erinnerst du dich nicht? Den haben wir sogar zusammen gesehen. Arnold? Als Roboter?«

Tod sah nicht so aus, als hätte er eine Vorstellung, wovon ich sprach. »War er nicht auch in dem Lichtspiel, in dem der personifizierte Tod ihn nicht mitnimmt, weil er eine fiktive Figur ist? Das fand ich erheiternd.«

»Du erinnerst dich an *Last Action Hero*, aber nicht an *Terminator I* oder *II*?«

»Mir scheint, als misst du diesen Geschichten zu viel Bedeutung bei.«

Ich schüttelte den Kopf. »Ist ja auch egal. Im Grunde willst du mir einfach nur klarmachen, dass ich nicht weit genug denke.«

»So wie deine potentiellen Partner.«

Ich überhörte geflissentlich seine Andeutung, dass ich eventuell weiterhin als ein Nachfolger des Todes gehandelt wurde. »Trotzdem gibt es doch sicher Leute, bei denen das nicht ganz so wichtig ist.«

Tod schüttelte den Kopf. »Aber woher willst du das wissen? Bei Mohammed da drüben fiel es mir relativ leicht, im Voraus ein Bild von den Zusammenhängen zu bekommen, aber in anderen Fällen gelang mir das nicht. Sieh nur, was mit deinen Schwiegereltern passiert ist, weil ich eingegriffen habe. Wer weiß, was deswegen noch geschieht.«

Ich erzählte Tod davon, dass Bibi mich aufgesucht hatte, um mir vorzuwerfen, ich hätte die Zeugung und somit Geburt eines Kindes verhindert.

»Also in der Hinsicht hatte das auch Auswirkungen. Und du willst es immer noch nicht einsehen?«

»Warum konntest du denn nicht voraussehen, was passiert, wenn du mich am Leben lässt?«, regte ich mich auf.

»Verstehe doch, dass ich nur sehen kann, was mit einem Tod zusammenhängt. Du bist aber nicht gestorben. Und erst dann fing die Welt an, darauf zu reagieren.«

Ich ärgerte mich über ihn. »Natürlich verstehe ich, was du mir sagen willst. Im Grunde redest du davon, dass jede Aktion eine Reaktion hat. Grundlegende Physik. Ich kann deine Punkte sogar nachvollziehen. Aber das heißt nicht, dass ich zur gleichen Schlussfolgerung wie du kommen muss.«

Tod schüttelte den Kopf.

»Wenn irgendwo eine Tante Gerda sitzt«, fuhr ich fort, »die irgendwas mit dir und mir vorhat, aber nicht konkret sagen kann, um was es sich dabei handelt, müssen wir uns doch selbst fragen, was das Richtige ist. Und jeder muss individuell seine Entscheidung treffen.«

»Aber deine Tante Gerda gibt uns durchaus zu verstehen, was sie vorhat. Deswegen haben wir ja Visionen vom Tod der Menschen.«

»Aber zeigen uns diese Visionen das, was wir als gegeben hinnehmen sollen, oder nur eine Möglichkeit von vielen? Es liegt doch an uns, das zu interpretieren und unsere eigenen Schlüsse daraus zu ziehen.«

»Ist dir gewahr, was du da postulierst?«

Ich rollte mit den Augen.

»Was?«, fragte Tod.

»Du klingst wie ein alter Professor, der mit geschwollenen Worten auf seinem Standpunkt beharrt, weil er der Meinung ist, dass es richtig sein muss, weil man es ja schon immer so gemacht hat.«

»Du bist also der Meinung, dass Gemma, weil sie der Auffassung ist, dass gewisse Leute den Tod verdienen, durchaus Menschen umbringen sollte. Dass Pierre verschüttete Personen am Leben lassen soll und Witalina Kranke nach Gutdünken töten sollte?«

Natürlich merkte ich, dass Tod mich in die Enge treiben wollte mit der Frage, denn mir gefiel absolut nicht, wie seine potentiellen Nachfolger über ihre Aufgabe dachten. Aber ich würde mir lieber die Zunge abbeißen, als das jetzt zuzugeben. »Ich bin der Meinung, dass es ihre Entscheidung ist. Ich muss nicht der gleichen Auffassung sein, ich kann sogar völlig dagegen sein, aber im Endeffekt ist es eine individuelle Frage, die jeder selbst beantworten muss.«

»Also im Falle von Gemma würdest du einfach dabeistehen und zusehen, wie sie zur Serienmörderin heranwächst und das Weltgefüge durcheinanderbringt?«, sagte Tod ungläubig.

Ich wackelte mit dem Zeigefinger. »Nein, ich würde mit ihr sprechen und versuchen, sie von meinem Standpunkt zu überzeugen.«

»Aber genau das versuche ich doch mit ihr und den anderen zu tun! Und mit dir genau in diesem Moment.«

»Das verstehe ich. Trotzdem hast du mich noch nicht vollends überzeugt.«

Tod seufzte. »Wie oft muss ich es noch erklären?«

»Wie oft muss *ich* es noch erklären? Ich bin ja derselben Meinung wie du, dass Gemma nicht wahllos irgendwelche Leute umbringen sollte, wenn sie denn *der* oder *ein* Nachfolger vom Tod wird. Aber im Endeffekt wäre es ihre Entscheidung, die sie aufgrund der ihr vorliegenden Informationen trifft.«

Tod lehnte sich an die Wand und verschränkte die Arme vor der Brust.

Ich fuhr fort. »Versteh mich doch bitte. Wenn das Schicksal, Tante Gerda, Gott oder was auch immer Nachfolger schickt, die die Aufgabe unterschiedlich interpretieren, was soll uns das dann sagen?«

Tod wirkte genervt. »Dass Leute nicht genug nachdenken?«

»Mir sagt es einfach, dass es verschiedene Möglichkeiten gibt, die man betrachten sollte. Wenn der Job nur auf eine einzige Art und Weise ausgeführt werden könnte, würde dann Tante Gerda nicht nur solche auswählen, die entsprechend handeln? Und warum gibt es dann überhaupt diese Visionen, die uns vorab sagen, wann was wie passiert?«

»Damit man weiß, wann man vor Ort sein muss, natürlich«, sagte Tod kopfschüttelnd. Er sah mich an, als würde er mit meinem sechsjährigen Ich sprechen.

»Aber Tante Gerda hätte dann dafür sorgen können, dass der Tod nur da ist, wo er gerade gebraucht wird. Dazu bedarf es keinerlei Visionen der Tode. Oder die Schmetterlinge hätten von allein gefangen werden können.«

»Fängst du schon wieder damit an?«

Ich hob beschwichtigend die Hände. »Hör mir einfach zu. Du hast den Standpunkt, dass Tante Gerda alles weiß, alles kann und immer richtig liegt. Korrekt?«

Tod hob eine Augenbraue. »Ich glaube an das Schicksal und würde es nicht Tante Gerda nennen, aber grundsätzlich stimmt das. Richtig.«

»Ich halte dagegen, dass Tante Gerda nicht alles weiß, alles kann und auch durchaus mal falsch liegt.«

»Aber woran machst du das fest?«

»Wenn Gerda alles könnte, bräuchte sie dann eine Person, die als Tod die Schmetterlinge holt?«

»Vielleicht möchte Gerda sich einfach nicht darum kümmern.«

»Okay, aber dann müsste sie doch der Person genauer erklären, wie die Aufgabe funktioniert, oder?«

»Das tut sie durch die Visionen.«

»Aber die sind missverständlich, nicht wahr? Sonst wären wir jetzt nicht unterschiedlicher Meinung.«

Tod grummelte abfällig.

»Also, warum wird es nicht besser erklärt?«

Tod zuckte mit den Schultern.

»Weil Tante Gerda das nicht kann. Sie ist schlichtweg nicht dazu in der Lage. Ja, sie kann Visionen schicken, aber was genau die uns sagen sollen, ist unklar. Wir wissen nur, dass du als Tod Spielraum hast.«

»Wie kommst du denn darauf?«

»Na, du hast mich doch überleben lassen, oder etwa nicht?«

Tod spitzte die Lippen, sagte aber nichts.

»Wie auch immer, wenn Tante Gerda alles könnte, hätte sie mich auf jeden Fall zum Tod machen und verhindern können, dass du mich rettest.«

»Schön. Gut. *Tante Gerda*«, er sprach den Namen betont abfällig aus, »kann also nicht alles. Aber was sagt dir, dass sie nicht alles *weiß*?«

»Wenn sie gewusst hätte, dass Anjas Eltern sterben, warum hat sie dir dann erst eine andere Variante ihres Todes gezeigt?«

Tod stutzte.

»Sie wusste also vorher nicht, dass das passiert.«

»Aber das kommt ja dadurch, weil mit dir alles durcheinander geraten ist«, verteidigte er sich.

»Gut, aber hätte sie nicht auch das vorher wissen müssen?«

Tod schaute ausdruckslos in die Gegend, als hätte ihn diese Erkenntnis gerade wie ein Schlag getroffen. »Und woran machst du fest, dass sie falsch liegen könnte?«

»Da bin ich mir nicht sicher, aber zumindest legen die Umstände nahe, dass die Perfektion von Tante Gerda oder des Schicksals, wie du es nennst, nicht vollkommen ist. Man könnte das Auftauchen von mehreren Nachfolgern zum Beispiel als Fehler interpretieren.«

»Ich dachte, du glaubst, dass der Tod als Einzelperson entlastet werden soll.«

»Ja, möglich. Aber warum war das dann nicht vor meinem Unfall schon so? Ich meine, innerhalb des letzten Jahres hat sich nicht so viel geändert, dass das nicht schon zum Zeitpunkt meines Todes hätte geschehen können, oder?«

»Vielleicht doch.«

»Ja, aber hätte Tante Gerda das nicht voraussehen müssen und schon damals mehrere Kandidaten ins Rennen schicken können? So erscheint es doch, als wäre ihr ein Fehler unterlaufen, der jetzt nachträglich korrigiert werden soll. Ich meine, wir sind uns doch einig, dass entweder *einer* der Kandidaten dein Nachfolger werden soll oder alle. Beide Fälle erscheinen mir wie ein Eingeständnis, dass die Vorgehensweise bei mir falsch war.«

Tod schaute irritiert.

»Insofern weiß Tante Gerda nicht alles, kann nicht alles und liegt auch schon mal falsch. Mit anderen Worten: Der Tod, also du und vielleicht einer oder alle der Nachfolgekandidaten, muss seine Entscheidungen selber treffen, da wir uns in keiner Hinsicht sicher sein können, wie es am besten wäre.«

Zu sagen, dass Tod bleich gewesen wäre, würde es nicht treffen. Wirklich viel Farbe im Gesicht hatte er noch nie. Aber nun hatte es eher die Färbung einer Knoblauchknolle.

»Ist alles in Ordnung mit dir?«, fragte ich.

»Ja«, sagte Thanatos. »Ich muss nur ... ich muss nur darüber nachdenken. Am besten bei einem Schnaps. Machst du mit?«

Ich schaute auf meine Armbanduhr. Es war gerade mal Mittag. »Eigentlich ein bisschen früh, um was zu trinken.«

»Das kommt darauf an, wo man trinkt.«

Ich schaute noch einmal zu Mohamed, dem Gemüsehändler. Die Polizei hatte seinen Karren während unseres Gesprächs konfisziert und mitgenommen. Er sprach nun aufgeregt mit einem anderen Händler, der neben seinem Wagen gestanden und offenbar keine Probleme mit der Polizei hatte. Während Mohamed aufgeregt gestikulierte, blieb der andere Mann gelassen.

Es behagte mir nicht, dass er sich beim nächsten Mal, wenn die Polizei ihm auf die Pelle rückte, selbst in Brand setzen würde. Ich überlegte, was ich tun, was ich sagen könnte, um das zu verhindern, aber während ich grübelte, verschwamm alles um mich herum und die tunesische Hitze verschwand. Plötzlich war mir regelrecht kalt.

Zumindest die Häuser machten einen besseren Eindruck als in Tunesien, auch wenn das Neubauviertel, in dem wir uns befanden, nicht als hübsch bezeichnet werden konnte.

»Wo hast du mich denn jetzt hingeschleppt?«, fragte ich.

»Tomsk«, sagte Tod. »Wir trinken einen mit Witalina.«

KAPITEL 12

ARIEN UND ALKOHOL

Wir klingelten an Witalinas Haustür. Sie wohnte im vierten Stock, und während wir die Treppe hochliefen, fragte ich Tod, warum er denn nicht direkt in die Wohnung gesprungen sei, wie er es bei mir immer tat.

»Ich will sie doch nicht erschrecken.«

»Ach, aber bei mir ist das okay, oder was?«

»In dem Fall habe ich ja auch *dich* nicht dabei.«

»Hey, was soll denn das hei-, hallo, Witalina!«, sagte ich, als sie plötzlich in der offenen Tür vor uns stand.

Tod winkte ihr zur Begrüßung zu, und ich wollte ihr die Hand geben, aber sie gestikulierte wild, dass wir schnell reinkommen sollten.

»Weswegen die Hast?«, fragte Tod.

»Ich will nicht, dass meine Nachbarn euch sehen.«

»Vielleicht habe ich das bisher noch nicht ausdrücklich genug betont, aber andere Leute sind nicht in der Lage, mich zu sehen«, sagte Tod.

»Und ihn?«, fragte sie und zuckte mit ihrer Oberlippenwarze in meine Richtung, als sie die Tür hinter uns schloss.

»Ihn auch nicht, es sei denn, er will es.«

»Eh«, sagte sie und machte dabei eine wedelnde Handbewegung, als wolle sie eine Schmeißfliege vertreiben. »Sicher ist sicher.«

»Was wäre denn so schlimm daran, wenn mich jemand gesehen hätte?«, fragte ich.

»Gibt nur Gerede. Ich will nicht, dass das einer meiner Verehrer erfährt.«

»*Einer* deiner? So wie in mehrere?«, fragte ich überrascht. Ich fand sie ehrlich gesagt wenig anziehend, weswegen mich der Umstand, dass sie mehrere an ihr interessierte Männer kannte, erstaunte. Und das lag nicht nur an der Warze, die mir entgegenzuckte. Witalina hatte sich zwar ein wenig geschminkt und zurechtgemacht, trotzdem wirkte sie ständig so, als wäre sie ein Sumo-Ringer in Angriffshaltung. Dass ihre Arme behaarter waren als meine, machte es auch nicht besser. Mir war klar, dass Aussehen nicht alles ist. Ich selber hielt mich auch nicht für den größten Fang im Teich, aber die Vorstellung, dass es sich bei ihr um einen weiblichen Casanova handelte, war äußerst merkwürdig.

Sie schaute mich angriffslustig an und hatte eine Hand zur Faust geballt. »Glaubst du, ich bin nicht Frau genug, um es mit mehreren Männern aufnehmen zu können?«

»Doch, doch«, sagte ich. »*Daran* habe ich keinen Zweifel.«

Tod drängte sich zwischen uns, um das Gespräch in geordnete Bahnen zu lenken. »Eigentlich wollten wir nur einen Schluck mit dir trinken. Hast du noch etwas von diesem Wodka, den du und dein Onkel gebrannt habt?«

Ihr Gesicht hellte sich auf. »Sag das doch gleich!«

Sie schob uns ins Wohnzimmer, was völlig anders wirkte als der karge Flur: Spitzendeckchen lagen auf dem Couch- und dem Esstisch, kleine Porzellanfiguren verzierten das Buchregal an der Wand, und ein unterschriebenes Foto der Operndiva Montserrat Caballé hing an der Wand.

»Ich hatte eher ein Foto von Mohammad Ali erwartet«, nuschelte ich kaum hörbar vor mich hin. Tod, der mich trotzdem verstanden hatte, warf mir einen scharfen Blick zu.

»Ein wenig Musik?«, fragte Witalina, auf einmal ganz die begabte Gastgeberin.

Tod und ich nickten.

Sie öffnete eine Tür am Regal, hinter der eine ansehnliche Sammlung von Vinyl-Platten stand. Sie zog eine Platte aus der Hülle, öffnete die Klappe des Plattenspielers und legte die schwarze Scheibe darauf.

»Ist die CD-Revolution an dir vorbeigegangen, oder bist du eine von denen, die auf Vinyl stehen? Ich hab gehört, dass das wieder im Kommen ist.«

»Langspielplatten waren schon immer völlig in Ordnung. Ich muss meine Musik nicht auf eine neue Technik umstellen, nur um den Kapitalismus zu unterstützen«, sagte Witalina, während sie vorsichtig die Nadel absetzte.

Die ersten Klänge klassischer Musik füllten den Raum.

»Sind wir irgendwie in der Zeit zurückgereist?«, fragte ich Tod verwirrt. »Ich dachte, der Kampf gegen den Kapitalismus war mit dem Mauerfall beendet.«

»Das hat nichts mit sowjetischer Ideologie oder Kommunismus zu tun«, sagte Witalina, während sie aus einem anderen Fach im Regal eine Flasche mit klarer Flüssigkeit und ein paar Gläser holte. »Man kann auch aus anderen ideellen Gründen gegen Kapitalismus sein.«

»Man kann aber auch für Bequemlichkeit beim Abspielen von Musik sein. Insofern höre ich eigentlich nur noch digital.«

Witalina rümpfte die Nase, während sie sich setzte. Ihr Oberlippenflaum und die Warze machten fast eine Kreisbewegung, als sie ihre Lippen spitzte und wieder zurückzog. Tod fummelte an seiner Kapuze herum, vermutlich weil er nicht zeigen wollte, dass er ebenfalls einen MP3-Player darunter versteckte.

»Na ja, ich schätze, dass man auch seine Stereoanlage und einen Plattenspieler mit in die Straßenbahn zur Arbeit nehmen kann.«

Witalina sah mich kurz abfällig an, schraubte die Flasche auf und goss einen ordentlichen Schluck in die Gläser. Eigentlich war mir gar nicht danach, zu trinken, aber Tod und Witalina sahen mich so erwartungsvoll an, dass ich ebenfalls das Glas hob und mit ihnen anstieß.

Nachdem ich den Inhalt heruntergekippt hatte, war ich mir für einen Moment nicht sicher, ob ich ein halbes Glas Feuerzeugbenzin geschluckt hatte. Zumindest fühlte sich mein Inneres an, als stünde es in Flammen.

»Donnerwetter«, keuchte ich.

»Noch einen?«, fragte Witalina mit einem Räuspern, was mir den Eindruck vermittelte, dass sie wenigstens *etwas* von der Wirkung des Getränks mitbekam, auch wenn es ihr äußerlich nicht anzumerken war.

»Selbstverständlich«, sagte Tod, der keinerlei Anzeichen machte, dass ihm das Ganze irgendwas ausmachte.

»Ich glaube, ich passe«, sagte ich, aber Witalina nahm das Glas aus meiner Hand und schenkte erneut ein.

»Mit dem zweiten Glas geht der Spaß erst so richtig los«, sagte sie und hielt es mir vor die Nase.

Wider besseres Wissen nahm ich noch einen Schluck. Es fühlte sich an, als würde jemand eine Kriegsaxt durch meinen Hals ziehen und gleichzeitig mit Brandbeschleuniger zum Glühen bringen. Aber langsam hatte ich ein warmes und durchaus angenehmes Gefühl im Bauch. Ehe ich mich versah, griff Witalina erneut nach meinem Glas und schenkte nach. Ich nahm es ihr zwar ab, trank es aber nicht, als die beiden sich einen weiteren Schluck hinter die Binde gossen. Stattdessen stellte ich es vor mir hin und lauschte der Musik.

»Was ist das?«, fragte ich, als ich verträumt in die Gegend schaute.

»Wodka«, sagte Witalina.

»Nicht das. Die Musik, meine ich.«

»Bellini, oder?«, fragte Tod.

Witalina nickte.

»Komischer Name für ein Stück«, sagte ich.

»Bellini heißt nicht das Stück. Das ist der Komponist«, tadelte Tod mich und bedeutete Witalina, dass sie noch einmal eingießen sollte.

Sie gab ihm noch mehr als beim vorherigen Mal und schaute dann etwas enttäuscht auf mein noch gefülltes Glas. »Das Stück heißt *Casta Diva* und ist aus *Norma*, einer Oper von Bellini.«

»Das ist schön«, sagte ich, wobei es eher wie »Dassis schön« klang, weil meine Zunge nicht mehr so wollte wie ich.

»In der Tat«, sagte Witalina und schaute fast ehrfurchtsvoll auf das Bild von Montserrat Caballé an der Wand. »Da war sie auf der Höhe ihres Könnens.«

Das Lied, was sie sang, war in der Tat wunderschön. Allerdings musste ich zugeben, dass ich von Opern so viel Ahnung hatte wie ein Elefant von Konditorei. »Also, ich kenne natürlich *Die Zauberflöte* und so, aber *Norma* sagt mir gar nichts.«

»*Die Zauberflöte* ist von Mozart«, schnaubte Tod.

»Ja, das weiß ich auch. Ich wollte doch nur sagen, dass ich es mit Opern eigentlich nicht so habe.«

»Quod erat demonstrandum.«

»Aber findet ihr nicht auch, dass *Norma* ein merkwürdiger Name ist? Ich meine, gibt es auch eine Oper, die *Lidl* oder *Aldi* heißt?«

Witalina sah mich stirnrunzelnd an. Meine Aussagen ergaben vermutlich nicht mehr viel Sinn.

»Oder *Horst* oder *Hilde*, falls das mit den Supermarktketten zu speziell war«, lallte ich.

Tod und Witalina seufzten nahezu gleichzeitig und ignorierten meine Bemerkung. Sie hoben die Gläser und leerten sie mit einem Schluck.

»Bellini hatte eine riesige Beerdigungsfeier«, sagte Tod. Ich meinte, die ersten Anzeichen eines Lallens zu hören, aber im nächsten Moment wirkte er wieder völlig klar. »Aber heute redet man kaum noch über ihn, und wenn, dann nur über diese Oper.«

»Vergessen ist er also nicht«, sagte ich. »Was man von den meisten Menschen nicht behaupten kann.«

»Was bist du heute wieder für eine Stimmungskanone«, sagte Tod.

»Du hast mir gerade einen Typen gezeigt, der sich in einem halben Jahr selbst verbrennen wird, und sie spielt hier ein Lied, das einen vor Witzigkeit auch nicht unbedingt mit dem Fuß wippen lässt. Ganz abgesehen von dem Gespräch, das wir gerade eben geführt haben. Entschuldigt bitte, wenn ich vielleicht etwas nachdenklich bin.« Das wollte ich zumindest so sagen. Aber tatsächlich klang es eher nach: »Hu hasmirade ein Tüühpn zeigt, der sisch in ainem halben Jahr selbs verbrenn wird ...«

»Du musst mehr trinken«, sagte Witalina. »Dann kommt die Fröhlichkeit von ganz allein.«

»Ich will meine Leber eigentlich noch eine Weile behalten. Und den Rest meiner Innereien auch.«

Witalina schnaubte. Schließlich wollte sie auf die Vergessenen trinken. Sie goss Thanatos erneut ein und hob das Glas. »Willst du nicht mit uns trinken? Auf die Vergessenen?«

»Ich befürchte, dass ich, wenn ich noch ein Glas trinke, sogar euch vergesse.«

Vielleicht sagt es etwas über meine Intelligenz aus, dass ich nicht abgelehnt habe. Oder über meinen Hang, bei Gruppendynamik einzuknicken. Oder darüber, dass ich aus vergangenen Fehlern nicht lerne. Immerhin hatte ich mir mal geschworen, nie wieder zu trinken, nachdem ich mit meinem Vater eine Nacht durchgezecht hatte. Vielleicht lag es aber auch daran, dass ich nach dem einen Glas bereits so benebelt war, dass ich nicht Nein sagen konnte. Fakt ist, dass ich mich an das, was folgte, nicht mehr erinnern kann.

Ich kam erst wieder zu Bewusstsein, als mir Anja daheim eine Ohrfeige gab und ich feststellte, dass ich auf der Couch lag.

»Martin! Martin! Werd endlich wach!«, rief sie und schüttelte mich an den Schultern.

»J-ja. Wasissdenn?«, lallte ich und versuchte die Augen offenzuhalten.

»Spinnst du? Lässt dich so volllaufen, dass du nicht mal deinem Sohn Hallo sagen kannst?«

»Ich hatte doch nur swei«, nuschelte ich.

»Zwei was? Eimer? Du bist ja völlig fertig. Wo hast du überhaupt den Alk gelassen?« Sie schaute sich um, aber in der Wohnung war natürlich nichts davon zu sehen.

Ich versuchte, mich aufzurichten und irgendwie wach zu werden. Mir entging nicht, dass Tod noch immer an der Balkontür stand und ein entschuldigendes Gesicht machte. »Tut mir leid, Martin. Ich konnte ja nicht ahnen, dass du so wenig verträgst. Da habe ich dich lieber nach Hause gebracht.«

»Schon gut«, sagte ich.

»Was meinst du mit ›schon gut‹?«, fragte Anja.

Mein Hirn suchte nach einer Antwort, aber der Alkoholnebel machte auf absehbare Zeit ein Durchkommen unmöglich.

»Du meine Güte«, stöhnte Anja. »Ich hoffe nicht, dass du das öfter machst, wenn du im Sommer arbeitslos bist und zu viel Zeit hast.«

»Nein, nein«, sabberte ich und wollte den Kopf schütteln, unterließ es aber gleich wieder, weil ich dachte, dass dessen Inhalt und der meines Magens nicht mitmachen würden.

»Geht's dir gut, Papa?«, fragte Tobi, der plötzlich in der Tür zum Flur aufgetaucht war. Vielleicht stand er auch schon die ganze Zeit da und ich hatte es nur nicht registriert.

»Momentan nicht, aber das wird wieder«, sagte ich.

»Vielleicht solltest du ins Bett gehen.« Anja, ganz die Pragmatikerin.

»Sollte ich vielleicht, aber vielleicht bleibe ich noch fünf Minuten sitzen, bis das Karussell stehengeblieben ist«, antwortete ich.

»Ich schätze, du solltest auf deine Frau hören«, antwortete Tod. Er zeigte keinerlei Anzeichen, dass ihm der Alkohol irgendetwas ausgemacht hatte. »Ich wünschte, ich hätte da selbst dran gedacht.«

Ich knurrte nur eine Bestätigung.

»Wir ... sehen uns bald«, sagte Thanatos und verschwand.

Anja hockte seufzend vor mir. »Ich hole dir mal ein wenig Wasser, sonst hast du morgen einen Schädel, der nicht mehr durch die Tür passt.« Sie stand auf und ging aus dem Zimmer.

Tobi stand noch immer neben mir in der Tür und schaute verwirrt.

»Papa?«

»Ja, Tobi.«

»Wo ist denn Batman hin?«

»Batman? Was meinst du?«

»Der Mann, der in der Ecke stand und meinte, du sollst auf Mama hören.«

Mein alkoholgeschwängertes Hirn brauchte ein wenig, bis es verstand, was Tobi gerade gesagt hatte. Und dann war ich schlagartig nüchtern.

»Was für ein Mann?«, fragte ich erneut.

»Batman! Der Mann mit dem Umhang und der langen Stange, wo ein Schmetterlingsnetz dran war.«

KAPITEL 13

UNTERWEGS MIT DER FAMILIE

Als mir klar wurde, dass mein Sohn gerade den Tod gesehen hatte, liefen alle möglichen Szenarios vor meinem geistigen Auge ab, wie ich diesen Umstand anders als auf die offensichtliche Art und Weise interpretieren konnte.

Ich redete mir ein, dass er nur einen Schatten gesehen hatte, dass das Licht ihm einen Streich gespielt hatte. Dann, dass ich irgendwas gesagt hatte, was er einfach nur wiedergab. Schließlich wollte ich mich selbst davon überzeugen, dass ich mir das Ganze durch den Alkohol nur eingebildet hatte.

Aber Tobi hatte genau das gesagt, was Tod gesagt hatte. Und er hatte ihn akkurat beschrieben.

Ich war wackelig auf den Beinen. Anja war der felsenfesten Überzeugung, dass es am Alkohol lag, den ich intus hatte. Ich selbst war mir da nicht mehr so sicher.

Sie half mir ins Bett und gab mir noch einmal ein Glas Wasser. »Was für einen Fusel hattest du eigentlich?«

»Wodka«, sagte ich.

»Ich wusste gar nicht, dass wir noch welchen hatten.«

Hatten wir auch nicht, aber wie sollte ich das erklären?

»Hat der Mann den mitgebracht?«, fragte Tobi, und Anja drehte sich zu ihm um.

»Welcher Mann?«, fragte sie.

»Der vorhin im Wohnzimmer stand.«

»Wann vorhin?«

»Vor fünf Minuten?«, sagte Tobi vorsichtig.

Anja sah mich nun verwirrt an. »Hattest du Besuch?«

»Nein, nein.«

»Aber …«, setzte Tobi an, doch ich schaute ihn durchdringend an und schüttelte den Kopf. Ich war nur froh, dass er Tod nicht wieder als Batman bezeichnet hatte.

Er schien zu begreifen. »Schon gut«, sagte er zu seiner Mutter, die ihn wieder ins Bett schickte.

»Gute Nacht!«, rief ich ihm noch hinterher.

Als er außer Hörweite war, wischte sich Anja schmunzelnd ein paar Haare hinter das Ohr. »Hast du gedacht, dass Alkohol sexy macht? Hat nicht geklappt.«

Ich schüttelte den Kopf, wenn auch ganz vorsichtig. »Das kommt nicht noch einmal vor. Und auch heute war es eher ein Versehen.«

»Gab es irgendeinen Anlass?«

Meinem Hirn fiel es immer noch schwer, ordentlich zu denken. Oder schnell. Aber schließlich antwortete ich: »Die Zukunft.«

»Okay. Was auch immer das heißen mag.«

Sie beugte sich hinunter, um mich auf die Wange zu küssen, aber ich drehte mich herum, so dass sie meinen Mund traf.

»Ich liebe dich«, sagte ich.

»Das kannst du mir öfter sagen«, entgegnete sie. »Möglichst ohne diesen Geruch aus deinem Mund.« Sie lächelte, drückte mir noch einmal die Hand und ließ mich allein.

Durch die Schlafzimmertür konnte ich hören, dass sie noch etwas fernsah.

Eigentlich hätte ich meinen Rausch ausschlafen sollen, aber ich lag wach im Bett, weil ich mir Sorgen machte, was nun aus Tobi werden würde. Ich spürte, wie mein Verstand andauernd in Sackgassen lief. Darüber schlief ich schließlich ein.

Die Wochen vergingen. Es gab keinen Tag, an dem ich mir keine Sorgen machte. Tobi hatte aber nicht mehr über den Mann im Umhang geredet, und ich wollte es ebenfalls nicht ansprechen. Wahrscheinlich wollte ich es einfach nicht wahrhaben. Ein Gespräch zu diesem Thema würde das Ganze nur realer machen.

Einer der wesentlichen Punkte, die mir Bauchschmerzen bereiteten, war, dass Tobi als Nachfolger des Todes ganz offensichtlich sterben musste. Der Gedanke war bereits beunruhigend genug. Und ich hatte keine Vorstellung davon, *wann* es ihn erwischen würde. Auf jeden Fall war es naheliegend, dass es eher früher als später passieren könnte. Zumindest ging ich davon aus, dass Tobi nicht noch siebzig Jahre vor sich hatte.

Nach dem Tod meines Vaters, den ich durch meine Gabe hatte vorhersehen können, hatte ich mir selbst geschworen, keine Visionen vom Tod eines geliebten Menschen mehr zuzulassen. Natürlich wollte ich gar keine Visionen vom Tod anderer Menschen mehr haben, aber bei der Familie war es mir noch wichtiger. Ich befürchtete, dass ich keinen Schlaf mehr finden würde, wenn ich davon wüsste. Aber nun hatte ich das Gefühl, als bliebe mir gar nichts anderes übrig.

Während Tobi in seinem Zimmer spielte, stand ich in der Tür, atmete einmal tief durch – und ließ die Vision zu. Nur zeigte sie mir nicht, was ich zu sehen befürchtete. Oder zu sehen hoffte. Sie zeigte mir …

… gar nichts. Was ich bekam, war im Grunde wie das statische Rauschen eines Fernsehers, der nichts empfängt. Zumindest wie damals auf den alten Fernsehern. Ich hatte keine Ahnung, wie ich mit dieser Information umgehen sollte.

»Papa?«, fragte mich Tobi, als ich zu lange ins Leere gestarrt hatte.

»Ja, Knöpfchen?«

»Was machst du denn da?«

»Ich ... ich war nur in Gedanken.« Ich schaute mir an, was er gerade machte. Er verwickelte seine Batman-Figur, das war soweit klar, und ein Ungetüm aus LEGO, das entfernt so aussah wie ein fetter Helikopter mit vier Rotoren, in einen Kampf. »Was machst du da eigentlich?«

Tobis Augen blitzten auf, und er nahm den merkwürdigen Block aus LEGO-Steinen in die Hand. »Das ist der Riesenhubschrauber aus *Avatar*. Und Batman verhaut den blöden General, weil der den Baum von den Na'vi zerstören will.«

»Batman war doch gar nicht auf dem Planeten.«

»Aber wenn er da gewesen wäre, hätte er den General gehauen, bevor er den Baum zerstören könnte.«

Vermutlich, dachte ich, hätte Batman das in der Tat getan. Ich lächelte Tobi an, ging zu ihm herüber und drückte ihn ganz fest. Dummerweise fiel ihm dabei der Riesenhubschrauber aus der Hand.

»Papa!«, brüllte mein Sohn, dessen Werk in mehrere Teile zerfiel.

Ich verzog das Gesicht. »Das tut mir leid. Das wollte ich nicht. Kann ich dir helfen?«

Er klaubte die Teile auf und sah etwas resigniert aus. Für einen Moment dachte ich, dass er weinen würde, aber plötzlich hellte sich seine Miene auf.

»Batman hat den Hubschrauber zum Absturz gebracht!«

In Gedanken wischte ich mir den Schweiß von der Stirn.

»Knöpfchen, warte mal kurz«, sagte ich, und er legte widerstrebend sein zerstörtes Bauwerk wieder hin. »Geht es dir gut?«, fragte ich. »Dir tut nichts weh, du hast kein Fieber oder so?«

Er runzelte die Stirn. »Nein, wieso?«

»War nur eine Frage. Ich ... werde dich dann mal weiterspielen lassen.«

»Okay«, sagte Tobi, und es sah so aus, als hätte er mich in Sekundenbruchteilen vergessen, so vertieft war er wieder in sein Spiel.

Ich versuchte noch einmal die Vision seines Todes aufzurufen, aber erneut gab es nur statisches Rauschen. Dann ließ ich ihn allein.

Fast jeden Tag trug ich einen inneren Kampf aus, weil ich am liebsten Tod aufgesucht und angebrüllt hätte. Aber der konnte nichts dafür, dass Tobi ausgewählt worden war. Und hätte ich ihn darauf oder auf die rätselhafte Vision angesprochen, hätte er gewusst, dass Tobi einer seiner potentiellen Nachfolger war. Mein erstes Ziel war aber, genau das zu verhindern, denn ich wollte, das Tobi ohne Thanatos' Einfluss aufwuchs: Der Tod sollte in seinem Leben nicht so rumpfuschen, wie er es in meinem getan hatte.

Meine Arbeit im Krankenhaus ging zu Ende, und fast gleichzeitig gab es Sommerferien. Mit anderen Worten: Die gesamte Familie hatte frei. Eine Reise konnten wir uns nicht leisten, also hatten wir sechseinhalb Wochen gemeinsamer Zeit, die wir auf Balkonien und in der näheren Umgebung verbrachten. Vermutlich war es keine schlechte Idee, auch mal die Heimat etwas näher kennenzulernen.

Bei einem Großteil unserer Ausflüge begleitete uns meine Mutter, die ihren sommerlichen Reisestopp machte, um dem Massentourismus zu entfliehen. Dummerweise war aber natürlich auch Berlin selbst ein Ziel für Reisende aus aller Welt, vor allem im Sommer, weswegen sie regelmäßig fluchte, wenn wir irgendwo anstehen mussten. So auch vor dem Neuen Museum, das im Jahr zuvor wiedereröffnet worden war und nun die ägyptische Sammlung sowie das Museum für Vor- und Frühgeschichte beherbergte.

»Die Welt ist einfach viel zu voll«, sagte sie, während wir in der Kassenschlange warteten.

»Von Touristen?«, fragte ich.

»Generell. Wenn man an der Museumskasse länger als zwanzig Minuten warten muss, läuft irgendwas falsch auf der Welt.«

»Das ist ein ungewöhnlicher Maßstab«, sagte ich schmunzelnd. »Man sollte annehmen, dass Hungersnöte, der Treibhauseffekt oder die Übersättigung mit Reality-TV-Serien eindeutigere Hinweise wären.«

Sie machte ein abfälliges Geräusch und schaute genervt zu der Frau, die gerade an der Kasse stand und anscheinend nicht wusste, wie viele Karten sie brauchte. »Junge Frau, wenn sie noch Zeit brauchen, dann gehen Sie doch beiseite, damit wir auch noch eine

Chance haben, vor dem nächsten Weltkrieg einen Blick auf die Nofretete zu erhaschen.«

Die Frau, die ganz offensichtlich aus dem Ausland stammte, runzelte die Stirn.

Meine Mutter trommelte mit dem Fuß. »Ich bin vierundsechzig Jahre alt, und mein letzter Wunsch, bevor ich in vierzig Jahren sterbe, ist, dass ich dieses Museum besuchen kann.«

Ich versuchte sie zu besänftigen. »Ich glaube nicht, dass sie dich versteht, lass sie doch einfach ...«

Aber meine Mutter war nicht die Geduldigste. »Time is monkey!«, rief sie laut und zeigte dabei auf ihre Armbanduhr.

Selbst Tobi schaute seine Oma merkwürdig an, als sie das sagte. Anja und ich versuchten ein Kichern zu unterdrücken.

»Ich schätze, *das* hat sie erst recht nicht verstanden«, presste ich mit einem unterdrückten Lachen hervor.

Die Frau, die noch immer an der Kasse kämpfte, schien nun endgültig den Faden verloren zu haben. Ich ging nach vorne, weil der Kassierer, der in etwa das Alter meiner Mutter hatte, offenbar keine Fremdsprachenkenntnisse besaß. Nach kurzem Hin und Her konnte ich das Missverständnis aufklären, und es ging endlich weiter mit der Reihe. Meine Mutter war erleichtert.

»Die könnten ja auch mal Leute einstellen, die Fremdsprachen sprechen. Wer kann denn heutzutage kein Englisch mehr?«

Ich verkniff mir vorsichtshalber den Kommentar, der mir auf der Zunge lag.

Meine Mutter war zwar schon immer an Kultur interessiert, aber irgendwie erweckte sie heute den Eindruck, dass sie Hummeln im Hintern hatte. Während Anja und ich gemütlich Arm in Arm durch das Museum spazierten, eilte sie munter drauflos und huschte im Eiltempo durch die Säle. Als wir uns später im Café zu ihr gesellten, sagte sie bloß, dass sie nicht wüsste, warum sie sich jede einzelne Scherbe ansehen sollte.

»Und so toll ist die Nofretete auch nicht«, fügte sie noch hinzu.

Tobi sah skeptisch zu seiner Oma und schüttelte den Kopf. Er war offenbar der gleichen Meinung wie ich.

»Du meinst, diese außergewöhnlich schöne Büste, die fast dreitausend Jahre überdauert hat, ist überbewertet?«, fragte ich amüsiert.

»Die hat ja nur noch ein Auge.«

»Na ja, wenn du dreitausend Jahre alt wärst, was meinst du, was du noch für Körperteile übrig hättest?«

Sie winkte ab.

Anja grinste schon den halben Tag, weil sie meine Mutter immer irgendwie kauzig, aber lieb fand. »Wenn man es genau nimmt«, fügte sie hinzu, »sind die Pyramiden ja auch nur ein Haufen Steine.«

Meine Mutter zeigte auf Anja und nickte bestätigend. Ich schüttelte nur kurz den Kopf und ließ das unkommentiert stehen.

Als wir das Café verließen, hakte sich Anja erneut bei mir unter und flüsterte mir zu, dass sie den Haufen Steine trotzdem gerne mal sehen würde.

»Das machen wir schon noch«, sagte ich ihr.

Abgesehen von den Museen, die wir besuchten, machten wir Ausflüge zum Schiffshebewerk in Niederfinow und jeweils einen Tagesausflug an die Ostsee, nach Cottbus sowie die Lutherstadt Wittenberg. Auf dem Rückweg von Wittenberg fuhren wir auch in Ferropolis vorbei, einem ehemaligen Tagebau, in dem man die großen Maschinen besichtigen konnte, die früher zum Braunkohleabbau benutzt worden waren. Tobi war Feuer und Flamme und kletterte sofort darauf herum. Anja und meine Mutter sahen sich das Ganze lieber von unten an, aber ich blieb dicht an seiner Seite. Ich hatte bei jeder seiner Aktionen Sorge, dass sie in irgendeiner Form zu seinem Tod führen könnte. Es fiel mir schwer, die Ausflüge zu genießen, aber andererseits wollte ich ihm natürlich auch nicht die Freude daran nehmen.

Da traf es sich gut, dass eine neue Freude in Tobis Leben trat, die wirklich wenig Gefahrenpotential hatte: Fußball schauen.

KAPITEL 14

PUBLIC VIEWING

Tobi und Anja waren zwar keine riesigen Sportfans, aber sie ließen sich von den Massen beeinflussen und schauten zumindest die Spiele der deutschen Mannschaft bei der Fußball-Weltmeisterschaft, die in Südafrika ausgetragen wurde. Aber sie gingen nicht so weit, sich in die deutschen Farben zu kleiden oder gar zu schminken, auch als sie beschlossen, an einem Public Viewing teilzunehmen.

Abgesehen davon, dass ich noch nie ein großer Fußball-Fan gewesen war, waren mir Menschenmassen zuwider.

Anja und Tobi versuchten trotz allem, mich zum Mitkommen zu überreden. Es wäre ein schöner Familienausflug, hieß es. Ich argumentierte, dass ihrer Logik nach der Besuch eines Death-Metal-Festivals wohl ebenso ein schöner Familienausflug sei.

»Es wird in unregelmäßigen Abständen atonal geschrien, man wird durch die Gegend geschubst, die Toiletten sind eklig, das Essen und Trinken teuer, und am Ende fragt man sich, was man mit seiner Lebenszeit angefangen hat«, sagte ich zu Anja. »Zumindest hätte das Death-Metal-Festival den Vorteil, dass man sich nicht den unqualifizierten Kommentator anhören muss.«

Anja schüttelte den Kopf, aber ein Lächeln huschte über ihre Lippen. »Zumindest habe ich eine Ahnung, von wem du das hast«, sagte sie und fragte, was ich stattdessen tun würde.

»Vielleicht lese ich weiter *Krieg und Frieden* oder mache einen späten Mittagsschlaf. Aber wahrscheinlich folgt ohnehin das eine auf das andere.«

Als Tobi und Anja gingen, freute ich mich auf einen ruhigen Nachmittag, bei dem mir kein grölender Fußballfan sein Bier über die Kleidung kippen und ich nur durch gelegentliche Jubelrufe der

Nachbarn genervt werden würde. Aber natürlich hatte ich nicht mit Tod gerechnet.

»Hallo«, sagte er, nachdem er urplötzlich neben der Couch aufgetaucht war, auf der ich gerade ein Glas Saft trank, dessen Inhalt kurz darauf auf besagter Couch und dem Boden landete.

»Hallo«, entgegnete ich. »Ich muss mal meine Versicherung fragen, ob es eine Police für plötzliches Auftauchen von übernatürlichen Wesen gibt.«

»Solange sie damit Geld machen können, sicherlich.« Er sah sich um. »Frau und Kind sind fort?«

Ich nickte. »Vermutlich noch eine Weile.« Insgeheim war ich froh, dass Tobi nicht da war und Tod nicht herausfinden konnte, dass auch er ein potentieller Nachfolger war.

»Vielleicht hast du ja Lust auf einen Ausflug mit mir.«

»Wohin?«

»Lass dich überraschen!«

Mein Blick fiel auf das Buch, das auf dem Couchtisch lag. Irgendwo im ersten Viertel von *Krieg und Frieden* ragte das Lesezeichen heraus.

»Ach ... ja, was soll's«, sagte ich und stand auf. »Ich zieh nur schnell ...«

Um mich herum verschwamm alles, und als die Realität wieder in voller Pracht um mich herum erstrahlte, fand ich mich inmitten von Schutt wieder.

»Sicher. Klar«, sagte ich. »Warum sollte ich auch in so einer Gegend Schuhe brauchen? Läuft sich prima in Socken. Und mit einem Spieß aus Metall, der sicher bald aus meinem Fuß ragen wird.«

Tod machte ein leicht betretenes Gesicht. »Entschuldige. Ich wollte nur rechtzeitig vor dem Anpfiff da sein.«

»Anpfiff? Wovon sprichst du? Und wo sind wir überhaupt?«

»Haiti«, sagte Tod und nickte an mir vorbei Pierre zu, der auf dem Geröll stand und offenbar auf uns gewartet hatte.

Die Hitze war noch zu ertragen, da auf Haiti früher Morgen war. Es war aber abzusehen, dass es ein heißer Tag werden würde. Nach einer Kletterpartie über Schutt und Stein wäre ich trotzdem von Schweiß durchweicht.

Tod begann über das Geröll zu klettern, aber ich konzentrierte mich und sprang direkt neben Pierre, der überrascht zusammenzuckte, als ich plötzlich auftauchte.

»Tut mir leid, dass ich dich erschreckt habe, aber weil er mal wieder meine Schuhe vergessen hat, dachte ich, ich erspare mir die Kletterei.«

Pierre nickte fröhlich und gab mir die Hand zur Begrüßung. Dann hielt er mir mit der anderen ein paar abgetragene Turnschuhe hin, die mir drei Nummern zu klein waren und denen der Teil an der Ferse fehlte. Im Grunde waren es Latschen.

»Danke, aber woher ...«

Pierre lächelte und zeigte auf Tod. »Ich kenne das Problem.«

Nachdem auch Tod uns endlich erreicht hatte, hieß uns Pierre mitzukommen. Die Gegend, durch die er uns führte, war von größtenteils zerstörten Häusern geprägt, und Schutt lag nahezu überall. Ich sah mich gleichzeitig entsetzt und fasziniert um, während wir das entlangliefen, was früher wohl eine Straße gewesen war. Nun, Tod und Pierre liefen, ich schlurfte in meinen neuen Schuhen.

»Ist ja schlimmer als nach dem Krieg«, sagte ich, als ich mich umsah. »Das Erdbeben ist doch schon ein halbes Jahr her, oder?«

Pierre zuckte mit den Schultern. »Das Aufräumen dauert. Besonders, wenn die Regierung unfähig ist.«

»Zumindest eine Sache ist überall gleich«, sagte ich.

Vor uns hatte sich mitten auf der Straße eine Menschentraube gebildet, wobei ein paar von ihnen saßen, andere standen und ein paar irgendwelche Plätze auf Geröll in der Umgebung gefunden hatten.

»Ausgabestelle für Notrationen?«, fragte ich.

Pierre lächelte. »Fußball.«

Als wir näher kamen, sah ich, dass sich die Menge um einen kleinen Röhrenfernseher versammelt hatte, der mit ein paar wenig sicher wirkenden Drähten an eine Autobatterie angeschlossen war. Einer der Jungs aus der Nachbarschaft versuchte gerade, eine verbogene Antenne so hinzustellen, dass das Bild nicht nur aus Schnee bestand. Die anderen Zuschauer stöhnten lautstark, sobald das Bild schlechter wurde, oder riefen aufgeregt, wenn es sich verbesserte.

Ich atmete ernüchtert aus und wandte mich an Tod. »Sag mir nicht, dass wir extra nach Haiti gekommen sind, um das Fußballspiel Deutschland gegen wen auch immer zu sehen.«

Tod runzelte die Stirn. »Was hast du denn dagegen? Das ist doch ein netter Ausflug. Wir machen das viel zu selten in letzter Zeit.«

»Wir hätten das Fußballspiel auch bei mir daheim schauen können. Auf einem großen Fernseher.« Ich überlegte kurz. »Nicht, dass ich darauf wirklich Lust hätte. Da hätte ich ja auch gleich mit Anja und Tobi zum Public Viewing gehen können.«

»Du hast recht«, sagte Pierre zu Tod. »Er ist in der Tat erstaunlich maulig für jemanden, der vor dem Tod gerettet wurde.«

»Entschuldige, ich wollte nicht unhöflich erscheinen. Wenn du Lust hast, kannst du gerne mit zu mir ...«

Ich kam nicht dazu, zu Ende zu sprechen. Der Junge mit der Antenne hatte die richtige Einstellung gefunden, und der Rest der Menge jubelte so laut, dass mich ohnehin niemand verstanden hätte.

Das Spiel hatte bereits begonnen, und es lief die Zeitlupe eines Foulspiels, bei dem Lukas Podolski von einem Argentinier quasi übers Knie gelegt wurde. Vereinzelt gab es Buh-Rufe und aufgeregte Diskussionen, aber sobald die Übertragung wieder zum normalen Spiel zurückging, wurde es still.

Es gab einen Freistoß, und die Menge vor uns hielt gebannt die Luft an. Podolski schoss in die Mitte, und Thomas Müller machte einen langen Hals, erreichte den Ball mit dem Kopf und brachte ihn ins Tor.

Die Haitianer sprangen auf und jubelten. Manche von ihnen vollführten einen kleinen Tanz. Auch Pierre jubelte und klatschte, während Tod breit lächelnd neben ihm stand.

Mir war Fußball eigentlich egal, aber die Stimmung brachte auch mich zum Grinsen. Ich freute mich weniger für die Mannschaft als für die Leute, die so ausgelassen waren, obwohl um sie herum nur Schutt und Asche lagen.

»Mir war nicht klar, dass ihr alle für die Deutschen seid«, sagte ich zu Pierre.

»Natürlich«, brüllte der zurück, weil die anderen immer noch lautstark feierten. »Eigentlich sind die meisten in meinem Land für Brasilien, aber da die rausgeflogen sind, muss Deutschland Argentinien schlagen. Im Endspiel wären wir für die Niederlande, immerhin haben die die Brasilianer besiegt.«

»Aha«, sagte ich. Pierre hatte darüber offenbar viel mehr nachgedacht als ich. »Sind viele Leute bei euch Fußballfans?«

Pierre sah mich verschmitzt an und deutete mit beiden Armen auf die Leute, die vor uns mitfieberten. »Machst du Witze? In Haiti gibt es die größten Fußballfans der Welt!«

»Wenn ich einen Cent für jedes Land hätte, was das von sich behauptet«, murmelte ich.

»Dann hättest du knapp zwei Euro«, meinte Tod, und mir fiel kein gutes Gegenargument ein.

Pierre sagte, dass in seinem Land während der Fußballspiele einfach alles stillstand. »Die Aufräumarbeiten, das Chaos, die falsche Politik ... für eine Zeit ist der Fußball wichtiger.«

Ich sah mich um. Die Straße, auf der wir standen, war nahezu unpassierbar. Vereinzelt schienen sich Leute im Geröll eingerichtet zu haben. Es sah buchstäblich so aus, als hätte das Erdbeben erst vor fünf Minuten stattgefunden. Es kam mir seltsam vor, dass man in dieser Situation nur an Fußball dachte.

»Man sollte meinen, dass nach einem halben Jahr viel mehr aufgeräumt wäre«, sagte ich schließlich.

Pierre zuckte mit den Schultern, hielt seinen Blick aber auf den Fernseher gerichtet. »Viele von uns müssen sich selbst darum kümmern. Von der Regierung haben wir kaum etwas zu erwarten. Und die internationale Hilfe ist auch spärlich.«

»Und dann habt ihr Zeit, euch Fußball anzuschauen?«

Pierre legte mir eine Hand auf die Schulter. »Alles ist schlimm. Wir brauchen Freude zwischendurch. Und deine Mannschaft führt!«

Ich nickte.

»Du siehst ja gar nicht zu«, sagte Tod zu mir gebeugt.

Ich erklärte ihm, dass ich mir Gedanken machte über die Umstände, in denen die Leute hier lebten.

Er schüttelte den Kopf. »Genieße doch einfach den Moment. Wie sie. Die Realität holt sie schon früh genug wieder ein.«

»Entschuldige meine Empathie.«

Tod sah mich skeptisch von der Seite an. »Empathie, die du erst jetzt zeigst. Immerhin ist das Erdbeben schon eine Weile her.«

»Ich gebe zu, ich habe mir darüber bisher nicht viele Gedanken gemacht«, räumte ich zerknirscht ein.

»Weder du noch die meisten anderen.«

Ich wusste, dass Tod mir keinen Vorwurf machen wollte, aber er hatte trotzdem einen Treffer gelandet. »Findest du das nicht schrecklich?«

Er wackelte mit dem Kopf. »Schreckliche Dinge passieren jeden Tag auf der Welt. Natürlich kann man sich darüber den Kopf zerbrechen. Man kann aber auch mal für eineinhalb Stunden an den simplen Dingen des Lebens Spaß finden, ohne gleich am Zustand der Menschheit zu verzweifeln. Dafür bleibt auch sonst genug Zeit.«

»Ich dachte, du machst nie Pause?«, fragte ich.

»Tue ich ja auch nicht. Umso wichtiger ist es mir, wenn ich an so etwas hier teilhaben kann.« Er seufzte. »Und außerdem habe ich gleich noch dahinten etwas zu tun.« Er deutete vage in die Richtung eines Hauses, aus dem ich jetzt eine alte Frau treten sah, die traurig zu der feiernden Menge herüberschaute. Ich vermutete, dass entweder sie selbst oder einer ihrer Angehörigen sich auf sein Treffen mit dem Tod vorbereitete. Ich wollte meinen alten Freund gerade danach fragen, als Pierre meinen Arm drückte, weil die Argentinier angriffen. Sie hatten sich gut an der deutschen Abwehr vorbeimanövriert und schickten den Ball hin und her. Die Abwehr versuchte ihr Bestes, aber der Spieler holte zum Schuss aus und der Ball ... landete im Tor!

Als Pierre seine Arme hochriss und sie verzweifelt über den Kopf hielt, ertappte ich mich dabei, wie ich dasselbe tat. Auch die anderen Haitianer sprangen entgeistert auf und riefen wütende Dinge, aber kurz darauf beruhigten sie sich wieder, weil der Schiedsrichter das Tor nicht anerkannte.

»Entschuldigung.« Pierre klopfte mir auf die Schulter.

»Schon gut«, sagte ich und musste mich selbst wieder beruhigen. »Ich frage mich nur, wie ihr erst reagiert, wenn Haiti selbst spielt.«

»Oh, unsere Mannschaft hat sich nicht qualifiziert.«

»Das tut mir leid.«

»Kein Problem!« Er lächelte mich an. »Dafür spielt ja Deutschland!« Dann nahm er mich in den Arm.

Ich hatte Mühe, dem Spielgeschehen zu folgen. Die Menschentraube vor dem Fernseher war groß, und wir standen relativ weit davon entfernt. Die meiste Zeit hatte ich Mühe, überhaupt zu sehen, wo sich der Ball befand. Dafür rissen mich die Gefühle der Haitianer mit, die sich mitunter die Augen zuhielten, wenn Argentinien ins Spiel zu kommen schien, und jauchzend und tanzend aufsprangen, wenn es für Deutschland gut lief. Kurz vor der Halbzeit dominierte allerdings die südamerikanische Mannschaft, obwohl Deutschland früh in Führung gegangen war.

Während der Pause erzählte ich Pierre, dass meine Frau und mein Sohn bei uns daheim zu einem Public Viewing gegangen waren, bei dem riesige Leinwände aufgebaut wurden, auf denen man das Spiel schauen konnte.

»Ist ja wie bei uns!«, rief er fröhlich.

Ich lächelte und nickte. Dann wandte ich mich an Tod und schlug ihm vor, Pierre zu einem Public Viewing in Berlin mitzunehmen.

»Mir kommt es so vor, als könnte die Stimmung nicht besser sein als hier«, sagte Tod und hatte damit vermutlich recht.

So sahen wir auch die zweite Halbzeit mitten auf der Straße, in der die argentinische die deutsche Mannschaft dominierte. Mehrmals wurde auf das deutsche Tor geschossen, aber Torwart Neuer hielt die Bälle sicher. Und dann schoss Deutschlands Miroslav Klose ein Tor, und um uns herum brach ein Jubel aus, den ich so nie zuvor erlebt hatte. Frauen, etliche davon schon im fortgeschrittenen Alter, lagen sich in den Armen; Männer riefen »Klose! Klose!« in der merkwürdigen Betonung ihres Akzents.

Pierre klärte mich auf, dass Klose damit den legendären brasilianischen Spieler Pélé in der Torschützenliste überholt hatte. Mir war das eigentlich völlig egal, aber ich schrie enthusiastisch »Okay!«.

Deutschland war mit 2:0 in Führung gegangen, und allen schien klar, dass die Partie damit gelaufen war, dennoch gelang es der Mannschaft, zwei weitere Tore zu schießen. Ein schadenfrohes Gelächter erhob sich, als das Fernsehen den ehemaligen argentinischen Nationalspieler Maradona zeigte, der offenbar auf Haiti nicht viele Freunde hatte.

Pierre rannte zu den anderen Leuten, die tanzten und herumsprangen, und ich war so mitgerissen, dass ich schon drauf und dran war, selber hinzulaufen, mich sichtbar zu machen und mitzufeiern. Tod, der sich auf eine höhere Mauer gesetzt hatte, um besser sehen zu können, hielt mich allerdings am Kragen fest, bevor ich etwas Unüberlegtes tun konnte.

»Erinnere dich daran, dass Leute nicht unbedingt positiv auf urplötzlich aus dem Nichts erscheinende Menschen reagieren.«

Ich beruhigte mich wieder und schnippte mit dem Finger seine Hand weg. »Manchmal wünschte ich, dass ein gewisser Jemand das auch im Hinterkopf behalten würde.«

»Ich weiß gar nicht, wen du damit meinen könntest.«

Wir schauten der Meute noch eine Weile zu, und ich musste darüber nachdenken, dass ich fast zum Fußball-Fan konvertiert wäre. Aber nur fast. Ich war einfach nur fasziniert davon, wie viel Lebensfreude die Menschen ausstrahlten, die fast alles verloren hatten. Auch Pierre, der mir, wie ich Tod sagte, von den Nachfolgern als der sympathischste erschien.

»Ja, mir auch«, sagte Tod mit einem grübelndem Unterton. »Allerdings neigt er für meinen Geschmack zu sehr zum Gutmenschentum.«

»Du sagst das, als wäre es etwas Schlechtes.«

»Nichts gegen gute Menschen«, erwiderte Tod. »Aber er hat mir mehrmals gegenüber erwähnt, dass er Leute gerne wiederbeleben würde. Und damit meine ich nicht das, was ihr bei der DLRG gelernt habt.«

»Ein Glück, dass er das als Tod nicht kann, oder? Ich meine, du hattest bei mir doch Hilfe.«

»Das stimmt, aber dann würde man Bibi vielleicht mehr Einfluss geben, als gut für sie wäre.«

»Ja, ein Leben, in dem das Leben zu viel Einfluss hätte, wäre vermutlich schrecklich.«

»Sarkasmus, Martin?«

»Ich? Nie.«

»Deiner Meinung nach geht es ja ohnehin nicht nach Sympathie in der Nachfolgerfrage. Es sollen ja alle zusammen werden.«

»Wärst du denn nach Sympathie gegangen?«

»Geschadet hätte es zumindest nicht.«

»Gebracht hätte es aber auch nichts. Ist ja nicht so, dass es bei deinem Beruf auf die Sozialkompetenz ankommt. Die zwischenmenschlichen Kontakte mit dir fallen ja in der Regel recht einseitig aus.«

»Was willst du denn damit sagen?«

»Nur du weißt davon. Und die andere Person stirbt dann gerade. Wenn sie nicht gerade ein Nachfolger ist.«

Tod kicherte. »Nun, da du das mit der Sozialkompetenz erkannt hast, verstehst du zumindest, weswegen du so ein perfekter Nachfolger gewesen wärst.«

»Sehr witzig.«

Ich schaute ihn zwar böse an, musste dann aber kurz darüber lachen. Wir machten noch etwas Smalltalk und warteten darauf, dass wir mit Pierre ein paar Worte wechseln konnten, aber der war zu sehr in der Menschenmenge beschäftigt. Also winkte ich ihm zu, als er für einen Moment herüberschaute, verabschiedete mich von Tod und sprang dann nach Hause. Erst dort stellte ich fest, dass ich immer noch Pierres zu Latschen umfunktionierten Turnschuhe trug, die Anja zu allem Überfluss fand, als sie nach Hause kam. Nachdem ich ihr erklärte, dass diese 1A zu tragen wären, schmiss sie sie demonstrativ in den Mülleimer und fragte mich, ob ich als nächstes Sandalen aus Winterstiefeln machen würde. Frauen ...

Tobi bettelte darum, noch etwas fernsehen zu dürfen, und wir ließen das zu, wenn er bettfertig war. Es lief irgendein Schwedenkrimi, genau die Sorte, die Anja gern sah und die mich nervte. Als der Abspann lief, war Tobi bereits eingenickt. Während Anja ins Bad huschte, weil sie schon die letzte halbe Stunde mit wippenden Beinen dagesessen hatte, nahm ich Tobi hoch, um ihn ins Bett zu bringen.

Genau in diesem Moment tauchte Tod auf, und ich ließ vor Schreck beinahe Tobi fallen.

»Entschuldige«, sagte Tod. »Ich konnte ja nicht ahnen ...«

»Schon gut«, flüsterte ich. »Was ist?«

»Ich wollte eigentlich nur fragen, ob du morgen Abend vielleicht etwas Zeit erübrigen könntest.«

In meinen Armen machte Tobi ein Geräusch, und ich blickte zu ihm herunter. Er starrte Tod mit großen Augen an und sagte lauthals: »Batman!«

Tod war überrascht und sah sich um, ob er irgendwas neben oder hinter sich übersehen hatte. Dann drang die Erkenntnis zu ihm durch und er blickte erst mich dann meinen Sohn stirnrunzelnd an. »Hallo, Kleiner. Du kannst mich also sehen?«

»Natürlich. Du warst doch auch neulich schon bei uns zu Hause.«

Tod sah mich mit erhobenen Augenbrauen an, sprach aber weiter mit Tobi. »Du hast mich also schon vorher gesehen?«

»Ja«, sagte Tobi. »Aber Papa meinte, wir sollten darüber kein Wort mehr verlieren.«

»Ist dem so?«, fragte er interessiert und wandte sich mir dann mit ernster Miene zu. »Vielleicht solltest du ihn morgen Abend zum Treffen mitnehmen. Oder was denkst du?« Er formulierte es als Frage, es klang aber nicht so, als würde er mir eine Wahl lassen.

Ich fühlte mich gar nicht wohl dabei, nickte aber, denn ich wollte die Diskussion nicht jetzt führen, zumal ich Anjas Schritte im Bad vernahm.

»Eine Frage noch«, sagte Tod. »Batman? Ich habe doch gar keine spitzen Ohren auf meiner Kapuze.«

Tobi kicherte vergnügt vor sich hin, als würden wir Erwachsenen uns besonders begriffsstutzig geben.

Wenn ich ehrlich war, sah ich die Ähnlichkeit auch nicht, aber es schien mir nicht der richtige Zeitpunkt, darauf einzugehen.

»Am alten Platz«, sagte Tod, bevor er verschwand.

»Whoa!«, machte Tobi. »Der ist einfach verschwunden! Wie Batman in den Filmen!«

»Ja, ich weiß«, sagte ich.

»Wie hat er das gemacht?«

»Das wirst du vermutlich früher oder später erfahren.«

Anja kam aus dem Bad und wunderte sich darüber, dass ich noch immer mit Tobi im Arm dastand.

»Alles in Ordnung?«, fragte sie.

Ich nickte und lächelte ihr zu, aber mein Magen hatte sich mal wieder zu einem Knäuel verdreht.

KAPITEL 15

FRAGESTUNDE

Mit ernstem Blick und einem Flüstern brachte ich Tobi dazu, seiner Mutter gegenüber nichts von dem merkwürdigen Mann im Umhang zu erwähnen. Aber Tobi war nicht blöd. Am nächsten Tag hatte er zwar verstanden, dass es nicht Batman war, der mich besucht hatte, aber er wusste, dass irgendwas nicht stimmte, und löcherte mich immer dann, wenn Anja außer Hörweite war.

Ich vertröstete ihn auf den Abend, und als ich ihn ins Bett brachte, erklärte ich es im Ansatz.

»Bleib noch ein wenig wach, dann nehme ich dich mit zu dem komischen Mann, der uns besucht hat. Okay?«

»Wirklich?« Er machte große Augen.

Ich nickte.

»Und du sagst mir dann auch, warum ich Mama nichts sagen darf?«

»Ja. Leg dich hin, dann nehme ich dich nachher mit.«

»Und wenn ich einschlafe?«, fragte er nervös.

»Dann mach ich dich wach. Du kommst auf jeden Fall mit. Versprochen.«

»Batmanehrenwort?«

Ich wusste zwar nicht so genau, was er damit meinte, nahm aber an, dass es dann wohl wirklich, wirklich doll versprochen wäre. »Batmanehrenwort«, sagte ich, küsste ihn auf die Stirn und schloss die Tür hinter mir.

Anja und ich kuschelten noch eine Weile auf der Couch, während wir eine Folge einer britischen Krimiserie schauten. Ihr fielen dabei die Augen zu. Wir gingen gemeinsam ins Bett, aber ich blieb wach und schaute nervös an die Decke.

Nachdem sie eingeschlafen war, schlich ich aus dem Zimmer und weckte Tobi.

»Zieh dir etwas an«, sagte ich, als er gähnend aus dem Bett stieg.

Ich selbst warf mir ebenfalls Hose, Shirt und Jacke über und vergaß auch nicht, Schuhe anzuziehen.

»Wo gehen wir denn hin?«, fragte Tobi.

»Auf eine Insel.«

»Brauche ich Gummistiefel?«

»Was? Wieso das denn?«

»Na, müssen wir durchs Wasser laufen?«

»Nein, laufen müssen wir genau genommen gar nicht.«

Tobi runzelte die Stirn, sagte aber nichts.

»Bereit?«, fragte ich.

»Wofür?«, fragte er und gähnte.

»Wir werden jetzt gleich ganz schnell woanders sein. Erschreck dich bitte nicht. Und wenn dir übel wird, dann ist das völlig in Ordnung. Versuche einfach irgendwo ins Gebüsch zu kotzen, ja?«

Tobi runzelte die Stirn, griff aber nach meiner Hand, die ich ihm hinhielt.

»Eins noch«, ergänzte ich. »Alles, was du gleich erlebst, darfst du nie jemandem erzählen, okay?«

Tobis Gesichtsausdruck wirkte nun fast ängstlich, wobei er gleichzeitig den Eindruck hinterließ, dass er vor Neugier fast platzte. Ich kniete mich vor ihn hin.

»Du darfst es Mama nicht erzählen und auch niemanden aus der Schule. Sie würden es nicht verstehen. Wenn Mama dich morgen fragt, warum du so müde bist, sag einfach, dass du nicht einschlafen konntest, ja?«

Er nickte. »Aber Mama sagt immer, dass ich nicht lügen soll.«

»Das ist ... auch völlig richtig. Du sollst auch nicht lügen. Aber erzähle es einfach niemandem. Und ... es ist ja auch keine Lüge. Du konntest ja jetzt wegen unserer kleinen Reise nicht einschlafen. Okay?«

Tobi nickte erneut.

»Falls Mama doch genauer nachfragt, sag einfach, dass es wegen einer Überraschung ist und ich dich gebeten habe, nichts zu sagen.«

Tobi nickte noch einmal.

Ich atmete tief durch. Ihn mochte ich beruhigt haben, aber ich war noch immer nervös. In gewisser Weise fürchtete ich, dass sein Leben durch das, was folgen würde, komplett aus den Fugen geriet, er mein Schicksal teilen musste. Ich musste das mit Thanatos klären, obwohl mir im Grunde vorher klar war, was er mir zu sagen hatte.

Ich stand wieder auf, nahm die Hand meines Sohnes und schaute ihn aufmunternd an. Er wirkte angespannt. Ich beugte mich hinunter und nahm in doch noch auf den Arm.

»Schließ die Augen«, sagte ich, und er nickte kurz. Dann konzentrierte ich mich und ließ die Welt um uns herum zerfließen.

Als wir auf den Azoren angekommen waren und ich ihn abgesetzt hatte, machte Tobi dicke Backen und beugte sich nach vorne.

»Es ist okay. Lass es raus, wenn es raus muss«, sagte ich, aber Tobi richtete sich wieder auf und sah mich an.

»Das war total abgefahren! Erst ist alles verschwommen, und dann war es, als würde ich mit den Farben in der Schule was malen. Können wir das noch mal machen?«

Offensichtlich hatte er die Augen während des Sprungs nicht geschlossen, und er schaute etwas peinlich berührt, nachdem er merkte, dass er sich verquatscht hatte.

»Zu gegebener Zeit«, antwortete ich ihm und blickte zum Feuer, um das sich Tod und seine potentiellen Nachfolger versammelt hatten. Neben den üblichen Verdächtigen – Gemma, Pierre und Witalina – starrte uns noch ein hagerer Mann an, dessen merkwürdigen Hut ich zunächst für einen Sombrero hielt und erst bei näherem Hinschauen als chinesischen Bauernhut identifizierte. Er war gänzlich in blauen Stoff gekleidet, hatte einen fusseligen Bart und wirkte, als wäre er ein halbes Jahrhundert der Sonne und den Gezeiten ausgesetzt gewesen. Er lächelte uns breit an.

»Sind das Freunde von dir, Papa?«, fragte Tobi und wirkte fast ein wenig ängstlich.

»Manche vielleicht«, sagte ich. Bei Gemma hatte ich so meine Zweifel, aber Pierre schien in Ordnung zu sein. Ich ging mit Tobi die paar Schritte zum Feuer. Alle anderen saßen bereits auf einem der dafür vorgesehen Hölzer, also nahmen wir auf dem letzten verbliebenen Klotz Platz; Tobi schaute zwar neugierig in die Runde, sagte aber nichts – ganz geheuer schien ihm diese Versammlung nicht zu sein. Wer wollte ihm das verdenken?

»Hallo, ihr beiden«, sagte Tod. »Ich hatte schon befürchtet, du würdest deinen Sohn aus einem Anfall von Beschützerinstinkt nicht mitbringen.«

»Wenn ich die Wahl gehabt hätte, ja«, sagte ich und schaute zu dem anderen neuen Mitglied in der Gruppe. »Wer ist denn der Neue?«

»Chang, das sind Martin und sein Sohn Tobias. Ich habe dir bereits von ihnen erzählt.«

Chang verbeugte sich.

»Martin, Tobias, das ist Chang Wang. Oder auch Wang Chang. Je nachdem, welche Umschreibung man benutzen will. Er ist Reisbauer in China.«

»Wang Chung?«, fragte ich.

»Chang. Wang Chang«, sagte Tod.

»Du willst mir sagen, dass er keine Pop-Gruppe aus den 80er Jahren ist?«

Tod seufzte. »Genau das will ich damit sagen.«

Ich verbeugte mich ebenfalls. »Hallo, Chung!«

»Chang!«, rief Tod.

»Chang.«

Tod fuhr fort. »Außerdem ist sein Vorname Wang.«

Gemma und Pierre kicherten, und Tod warf ihnen einen bösen Seitenblick zu.

»Hallo, Wang!«, sagte ich freundlich.

Er winkte mir zu und lächelte breit. Dann zeigte er auf Tobi, lachte fröhlich und nickte. Tobi wusste offenbar nicht, was er davon halten sollte, denn er rutschte näher an mich heran.

»Wer sind die denn alle?«, fragte er.

Ich stellte ihm kurz die anderen vor. Pierre nickte ihm freundlich zu, Witalina schien sich kaum für ihn zu interessieren, und Gemma sah ihn fast verächtlich an.

»Jetzt soll ich auch noch mit einem Kind zusammenarbeiten? Das Ganze wird immer dümmer«, sagte sie.

Thanatos hatte offenbar schon meine Theorie weitergetragen, dass nicht nur einer sein Nachfolger werden sollte, sondern alle. Ich übersetzte für Tobi, was Gemma gesagt hatte. Daraufhin fragte er mich, was sie mit zusammenarbeiten meinte.

Die Stunde der Wahrheit war also gekommen.

»Der Mann mit dem Umhang ist nicht Batman, sondern der Tod«, erklärte ich Tobi.

Ich konnte Tod ganz leise vor sich hinmurmeln hören, dass er, wenn er es sich aussuchen könnte, eigentlich auch lieber Batman wäre.

Tobi schaute mich enttäuscht an. »Also fängt er gar keine Verbrecher?«

»Nun ja, hin und wieder schon«, sagte Tod und kicherte.

Tobi schien dieser Gedanke etwas zu versöhnen. »Und was macht der Tod?«

»Wenn die Menschen gestorben sind, fängt er ihre Seele mit dem Kescher ein«, sagte ich.

»Und was passiert dann mit den Seelen, nachdem er sie gefangen hat?«

Tod und ich wechselten einen Blick.

»Tja, also ...«, sagte Thanatos.

»Der Kescher leuchtet auf, und sie verschwinden«, sagte ich.

»Aber wohin verschwinden sie?«, fragte mein Sohn. »Nach Arkham Asylum? Da bringt Batman die Verbrecher hin, aber sie brechen immer wieder aus. Ich finde, er sollte sich da vielleicht was anderes überlegen.«

Ich sah Gemma genervt in den Himmel blicken, vermutlich weil niemand Englisch sprach oder andauernd von Batman die Rede war.

»Das stimmt vermutlich«, antwortete ich. »Aber beim Tod kommen sie ja nicht in ein Gefängnis oder die Psychiatrie. Sie sind dann tot.«

»Ja, aber wo gehen die Seelen denn nun hin?«

»Wo auch immer die Toten hingehen, nachdem sie gestorben sind.«

Thanatos hatte noch nie eine bessere Erklärung dafür gehabt, und ich habe ihn in all den Jahren auch nicht danach gefragt. Ich meine, ich habe mir natürlich schon immer meinen Teil dazu gedacht. Die Seelen werden wohl nicht im nächsten Supermarkt verschwunden sein, um da das Alkoholregal zu plündern und eine Strandparty zu organisieren. Andererseits schien die Erklärung auch nicht falscher oder korrekter zu sein als jede andere Möglichkeit, die mir einfiel.

»Das ist eine doofe Erklärung«, sagte Tobi und sackte ein wenig auf dem Holz zusammen.

»Ja, wenn du älter wirst, wirst du feststellen, dass viele Erklärungen dümmer sind als gedacht.«

»Englisch!«, rief Gemma laut, und der Rest der Gruppe stöhnte genervt.

Es war schließlich Pierre, der in seinem merkwürdigen Akzent »Shut the fuck up, bitch« sagte und Gemma zum Schweigen brachte.

Witalina lachte. »Das hab sogar ich verstanden!«

Wang lachte einfach die ganze Zeit, obwohl er mit Sicherheit nicht die geringste Ahnung hatte, was vor sich ging. Zumindest war es naheliegend, davon auszugehen, dass seine Fremdsprachenkenntnisse weniger Umfang hatten als das Telefonbuch eines nordgrönländischen Dorfs.

»Papa, du hast mir zwar gesagt, wer die sind, aber was machen die eigentlich? Und warum sind wir hier?«, fragte Tobi.

»Alle hier sind besondere Leute, denn sie können den Tod sehen. Und es scheint so, als würden sie die Aufgabe des Todes übernehmen, wenn der mal nicht mehr da ist.«

»Du meinst, der Tod stirbt?«

»Na ja«, sagte ich, »strenggenommen ist er bereits tot. Und der Tod. Also, er würde dann nur einfach ... dahin gehen, wohin die anderen Seelen auch gehen.«

»Aber wenn alle, die den Tod sehen können, seine Aufgabe übernehmen sollen, heißt das dann, dass ich das auch machen muss?«

»Ja«, mischte sich Thanatos plötzlich in unser Gespräch ein, »das heißt es in der Tat.«

»Cool!«, sagte Tobi und strahlte.

»Nein, gar nicht cool« erwiderte ich. Die Euphorie meines Sohnes war mir nicht geheuer.

»Also eigentlich ist es schon irgendwie cool«, sagte Tod. »Den Job hat nicht jeder.«

»Erst recht nicht mein Junge«, erwiderte ich deutlich.

Tod seufzte. »Denkst du, für dich wird wieder eine Ausnahme gemacht?«

»Vielleicht nicht für mich, aber für ihn.«

»Du warst jünger, als ich dich zum ersten Mal traf«, sagte Thanatos, der offenbar erraten hatte, was mir durch den Kopf gegangen war.

»Das mag ja sein«, antwortete ich, »trotzdem will ich ihm den ganzen Murks ersparen, der mir widerfahren ist.«

Tod verzog das Gesicht. Er wirkte fast traurig. »Aber du hast das nicht zu entscheiden, nicht wahr? Das ist nämlich bereits geschehen.«

Ich hatte keine Lust, mit ihm darüber zu diskutieren. »Sag uns lieber, was es Neues gibt. Warum sollten wir herkommen?«

Tod wandte sich an alle. »Nun, wie ihr seht, gibt es einen Neuzugang in der Runde. Wang Chung ...«

»Chang«, sagte ich.

»Äh, genau«, sagte Tod, etwas aus dem Konzept gekommen.

Gemma verdrehte die Augen. »Wenn ihr mal mit eurem blöden Geplapper aufhören könntet und sagt, was los ist, wären wir anderen euch sehr dankbar. Ich zumindest fände es ganz nett zu erfahren, warum andauernd neue Leute dazukommen. Erst war ich allein, was ich ganz cool fand. Aber dann kamen der komische Typ und dann die Alte aus Russland dazu. Und nun auch noch ein Chinese, der offenbar nicht ganz rund läuft, und ein kleines Kind.«

Wang lächelte alle in der Runde an, als wolle er ihre Aussage bekräftigen.

»Das ist unter anderem einer der Punkte, über die ich reden will«, sagte Thanatos.

»Na, dann mach doch endlich«, legte Gemma nach.

»Everybody have fun tonight!«, sang ich laut, um die Stimmung zu lockern, auch wenn mir selbst nicht sehr nach Lachen zumute war. Ich erntete nur ratlose Blicke.

Tod sah mich verdrossen an. »Dein Humor trifft auf wenig Verständnis.«

»Zumindest war es passender als *Dance Hall Days*.«

Gemma stöhnte. »Was redet ihr da?«

Tod und ich sagten beide gleichzeitig: »Wang Chung.«

Wang sagte laut: »Chang!«

Gemma warf die Arme in die Luft. »Schluss jetzt!«

Pierre und Witalina wechselten einen Blick. Es war offensichtlich, dass sie Gemma nicht leiden konnten, aber zumindest schienen sie ihr darin zuzustimmen, dass es endlich weitergehen sollte.

»Um ganz ehrlich zu sein«, sagte Tod, »mir ist nicht ganz klar, weswegen es immer mehr werden.«

»Weißt du denn nicht alles?«, fragte Gemma.

»Wieso sollte ich alles wissen?«, erwiderte Tod.

»Na, du bist der verdammte Tod. Du weißt doch auch, wann jeder stirbt.«

»Aber deswegen weiß ich doch nicht alles Weitere!«

Während Tod und Gemma stritten und sich Witalina und Pierre dazugesellten, zupfte Tobi mich am Ärmel.

»Sind die immer so?«

Mir blieb nichts anderes übrig, als zu nicken.

»Dann will ich lieber nach Hause.«

»Ich weiß, dass es nicht ganz einfach ist, aber etwas müssen wir noch aushalten, ja?«

Tobi nickte.

Ich wandte mich wieder Tod zu. »Weshalb hast du uns denn nun herbestellt?«

Tod verzog das Gesicht. »Es haben sich viele Fragen bei deinen ... Kollegen ergeben. Ich dachte, dass du mir bei den Antworten vielleicht etwas unter die Arme greifen könntest.«

»Als ob ich mehr wüsste.«

»Aber zumindest kannst du in gewisser Weise aus Erfahrung sprechen.«

»Na, wenn du meinst.«

Tod wandte sich an die anderen. »Also, was wollt ihr sonst noch wissen?«

Nachdem er die Frage in jeder Sprache wiederholt hatte, plapperten die Kandidaten munter drauflos. Ich verstand sie zwar alle, aber ich hatte trotzdem Schwierigkeiten, die Fragen auseinanderzuhalten.

»Ich würde sagen, dass das mit der Fragerei wenig zielführend ist, wenn du jede Antwort dann noch mal für alle übersetzen musst, findest du nicht?«, fragte ich.

Tod überlegte kurz und stimmte mir zur. Kurz darauf erschienen geräuschlos fünf Doppelgänger von Thanatos vor uns. Pierre und Witalina erschraken sichtlich, Gemma fing sofort an zu meckern, weil sie nicht vorgewarnt worden war, während Wang und Tobi auflachten und begeistert in die Hände klatschten. Ich lächelte dem Chinesen freundlich zu und drückte meinen Sohn kurz an mich, weil ich stolz darauf war, wie entspannt er mit der ganzen Situation umging. Die fünf neuen Tode traten hinter die vier Todesnachfolger und Tobi, um sich dann wie geübte Simultandolmetscher vorzubeugen, während Thanatos in der Mitte stehen blieb.

»Das ist überhaupt nicht gruselig, dass sich der Tod von hinten über mich beugt«, sagte Gemma sarkastisch.

Tobi hingegen lächelte seinen persönlichen Tod an, der ihm zuzwinkerte.

Tod redete, und aus allen seinen Mündern kam eine andere Sprache, welche der der vor ihm sitzenden Person entsprach.

»Gemma hat gefragt, wann die Gaben denn endlich auch auf sie übergehen«, eröffnete Thanatos die Runde erneut. »Ich denke, dass ist eher eine Frage für dich, Martin.«

Als ich anfing zu sprechen, übersetzten die Tode simultan. Ich stockte kurz, weil mich die vielen Stimmen meines Freundes ein wenig durcheinanderbrachten. »Nun, ich ... also, ich konnte selber springen und mich aufteilen, da war ich achtzehn, wenn ich mich recht erinnere. Allerdings kannte ich da Tod schon elf oder zwölf Jahre.«

Gemma war verärgert. »Soll das heißen, dass ich noch zwölf Jahre warten muss, bis ich mich endlich selbst transportieren kann?«

»Ich weiß es nicht«, antwortete ich. »Ich schätze, das werden wir zu gegebener Zeit erfahren.«

Gemma stützte sich schmollend auf ihre verschränkten Arme.

Pierre schüttelte über sie den Kopf. »Das war wirklich eine tiefgehende Frage.«

Der Tod vor Pierre deutete an, dass er fortfahren sollte.

Dieser sagte: »Ich will wissen, was der Sinn des Lebens ist.«

Tod schnaubte. »Tun wir das nicht alle?«

Es war merkwürdig, das simultane Schnauben und die unterschiedlichen Sprachen in der gleichen Intonierung zu hören.

Pierre runzelte die Stirn. »Du weißt es also auch nicht?«

»Nein«, sagte Tod. »Ich schätze, dass man in der Rückschau auf sein Leben vielleicht eruieren kann, ob man etwas Sinnvolles damit angestellt hat.«

»Und? Hast du?«, fragte ich.

»Ich kann dazu nicht viel sagen«, räumte mein alter Freund ein. »Mein Leben war simpel, und viele Details habe ich hinter mir gelassen. Ich habe nichts Besonderes gemacht oder nichts, auf das man besonders stolz sein müsste, außer auf meine Kinder … auch wenn ich mich nur noch schemenhaft an sie erinnere, so leid es mir tut.«

Ich meinte, dass er dabei für einen Sekundenbruchteil zu Tobi und mir hinüberlinste, aber das bildete ich mir vermutlich nur sein.

»Im großen Weltgeschehen habe ich keinen bleibenden Eindruck hinterlassen, falls es das ist, was du unter Sinn des Lebens verstehst. Innerhalb von zwei Generationen erinnerte sich sogar aus meiner Familie niemand mehr an meinen Namen.«

Pierre sah enttäuscht aus.

Tobi sprach leise, so dass ihn fast niemand hörte. »Unter Umständen war dein persönlicher Sinn des Lebens lediglich, der Nachfolger des damaligen Todes zu werden.«

Der Tod, der hinter Tobi stand, gab ein fast unmerkliches »Hm« von sich, und als ich mich zu ihm umdrehte, sah ich, wie er eine Braue hob. Plötzlich fragte ich mich, was für einen Sinn denn mein eigenes Leben hatte. War es der Junge, der neben mir auf dem Holz saß, oder die Tatsache, dass ich Tods Nachfolger werden sollte?

Gemma schaltete sich wieder ein und unterbrach meinen Gedankengang. »Und das soll bei uns auch so sein? Ich will nicht einfach so vergessen werden. Wenn ich sterbe, sollen sich die Menschen noch in hundert Jahren an mich erinnern! Am besten als Wirtschaftsgröße wie ... wie Steve Jobs zum Beispiel.«

»Ist Steve Jobs tot?«, fragte Pierre.

»Erst nächstes Jahr«, sagte Tod, woraufhin Gemma erschrocken die Hand vor den Mund hielt.

»Spoiler-Alarm!«, rief ich und erntete daraufhin mal wieder skeptische Blicke.

»Das ist alles Blödsinn«, sagte Witalina. »Der Sinn des Lebens ist nicht, irgendwas Bedeutsames gemacht zu haben. Es ist einfach nur Fortpflanzung.«

»Und du hast dich ... *fortgepflanzt?*«, fragte Gemma in einem Ton, der klarmachte, dass sie das arg bezweifelte.

»Nein, ich hatte nie Zeit für Kinder«, sagte Witalina.

»Also hältst du dein Leben selbst für sinnlos?«, hakte Gemma nach.

»Ich habe zwar keine Kinder, aber ich habe unterrichtet. Und meine Studenten machen dann die Welt besser, weil ich ihnen geholfen habe.« Witalina schaute stolz in die Runde, und auch wenn aus ihr in diesem Moment sicher kein Victoria's-Secret-Angel wurde, hatte ich das Gefühl, dass sie auf einmal viel weniger bedrohlich wirkte als sonst.

»Aha«, sagte Gemma und verzog das Gesicht.

Tobi schaute mich an. »Papa, was ist denn nun der Sinn des Lebens?«

»Ich weiß es nicht, Knöpfchen. Ich glaube, dass der Sinn vielleicht einfach nur darin liegt, ein erfülltes Leben gelebt zu haben. Wenn diese Erfüllung darin besteht, möglichst viele Kinder in die Welt zu setzen, okay. Wenn die Erfüllung darin besteht, ein großes Musikstück zu komponieren, anderen Menschen zu helfen oder möglichst viel Geld zu machen, auch gut. Selbst wenn man sein Glück darin findet, für andere die Straße zu kehren, ist das wohl in Ordnung, denke ich. Wenn man selbst damit zufrieden ist, was man getan und geleistet hat, war es wohl nicht sinnlos.«

Tod übersetzte, und die anderen schauten mich an.

»Aber ich habe keine Ahnung, also insofern ... was weiß ich schon davon?«

Gemma murmelte vor sich hin. Tod übersetzte es nicht, aber ich konnte hören, dass sie bezweifelte, dass es überhaupt irgendwen auf der Welt gäbe, der wirklich zufrieden ist. Ich ging nicht weiter darauf ein, weil ich keine Lust hatte, mich mit ihr länger als nötig zu unterhalten. Sie wurde mir mit der Zeit nicht sympathischer.

Tobi hielt die Hand hoch und sah Tod an. Der lächelte milde wie ein gutmütiger Lehrer und sagte dann mit seiner tiefen Stimme: »Junge, sag doch einfach, wenn du eine Frage hast.«

Tobi nahm die Hand herunter. »Aber es ist unhöflich, einfach so durcheinander zu reden. Deswegen wollte ich mich melden.«

Ich gebe zu, es war nur eine kleine Sache, aber in diesem Moment wollte ich fast platzen vor Stolz. Mein Sohn bewies mehr Anstand als die anderen Kandidaten.

»Was ist deine Frage?«

»Ich habe zwei Opas und eine Oma im Himmel. Sehe ich die wieder, wenn ich deinen Job übernehme?«

Tod warf mir einen skeptischen Seitenblick zu. Ich konnte nur mit der Schulter zucken.

»Das tut mir leid, Junge. Deine Großeltern wirst du nicht wiedersehen. Zumindest nicht in deiner Funktion als Tod.«

»Willst du damit sagen, dass es kein Leben nach dem Tod gibt?«, fragte Pierre.

»Habe ich nicht schon einmal erwähnt, dass ich das nicht beantworten kann, weil es mir unbekannt ist?«

Ganz zaghaft meldete sich Wang, den ich und alle anderen schon fast vergessen hatten, und nun schauten wir alle plötzlich zu ihm hin.

»Was ist deine Frage, Wang Chung?«

»Chang!«, rief ich und hörte, wie alle sechs anwesenden Tode stöhnten.

Wang lächelte. »Ich wollte eigentlich nur fragen, ob ich vielleicht eine Tasse Tee bekommen könnte.«

KAPITEL 16

WINGARDIUM LEVIOSA

Tod beantwortete noch ein paar weitere Fragen, aber nachdem Tobi mehrmals stark gegähnt hatte und kurz an meinem Arm eingenickt war, verabschiedete ich mich und brachte uns nach Hause, obwohl meine eigenen Fragen, wie es mit Tobi weitergehen sollte und was das statische Rauschen in der Vision zu bedeuten hatte, noch gar nicht zur Sprache gekommen waren.

Tobi hielt sich den Bauch, nachdem wir wieder im Wohnzimmer angekommen waren. Ihm war offenbar schlecht, aber er schaute zu mir hoch und zeigte mir den aufgerichteten Daumen. Ich lächelte ihn an, aber dann sah er abrupt an mir vorbei und war abgelenkt.

»Ich hab schlecht geschlafen!«, sagte Tobi zur Wohnzimmertür schauend.

Als ich seinem Blick folgte, sah ich Anja mit gerunzelter Stirn und verschränkten Armen im Durchgang stehen.

Ich versuchte zu erklären: »Er kam mitten in der Nacht an und meinte, ihm wäre schlecht, deswegen ...«

»Hast du ihn ins Wohnzimmer statt ins Bad gebracht?« Anja klang nicht, als würde sie mir das abkaufen.

»Ja, das war vielleicht nicht die cleverste Idee. Aber jetzt geht's ihm ja wieder gut, insofern können wir alle zurück ins Bett gehen.«

»Und weil ihm so schlecht war, musstet ihr euch beide eure Sachen anziehen, denn im Schlafanzug wäre das vermutlich nicht gegangen.«

Verdammt.

»Und den Sand an Tobis Schuhen kannst du vermutlich auch mit seiner Übelkeit erklären«, fuhr Anja fort.

»Ja … äh … also, das ist so …« Ich schrumpfte innerlich vor ihrem inquisitorischen Blick zusammen und sah hilfesuchend zu meinem Sohn hinunter. Der riss wie aufs Stichwort die Hand vor den Mund und rannte an seiner Mutter vorbei ins Bad, um in die Kloschüssel zu kotzen.

»Ich sagte doch, ihm war schlecht«, war mein Versuch einer Ablenkung, aber Anja schüttelte nur den Kopf und folgte dann Tobi ins Bad.

Ich zog mir wieder meinen Schlafanzug an und wartete auf der Couch, da ich im Bad niemandem helfen konnte. Anja erinnerte Tobi daran, dass er seine Zähne erneut putzen musste, und war drauf und dran, ihn ins Bett zu schicken, als sie sich eines Besseren besann und ihn ans andere Ende der Couch schickte, während sie im Sessel Platz nahm.

»Also«, sagte Anja zu Tobi, »was ist passiert?«

Tobi schaute zu mir, aber Anja ermahnte ihn, dass er sie und nicht mich angucken sollte.

»Mir war schlecht«, sagte er kleinlaut.

»Und davor?«

»War mir nicht schlecht.«

Ich lächelte, weil das so eine schöne ausweichende Antwort war.

Anja hakte nach. »Ich meinte, wo wart ihr davor?«

»Das kann ich nicht sagen.« Sein Kopf zuckte, als er erneut zu mir schauen wollte, aber sein Blick blieb auf Anja gerichtet.

»Aber ihr seid doch irgendwo hingegangen, richtig?« Sie sprach ganz lieb zu ihm.

»Äh«, stammelte Tobi. »Eigentlich nicht.«

Ich lächelte erneut, denn genau genommen waren wir ja wirklich nicht gegangen.

»Tobi«, sagte Anja jetzt ernst.

»Es ist wegen einer Überraschung!«, platzte es aus ihm heraus.

»Was für eine Überraschung?«, fragte Anja.

»Darf ich nicht sagen.«

»Papa hat dir das so gesagt?«

Er nickte.

Anja sah mich böse an. »Hast du ihm beigebracht, so ausweichend zu antworten? Das ist ja nicht zum Aushalten!«

»Nein, habe ich nicht«, verteidigte ich mich.

Anja sprang plötzlich auf und lief durchs Zimmer. »Ich bin wach geworden und bemerkte, dass du nicht im Zimmer warst. Als ich rauskam, war Tobis Tür auf und er war ebenfalls nicht da. Dein Handy lag auf dem Nachttisch, also konnte ich nicht anrufen und nachfragen, wo ihr steckt. Ich bin eine halbe Stunde durch die Wohnung getigert und habe mich gefragt, wo ihr seid und was zum Teufel eigentlich vor sich geht. Und dann drehe ich mich um, und ihr steht auf einmal vor mir.«

Ich hatte keine Ahnung, wie ich ihr das mit dem plötzlichen Wiederauftauchen erklären sollte.

»Bitte trennt euch nicht wieder!«, rief Tobi plötzlich.

Anja hockte sich vor ihn hin. »Davon redet doch gar keiner. Ich will nur wissen, wo ihr wart.«

Tobi wirkte aufgewühlt. »Papa hat gesagt, dass du das nicht verstehen würdest.«

»Ich würde was nicht verstehen?«

Unser Sohn sah zu mir herüber, aber ich hatte auch keine bessere Idee, was man Anja hätte sagen können. Natürlich hätte ich vorgeben können, eine Affäre zu haben, nachts Banken auszurauben oder als Superheld dem Verbrechen in der Hauptstadt Einhalt zu gebieten. Aber das hätte nicht erklärt, wieso ich Tobias dazu mitnahm. Oder warum wir aus heiterem Himmel wieder auftauchten.

Der Moment zog sich wie Gummi. Ich hatte Anja oder Tobi nie in mein Dasein als Nachfolger des Todes hineinziehen wollen. Das hatte natürlich vor allem damit zu tun, dass ich sie nicht mit der Information belasten wollte, dass ich in Kürze sterben würde. Insofern hatte ich mir selbst geschworen, nie ein Wort darüber zu verlieren oder es in irgendeiner Form zu zeigen, zum Beispiel, indem ich mit ihnen ans andere Ende der Welt sprang. Aber ich starb nicht mehr. Zumindest nicht in absehbarer Zeit, hoffte ich. Und ich war wahrscheinlich nicht mehr der Nachfolger des Todes. Diese Gedanken – und das Fehlen einer plausiblen Erklärung – ließen mich eine Entscheidung treffen.

Ich sah Tobi auffordernd an. »Sag's ihr. Sag ihr, wo wir waren.«

Tobi hatte offenbar Angst, dass die Wahrheit seine Mutter und mich auseinanderbringen könnte. Zaghaft berichtete er, dass wir auf einer Insel waren.

»Was für eine Insel?«, fragte sie verwirrt.

»Wir waren auf den Azoren, um ganz genau zu sein«, führte ich fort. »Entschuldige, wenn ich die Insel nicht so genau benennen kann, aber tatsächlich habe ich in all den Jahren, die ich sie bereits besucht habe, nie darüber nachgedacht, mal einen Namen nachzuschlagen.«

»Da waren ganz merkwürdige Leute«, sagte Tobi.

»Auf den Azoren?«, fragte Anja immer noch verwirrt.

»Zu den Leuten kommen wir vielleicht später«, unterbrach ich. »Ich nehme an, dass die Tatsache, dass wir auf den Azoren waren, schon merkwürdig genug ist.«

»Wollt ihr mich verarschen?«, fragte Anja, und Tobi zog hörbar die Luft ein, weil sie ein schlimmes Wort verwendet hatte. »Ach, tu doch nicht so«, sagte sie zu ihm, »ich hab doch selber schon gehört, wie du einen aus deiner Klasse Arschloch genannt hast.«

Ich rieb mir die Schläfe. »Wenn wir die feineren Semantikfragen mal beiseite lassen und uns auf das konzentrieren, was du eigentlich wissen willst, nämlich ob wir dich anlügen, dann können wir beide ehrlich sagen, dass wir das nicht tun.«

»Was sprichst du denn so geschwollen?«

»Ich wollte einfach verhindern, dass wir Tobi dazu anstiften, noch mehr solche Worte zu sagen.«

»Okay«, sagte Anja, die statt besorgt und ärgerlich nun verwirrt wirkte. »Aber wie seid ihr auf die Azoren gekommen? Wenn du nicht gerade Harry Potter bist, wirst du da ja wohl kaum hinappariert sein, oder?«

Ich stutzte. »Irgendwie habe ich eine andere popkulturelle Referenz erwartet. Wie auch immer. Ja, doch, das haut ungefähr hin.«

»Was?« Anja wusste nun gar nicht mehr, was los war.

Tobi sprang auf und sah plötzlich putzmunter und fröhlich aus. »Zeig's ihr, Papa! Zeig's ihr!«

Ich stellte mich hin und half ihr auf. »Wo wolltest du schon immer mal hin?«

»Auf den Mount Everest«, sagte Anja und schob zaghaft hinterher: »Trotz meiner Höhenangst.«

»Das ist etwas zu kalt, würde ich denken. Außerdem kriegt man da kaum Luft. Und zeitlich ist es vermutlich auch gerade ungünstig.«

»Du sprichst, als wärst du schon mal da gewesen.«

»Genau genommen war ich schon fast überall.«

»Was?«

»Okay, ich weiß was. Gib mir deine Hand. Tobi, du auch. Ich schätze, wir machen einen kleinen Familienausflug.«

Tobi lächelte und ergriff meine Hand. So nervös, wie er früher am Abend gewesen war, war nun Anja.

»Bleibt dicht bei mir«, sagte ich.

Als sich die Welt um uns herum wieder zusammengefügt hatte, standen wir kurz vor einer Steinkante, und ich zog Anja, die beinahe gefallen wäre, an mich heran.

Sie machte große Augen, dann dicke Backen und übergab sich über den Rand.

»Oh, mir ist so schlecht«, sagte sie.

»Tut mir leid, ich hätte dich warnen sollen. Aber sieh es mal so: Vermutlich bist du die erste Person, die von der Spitze der Cheops-Pyramide gekotzt hat.«

»Von der ... was?«

Sie wischte sich gedankenverloren den Mund ab und sah dann hinab. Die großen Steinblöcke der Pyramide unter uns waren angestrahlt, wie auch die der anderen Pyramiden daneben. Die Lichter von Kairo wirkten, als zwinkerten sie uns zu, und selbst in der Dunkelheit konnte man die abrupte Grenze zwischen dem grünen Streifen am Nil und der Wüste wunderbar erkennen.

»Whoa!«, machte Tobi und setzte sich auf die Kante, die nicht von Anja getroffen worden war und von der er problemlos die Füße baumeln lassen konnte.

Anja klammerte sich plötzlich an mich, vergrub ihr Gesicht an meiner Schulter und wiederholte andauernd. »O Gott, ist das hoch!«

»Gerade eben wolltest du noch auf den Everest. Dagegen ist das doch ein Witz.«

»Da hab ich auch noch nicht gewusst, dass du der verfluchte Harry Potter bist!«, platzte es aus ihr heraus. »Und kalt ist es auch!«, rief sie einige Sekunden später.

»Ein bisschen windig vielleicht. Und auf dem Everest …«

»Scheiß auf den Everest«, sagte Anja kurz angebunden. »Bring uns hier wieder runter.«

»Runter im Sinne von runter oder …«

»Weg. Bring uns wieder nach Hause!«

»Kann ich nicht noch etwas hier bleiben?«, fragte Tobi. »Das sieht so schön aus.«

Kurz darauf waren wir zurück im Wohnzimmer, und Anja ließ sich in den Sessel plumpsen. Sie sagte nichts, aber ihr Gesichtsausdruck sprach Bände.

Ich brachte Tobi ins Bett und versprach ihm, dass wir die Pyramiden irgendwann noch einmal besuchen würden, während ich ihn zudeckte.

»Ich will wissen, ob da Mumien drin sind«, sagte er.

»Schon lange nicht mehr«, erwiderte ich. »Aber vielleicht gehen wir trotzdem mal hinein. Das ist ziemlich beeindruckend, aber auch sehr, sehr warm.«

Ich wünschte ihm eine gute Nacht, löschte das Licht in seinem Zimmer und gesellte mich wieder zu Anja, die unverändert mit offenem Mund im Sessel saß.

»Du siehst nicht so aus, als wäre dir vom Sprung schlecht«, sagte ich. »Du machst eher den Eindruck, als hättest du gerade einen Elefanten gesehen, der Akkordeon spielt.«

Anja sah erschrocken an. »Du musst an deinen Metaphern arbeiten.«

»Scheint so.«

Sie musterte mich und sagte dann fassungslos: »Du kannst zaubern.«

Ich setzte mich ihr gegenüber hin. »Ich kann definitiv nicht zaubern. Ich kann kein Häschen auf dem Tisch erscheinen lassen und nicht durch ein Fingerschnippen dafür sorgen, dass der Schrank verschwindet.«

»Aber du hast uns einfach so nach Ägypten gebracht.«

»Das ... ich kann mich quasi überallhin teleportieren, oder apparieren, wenn du so willst. Das hat einen bestimmten Grund. Ich glaube aber nicht, dass wir das mitten in der Nacht diskutieren sollten.«

»Du glaubst, dass ich nach der Info, dass du ein Magier oder Hexer oder was auch immer bist, in Ruhe schlafen kann? Ich muss das erst mal verarbeiten!«

Ich nahm ihre Hand. »Ich bin nichts dergleichen. Aber ich verspreche dir, dass ich es dir morgen in Ruhe erkläre.«

Wir gingen ins Schlafzimmer und legten uns hin. Im Mondlicht, das durch die Jalousien fiel, konnte ich erkennen, dass Anja mit offenen Augen dalag und an die Decke starrte. Ich nahm ihre Hand und sah sie an.

Sie dachte vermutlich genauso viel nach wie ich. Wenn auch nicht über die gleichen Dinge. Während sie dachte, dass sie mit Zauberern zusammenlebt, grübelte ich darüber, ob es richtig war, sie in das Geheimnis einzuweihen. Gewollt hatte ich es schon immer, aber es war mir kontraproduktiv erschienen. Viele Jahre lang wusste ich nicht, ob überhaupt etwas aus uns würde. Und nachdem es dann so weit war, schien es komisch, sie damit zu konfrontieren. Nachdem ich wusste, dass ich in absehbarer Zeit sterben würde, wäre es mir grausam vorgekommen, sie damit zu belasten. Jetzt war die Situation eine komplett andere. Außerdem war unser gemeinsamer Sohn betroffen, und ich hatte nicht vor, sie in Unkenntnis zu lassen, wenn es um seine Zukunft ging.

KAPITEL 17

FAMILIENRUNDE

Abgesehen von einem »Guten Morgen« war Anja recht wortkarg am Frühstückstisch. Jeder Bissen Toast, den Tobi oder ich aßen, unterbrach laut knirschend die unangenehme Stille. Wir verbrachten einige Minuten schweigend am Tisch, in denen Tobi ängstlich zwischen seiner Mutter und mir hin und her blickte, bis sie sich schließlich zurücklehnte und fragte: »Ich habe mir das letzte Nacht nicht eingebildet, oder? Ich hatte Sand an meinen Schlafanzughosen. Ist der wirklich aus Ägypten?«

Ich nickte.

»Ich habe also wirklich auf eine Pyramide gekotzt?«

»Nun ... ja, schon.«

Sie sah Tobi an. »Und du wusstest, dass er das kann?«

»Aber noch nicht lange!«, sagte er.

»Das stimmt«, bestätigte ich. »Er weiß es auch erst seit gestern.«

Anja beugte sich vor. »Warum hast du uns nicht schon früher davon erzählt? Das ist doch eine großartige Sache, wenn man von einem Moment zum nächsten irgendwo hinreisen kann. Wir bräuchten ja kein Auto mehr, was bei der Parkplatzsituation in der Stadt ein echter Vorteil wäre.«

»Das ist praktisch gedacht, aber doch etwas problematisch in der Realität.«

»Wir kämen auf dem Rummel überall umsonst rein!«, rief Tobi begeistert.

»Ja, das könnte man wohl machen, aber stell dir mal vor, man taucht da plötzlich vor irgendwem mitten in der Reihe auf. Die würden sich doch ganz schön erschrecken, meinst du nicht? Oder sich beschweren, dass man sich vorgedrängelt hat.«

Darüber musste Tobi nachdenken.

Anja hingegen schaute mich durchdringend an. »Du könntest auch irgendwo in einer Bank auftauchen und den Tresor ausräumen.«

»Das wäre theoretisch auch möglich«, sagte ich. »Aber hältst du mich wirklich für einen Menschen, der so etwas tut? Oder würdest du dir gar wünschen, dass ich so ein Mensch wäre?«

»Natürlich nicht«, sagte sie.

»Gut.«

Wir schwiegen einige Sekunden lang, bis Anja weiterfragte: »Wenn du es niemandem sagen wolltest, weswegen hast du dann Tobi eingeweiht?«

»Weil es sein könnte, dass Tobi das irgendwann auch kann. Tatsächlich war ich gestern Nacht deswegen mit ihm weg.«

»Wir haben den Tod gesehen!«, rief Tobi.

Ich wünschte, er wäre nicht mit der Tür ins Haus gefallen, aber es war nun einmal passiert.

»Den Tod?«, fragte Anja.

»Der Grund, weswegen ich diese Gabe habe, hat damit zu tun, dass ich den Tod sehen kann.«

»Wenn ihr vom Tod sprecht, dann meint ihr ...«

»Den leibhaftigen Tod. Gevatter Tod. Den Sensenmann. Auch wenn er keine Sense, sondern einen Kescher benutzt.«

»Du willst mir weismachen, dass es irgendwo einen Typen gibt, der rumrennt und die Seelen von Leuten einsammelt, die gerade gestorben sind?«

»Schätze, ich hätte es nicht besser formulieren können.«

Sie schüttelte ungläubig den Kopf. »Und was gibt es noch? Einhörner? Drachen? Den Osterhasen?«

»Also bei Einhörnern und Drachen bin ich mir nicht ganz sicher ...«

Anja schaute skeptisch. »Bist du in irgendeine Sekte eingetreten, und ich hab nichts davon gemerkt?«

»Sektenmitglieder haben in der Regel keine übernatürlichen Fähigkeiten. Die verschwinden nicht irgendwo und tauchen dann im nächsten Moment woanders wieder auf. Sie sind wahrscheinlich auch nicht auf du und du mit dem Tod oder können alle Sprachen fließend. Außer Tom Cruise vielleicht. Der würde bestimmt sagen, er kann alles. Er macht ja auch alle seine Stunts selber.«

»Was redest du denn da?«

Ich seufzte. »Um deine Frage zu beantworten: Nein, ich bin in keiner Sekte. Aber ich war dafür vorgesehen, den Tod zu ersetzen, weswegen ich jetzt bestimmte Kräfte habe, die sonst keiner hat.«

»Du solltest den Tod ersetzen?«

»Ja, nach meinem eigenen Tod. Letztes Jahr.«

»Was?«, stieß sie hervor.

Anja war immer noch perplex, und auch Tobi schaute mich nun verwundert an.

Ich versuchte so ruhig wie möglich alles zu erklären. »Letztes Jahr, als ich den Unfall hatte, sollte ich eigentlich sterben und die Aufgaben des Todes übernehmen. Und wenn man es genau nimmt, bin ich auch gestorben. Aber dann hat Thanatos, so nennt der Tod sich, es sich anders überlegt.«

»Was?« Anja schaute immer verwirrter.

»Also noch viel deutlicher kann ich es eigentlich nicht ausdrücken.«

»Du warst tatsächlich tot?«

»Viel toter geht's nicht.«

Tobi und Anja starrten mich an.

Ich verzog das Gesicht und sagte dann unsicher: »Ist jetzt der richtige Zeitpunkt, um euch zu sagen, dass ich schon vorher wusste, dass mir das passieren würde?«

Anja schüttelte den Kopf. »Kannst du das Ganze vielleicht der Reihe nach erklären?«

Ich sah ein, dass es unverständlich war, weil ich nicht chronologisch erzählt hatte. Durch Anjas Entdeckung hatte es sich so ergeben, dass ich mit der Erklärung am Ende angefangen hatte. Es war praktisch so, als würde ich Tobi das Fahrradfahren beibringen, indem ich ihn von einem Berg herunterschubste, ohne ihm vorher die Bremsen zu erklären. Es war klar, dass man dann auf der Nase landet.

Ich schilderte ihnen, wie ich zum ersten Mal den Tod gesehen hatte, mit ihm um die Welt gereist war und die ersten seiner Fähigkeiten auf mich übergegangen waren. Wie er mir sagte, dass ich sein Nachfolger werden sollte und ich das ablehnte, nur um ihm eins auszuwischen. Wie ich sah, dass mein Vater sterben sollte. Wie ich meinen eigenen Tod voraussah.

Anja hatte die ganze Zeit gespannt zugehört und saß vorgebeugt am Tisch. »Du hast gewusst, dass du sterben wirst, bevor wir geheiratet haben? Bevor du wusstest, dass ich mit Tobi schwanger war?«

Ich nickte.

»Wolltest du deswegen kein weiteres Kind?«

Ich nickte erneut.

Sie ließ sich nach hinten fallen und hielt sich eine Hand vors Gesicht. »Unsere Ehe ist kaputtgegangen, weil du wusstest, dass du sterben wirst.«

Es war keine Frage, sondern eine Feststellung.

Ich war froh, dass ich es nicht näher erläutern musste. Und es war ein Zeichen, dass die Entscheidung, mit Anja zusammen zu sein, die richtige war. Ich hatte schon immer ihren scharfen Verstand geliebt, und sie hatte ihn wieder einmal bewiesen.

»Du hast nur vorausschauend gedacht. Und ich hab mich aufgeführt wie ein Arschloch«, sagte sie kopfschüttelnd.

Tobi zog die Luft ein.

»Ja«, wandte ich mich an ihn, »Mami hat wieder ein schlechtes Wort gesagt. Das beachten wir jetzt nicht weiter.« Ich sah zu Anja. »Du konntest ja nicht ahnen, was in mir vorgeht, insofern kannst du nichts dafür. Zumal ja eine ganze Kette von unglücklichen Umständen dazu geführt hat, dass wir uns getrennt haben.«

»Aber war das nicht schrecklich für dich?«

»Was soll ich dazu sagen? Schrecklich vielleicht nicht, aber ich bin auch nicht lustige Lieder singend um die Häuser gezogen. Was hast du denn gedacht, wie es mir damals ergangen ist? Schlimm war es doch so oder so.«

Sie schwieg.

»Papa«, fragte Tobi, »wenn ich und die anderen von der Insel nun den Tod ersetzen sollen, heißt das, dass ich vorher sterben muss?«

Nun starrten mich beide an – Tobi eher neugierig als beunruhigt, Anja komplett entsetzt –, und die Schwere, die ich seit dem Moment gefühlt hatte, in dem Tobi mir sagte, dass er den Tod gesehen hatte, kehrte in meine Knochen zurück. In gewisser Weise war ich stolz auf ihn, weil er aufgepasst hatte und selber zu einer logischen Schlussfolgerung gekommen war. Einfacher machte es die Situation aber nicht.

»Ja, das heißt es«, sagte ich resignierend.

»Tobi muss sterben?«, rief Anja entsetzt.

»Nicht jetzt!«, rief ich erklärend. »Dann, irgendwann.«

»Was heißt das? Wann?«

Ich zuckte hilflos mit den Schultern. »Ich habe keine Ahnung.«

»Ich denke, du kannst die Tode der Leute voraussehen. Dann musst du doch wissen, wann dein Sohn sterben soll«, sagte Anja hektisch.

»Generell stimmt das schon, aber bei ihm ist das etwas schwierig«, versuchte ich zu erklären. »Wenn ich seinen Tod sehen will, kommt nur so etwas wie statisches Rauschen.«

»Also kannst du nicht die Tode von *allen* Leuten vorhersehen?«

»Doch, schon. Nur ... nur bei Tobi funktioniert es gerade nicht.«

Sie sah mich durchdringend an. Ich ahnte schon, was jetzt folgen würde, und hoffte, dass sie mir diese eine Frage nicht stellen würde.

Aber natürlich tat sie es.

»Wie sterbe ich?«, fragte sie.

Ich seufzte tief, bevor ich antwortete: »Das willst du nicht wissen.«

Sie machte ein erschrockenes Gesicht. »Ist mein Tod so schrecklich?« Sie hielt sich die Hand vor den Mund.

»Nein, so meinte ich das nicht. Ich meine nur, dass man, also auch du, nicht vorher wissen will, wie man umkommt. Ich hab damals bei mir selbst geschaut – und ich kann nicht behaupten, dass mich das beruhigt hätte.«

»Aber du weißt, wie ich umkomme?«

Tatsächlich wusste ich das nicht. Damals, als der Tod mir sagte, dass ich mit einem Todesfall in der Familie rechnen müsste, hatte ich mir nur die Visionen meiner Eltern angesehen. Und was ich bei meinem Vater sah, hatte mir schon genug Angst gemacht, so dass ich es bei nahestehenden Personen und Anja im Besonderen gar nicht weiter ausprobieren wollte. Natürlich hatte ich darüber in Bezug auf Anja mehrere Male nachgedacht, hatte aber nicht vor, mich diesem Schmerz hinzugeben, denn ich war mir sicher, dass es mich langsam, aber sicher verrückt machen würde. Es würde schon eines merkwürdigen Menschen bedürfen, der sich mehrmals das Äquivalent eines Videos anschaut, in dem seine Frau stirbt.

»Nein«, beantwortete ich ihre Frage. »Und bitte zwing mich nicht dazu, mir das ansehen zu müssen.« Auf einmal fielen mir meine Schwiegereltern ein. Mein Magen krampfte sich zusammen. Was, wenn Anja mich nun fragte, ob ich gewusst hatte, dass Ursula und Rolf nach unserem Streit in ihr Verderben fuhren? Was, wenn ich ihr gestehen müsste, dass ihre Eltern tatsächlich wegen mir gestorben waren?

Aber zum ersten Mal seit langer Zeit hatte ich das unglaubliche Glück, dass Anja nicht auf das Offensichtliche kam, weil sie immer noch abgelenkt war.

»Ich soll dir also einfach glauben, dass du die Tode von Menschen voraussehen kannst? Oder den Tod selbst?«

Ich sah sie schief an, denn ich wusste, dass sie diese Frage nach allem, was ich ihr bereits verraten hatte, unmöglich ernst meinen konnte. »Tobi hat ihn auch gesehen. Und nachdem ich dir gezeigt habe, dass ich einfach irgendwohin auf der Welt springen kann, glaubst du mir nicht, wenn ich so etwas sage?«

Sie nickte, akzeptierte. »Schon gut. Das ist bloß …«

»Schwer zu glauben?«

»Ja.«

»Und Tobi …«

Ich schluckte schwer. »Ja.«

Sie wischte sich über die Stirn. »Ich weiß nicht, wie ich mit dieser Information umgehen soll.«

»Vielleicht solltest du sie erst einmal in Ruhe verarbeiten«, sagte ich so sanft wie möglich. »Hinnehmen müssen wir es so oder so.«

Sie schaute Tobi an. »Dass er stirbt?«

»Dass wir alle sterben«, sagte ich.

Tobi schaute zwischen uns hin und her. »Ich will aber nicht, dass irgendwer stirbt.«

»Das ist völlig in Ordnung. Dennoch wirst du einsehen müssen, dass auch irgendwann deine Mutter und ich nicht mehr da sind. Und du ebenfalls. Aber bis dahin ist hoffentlich noch viel Zeit.«

Anja saß einen Moment schweigend da, bevor sie die nächste Frage stellte. »Aber warum kann Tobi nun den Tod sehen? Und er soll der Nachfolger werden, so wie du? Ist das irgendwie genetisch? Ist der Tod ein früherer Verwandter von dir?«

Der Gedanke war mir bis dahin gar nicht gekommen. Ich schätze, dass es rein theoretisch schon möglich gewesen wäre, dass Thanatos mein Ur-Ur-Ur-Ur-Ur-Ur-Ur-Urgroßvater war. Oder irgendwas mit noch ein paar mehr Urs davor. Wahrscheinlicher aber war er der Ur-Schwippschwager meiner Ur-Großcousine, mütterlicherseits angeheiratet, die seine Kinder mal aus der Ferne gesehen hat. Mit anderen Worten: Ich bezweifelte stark, dass er in irgendeiner Form in meinem Familienstammbaum auftauchte. Vor allem aus einem ganz einfachen Grund.

»Ich glaube nicht«, sagte ich. »Da Tobi und ich nicht die Einzigen sind, die ihn sehen können, und die, die es können, über die ganze

Welt verteilt sind, halte ich einen genetischen Zusammenhang für unwahrscheinlich.«

»Aber er soll ein Nachfolger des Todes werden?«

Sie schaute mich entgeistert an. Ich konnte es ihr nicht übel nehmen, denn irgendwie schienen sich die schlimmen Informationen zu häufen.

»Die anderen und ich sollen zusammenarbeiten«, rief Tobias begeistert. »Allerdings sind die zum Teil echt komisch.«

Seine Mutter beruhigte das nicht. »Und was sind das für Leute?«, fragte sie.

»Andere, aus aller Herren Länder, die ebenfalls den Tod sehen können. Wir haben eine Kanadierin, eine Russin, einen Haitianer und einen Chinesen. Und Tobi. Bis jetzt.«

»Bis jetzt?«

Ich zögerte. »Ich bin mir nicht sicher, ob es dabei bleibt. Aber wir gehen davon aus, dass sie alle den Tod ersetzen sollen. Wenn es dann so weit ist.«

»Und wann ist es so weit?«

Die Frage stellte mich vor ein neues Rätsel. Bisher war klar gewesen, dass ich nach meinem Tod die Rolle übernehmen sollte. Aber es schien sehr unwahrscheinlich, dass fünf Leute, die auf verschiedenen Kontinenten zu Hause und unterschiedlichen Alters waren, im gleichen Moment versterben.

»Ich ... hab keine Ahnung.«

»Kommt es mir nur so vor, oder weißt du eine ganze Menge nicht, wenn es darum geht, was da gerade mit deinem Sohn geschieht?« Es war weniger ein Vorwurf als eine Sorge.

Ich hob die Hände und ließ sie gleich wieder fallen.

Anja atmete tief durch und wurde dann resolut. »Du nimmst Tobi nicht mehr zu irgendwelchen Treffen mit, bei denen der Tod oder diese anderen Leutchen anwesend sind. Das ist dir klar, oder?«

»So einfach ist das nicht.«

Anja schüttelte den Kopf. »Doch, ist es. Außerdem ist es gefährlich. Wenn man zum Beispiel plötzlich auf der Spitze einer Pyramide auftaucht, fällt man vielleicht herunter.«

»Es ist doch nichts passiert.«

»Aber hätte es! Du kannst mir doch nicht erzählen, dass es eine gute Idee ist, wenn man sich ständig mit dem Tod beschäftigt. Tobi ist erst sieben!«

»Ich bin fast acht!«, warf mein Sohn ein, aber natürlich brachte es nichts.

»Früher oder später wird er sich damit auseinandersetzen müssen«, sagte ich.

»Das mag ja sein.« Anja stand demonstrativ auf und räumte den Tisch ab, damit sie das letzte Wort behielt: »Aber er wird es *später* tun.«

KAPITEL 18

MERKWÜRDIGE FRAGEN

Die folgenden Abende teleportierte ich mich immer wieder auf die Azoren. Ich hatte aber nicht das Glück, Tod an unserem alten Treffpunkt vorzufinden.

Anja bekam durchaus mit, dass ich nächtens verschwand, aber nachdem sie mir noch einmal eingeschärft hatte, Tobi herauszuhalten, ignorierte sie meine weiteren Versuche, Tod zu kontaktieren. Allerdings war ihr Umgang mit der Tatsache, dass ich ihn kannte und ein paar seiner Fähigkeiten besaß, nicht ganz konsequent.

Etliche Tage nach unserem kurzen Trip zu den Pyramiden sprach sie mich indirekt auf das Thema an, als wir beide auf der Couch lagen und ich etwas lesen wollte.

»Wir sollten irgendwo hinfahren«, sagte Anja. »Vielleicht nur für ein paar Tage. Wir könnten das alles hinter uns lassen und ein wenig auf andere Gedanken kommen.«

»Das alles?«

»Na, die Sache mit dem Tod und so.«

»Wir haben doch darüber geredet. Das ist finanziell nicht der beste Zeitpunkt.«

»Jaaaaaaa«, erwiderte sie, als sollte nun eine längere Erklärung folgen.

Ich war skeptisch. »Hattest du etwas Bestimmtes im Sinn?«

»Irgendwas mit einem schönen Strand.« Das klang, als würde sie sich etwas Romantisches vorstellen.

»Die Ostsee?«, fragte ich trocken, wohlwissend, dass sie die nicht gemeint hatte.

»Ich hatte an etwas Wärmeres gedacht.«

Ich hatte so ein Gefühl, worauf das Gespräch hinauslaufen würde. Ich legte mein Buch auf die Brust und wartete ab. »Wie zum Beispiel?«

»Irgendwas in der Karibik.«

»Du weißt schon, was die Flüge dahin kosten, oder?«

»Wir müssten ja vielleicht nicht fliegen.«

Ich stellte mich weiter dumm. »Mit dem Schiff wird es auch nicht billiger und dauert viel länger.«

»Herrgott noch mal«, regte sie sich plötzlich auf. »Ich dachte, dass du uns vielleicht irgendwohin apparieren könntest. So, jetzt habe ich es gesagt.«

Ich schaute sie skeptisch an. »Du willst, dass ich eine der Fähigkeiten des Todes benutze, damit wir uns einen schönen Urlaub machen können?«

»Das klingt wieder so negativ.«

»Du hast mir doch einen Vortrag darüber gehalten, dass ich Tobi nicht mehr mit dem Tod konfrontieren soll und es gefährlich wäre, irgendwohin zu springen. Aber jetzt möchtest du die Gabe dazu nutzen, dass wir kein Geld für den Urlaub ausgeben?«

»Es geht ja nicht ums Geld. Also nicht nur«, sagte sie. »Auch die Fahrzeit oder Flugzeit würde wegfallen. Rein theoretisch könnten wir jeden Abend im eigenen Bett schlafen. Wir bräuchten also nicht mal ein Hotel.«

»Das ist aber nicht der springende Punkt.«

»Sondern?«

»Dass es nicht richtig ist, diese Gabe für die eigene Unterhaltung zu missbrauchen.«

Eigentlich betrat ich hier dünnes Eis, denn Tod und ich hatten sie in der Vergangenheit mehrmals dazu benutzt, uns ins Kino zu stehlen. Davon wusste allerdings Anja nichts, insofern konnte ich den Moralapostel spielen.

»Aber warum hast du dann diese Gabe, wenn du sie nicht nutzen kannst?«

»Ich besitze sie, weil ich der Tod werden sollte. Und weil ich das nicht werden will und noch nie werden wollte, sollte ich sie nicht benutzen. Du würdest ja auch keine Waffe benutzen, nur weil du sie hast, oder?«

»Du hast dich doch die letzten Wochen abends immer weggezaubert. Warum willst du das jetzt nicht mehr mit uns gemeinsam machen?«

»Unter anderem deswegen, weil meine Frau sagt, dass es zu gefährlich ist.«

Sie sah mich schief an.

Ich fuhr fort. »Ich habe beschlossen, dass ich nicht der Tod werden will. Selbst der Tod hat das akzeptiert und dafür gesorgt, dass ich weiterleben konnte. Und deswegen kann ich jetzt nicht munter durch die Gegend hüpfen und uns in die Karibik, auf die Malediven oder nach Hawaii bringen. Weil ich dann diese Gaben des Todes akzeptieren müsste.«

»Noch einmal, du verschwindest fast jeden Abend. Da soll ich dir das glauben?«

»Ich verschwinde, weil ich mit Tod etwas zu klären habe. Bisher hat das allerdings nicht geklappt, weswegen ich das vielleicht noch ein paarmal machen muss. Ausnutzen tue ich es deswegen nicht.«

»Schon gut«, sagte Anja und stand mürrisch auf.

»Versteh doch bitte …«

»Schon gut«, blaffte sie zurück und ging in die Küche, um dort irgendwas zu werkeln.

Wenn wir nicht gerade mit meiner Mutter unterwegs waren, wusste Tobi sich zu beschäftigen. Er baute aus LEGO die Höhle von Batman nach – oder zumindest die Wände und das Innenleben –, und merkwürdigerweise hatte darin auch ein X-Wing aus *Star Wars* Platz.

»Ist Batman bei der Rebellion?«, fragte ich meinen Sohn, weil sich mir die Logik nicht ganz erschloss.

»Damit kann Batman zu anderen Planeten fliegen«, sagte Tobi ernsthaft.

»Das scheint einleuchtend«, sagte ich schmunzelnd, wobei ich daran denken musste, dass ich in meiner Kindheit auch *Star Wars* mit den *Masters Of The Universe* gemixt hatte. Ich erzählte Tobi, wie Han Solo auf einem Kampftiger den Bösewicht mit dem Totenschädelkopf besiegte, der den passenden Namen Skeletor trug.

»Ist Skeletor ein Zomblie?«, fragte Tobi.

Zunächst musste ich lachen, aber dann runzelte ich die Stirn. »Woher kennst du denn das Wort?«

Für einen Moment wirkte er so, als fühlte er sich ertappt. Er grübelte eine Weile und sagte dann, dass er es wohl irgendwo aufgeschnappt hatte.

»Was heißt denn irgendwo?«

»Vielleicht hat einer in der Schule davon erzählt«, wand sich Tobi heraus.

Wenn er nicht gerade mit seinen Spielsachen beschäftigt war, fragte er mich über Tod aus. Sehr zum Leidwesen von Anja, die darüber lieber gar nicht sprechen wollte. Er bewies erhebliches Talent darin, Fragen zu stellen, auf die ich nie gekommen wäre.

»Papa, wenn die Seelen zu Schmetterlingen werden, was passiert dann, wenn man aus Versehen auf einen tritt?« Er fragte das, während wir durch die Gärten der Welt in Hohenschönhausen spazierten, wo etliche Falter um die prächtigen Blumen flatterten.

»Ich glaube nicht, dass man wirklich auf sie treten kann«, sagte ich, blieb aber eine Erklärung schuldig. Ich grübelte selbst darüber nach.

Einen Nachmittag sahen wir eine Dokumentation über Haie im Fernsehen, als sich Tobi zu mir umdrehte und fragte: »Papa, wenn irgendwer unter Wasser stirbt, kann der Tod dann auf Haien reiten?«

Hier konnte ich zumindest eine halbwegs fundierte Antwort geben, weil mir der Tod vom Untergang der *Titanic* erzählt hatte und ich bereits gesehen hatte, wie ein Schmetterling aus dem Wasser kam. Trotzdem amüsierte mich der Gedanke, dass mein alter Freund auf Haien Rodeo ritt.

Nachdem wir nach langer Zeit mal wieder *Apollo 13* angesehen hatten, fragte Tobi, wie der Tod denn zu jemandem käme, der im All starb.

»Schwebend, vermutlich«, sagte ich und schmunzelte dabei, auch wenn das seine Frage nicht wirklich beantwortete.

»Vielleicht kann ich ihn ja das nächste Mal fragen, wenn wir ihn mal wieder sehen«, sagte Tobi.

Anja, die gerade noch fröhlich war, entglitten die Gesichtszüge. »Was hoffentlich erst dann ist, wenn du viel, viel älter bist.«

Tobi machte ein grüblerisches Gesicht, sagte aber nichts weiter.

Glücklicherweise hatte mir Anja schon die undankbare Rolle des Elternteils abgenommen, der ihm verbot, sich mit Tod zu treffen. Es war vielleicht nicht die feinste Art, alles auf sie zu schieben, aber so musste ich mir keine eigenen Ausreden einfallen lassen, warum ich ihm nichts erzählen wollte. Und Tobi schien es zunächst hinzunehmen.

Ich hatte Thanatos nicht explizit gesagt, dass er Tobi in Ruhe lassen sollte, aber ich ging davon aus, dass er aus unserer Freundschaft gelernt hatte und sich nicht weiter einmischte. Trotzdem machte ich mir Sorgen. Ich lauschte abends an der Tür zum Kinderzimmer, ob ich irgendwelche Stimmen hörte. Zudem war ich skeptisch, weil Tobi trotz der Ferien immer unglaublich müde wirkte. Aber auch auf meine Nachfragen hin, ob er irgendwas in der Nacht getrieben hatte, versicherte mir mein Sohn, dass es da nichts gäbe.

Wie naiv ich doch war.

KAPITEL 19

PARADE DER UNTOTEN

Während wir Tobi aufforderten, sich von Tod fernzuhalten, versuchte ich ironischerweise, mit ihm in Kontakt zu treten. Gegen Ende der Sommerferien war es mir allerdings immer noch nicht gelungen, ihn zu treffen. Natürlich hatten wir uns schon oft wochen- oder monatelang nicht gesehen, aber die Umstände waren nach meinem Tod nun mal andere als vorher. Außerdem wollte ich mit Beginn meiner Ausbildung gerne alle anderen Themen vom Tisch haben, um mich auf meine neue berufliche Laufbahn konzentrieren zu können.

Es wäre naheliegend gewesen, ins Krankenhaus auf die Palliativstation zu gehen, um dort auf ihn zu warten. Allerdings war ich kein Arzt mehr und hätte dort als normaler Besucher etwas fehl am Platz gewirkt.

»Zu wem wollen Sie denn?«

»Ach, ich suche eigentlich nur jemanden, der bald stirbt, damit ich ihm dabei zusehen kann.«

Ich konnte den Fußtritt in meinem Hintern schon vorab spüren.

Ebenso unwahrscheinlich wie ungeschickt wäre es, mir auf der Straße durch eine Vision jemanden zu suchen, der in Kürze stirbt.

»Dürfte ich mit Ihnen nach Hause kommen?«

»Was? Wieso das denn?«

»Sie sterben nachher bei einem unglücklichen Unfall mit einem Toaster, und da wollte ich gern dabei sein.«

Abgesehen davon, dass ein solches Verhalten wahrscheinlich dazu geführt hätte, dass ich von netten Herren in weißen Anzügen zu einem längeren Klinikaufenthalt abgeholt wurde, hatte ich nicht vor, weitere Visionen zuzulassen. Diese waren Teil meiner

Vergangenheit, und ich wollte alles abschütteln, was von Tod auf mich übergegangen war.

Trotzdem hatte ich die Vermutung, dass ein Besuch im Krankenhaus vielleicht nicht die schlechteste Idee war.

Es war recht angenehm, dass die Cafeteria, die Notaufnahme und die Kreißsäle nah beieinander lagen. So hatte ich für jeden, der mich danach fragte, eine Ausrede. Wirklich interessant für mich waren allerdings nur die Kreißsäle. Ich hatte Glück und musste nicht lange warten, bis ich Bibi entgegen ihrer üblichen Gepflogenheiten den Gang entlanglaufen sah.

Das kleine Mädchen mit dem bunten Kleid, das mir beim zweiten Hinsehen gar nicht mehr so klein vorkam, verzog das mit einigen Pickeln gezeichnete Gesicht und verschränkte bockig die Arme, als sie mich sah.

»Hallo, Bibi«, sagte ich freundlich, konnte aber meine Verwunderung über ihr Äußeres nicht verbergen.

»Kaputtmacher«, war ihre Begrüßung. Ihr Kleid machte den Eindruck, als wäre es für einen Moment weniger bunt. Vor allem aber wirkte es zu kurz.

»Was ist denn mit dir passiert?«, fragte ich erstaunt.

»Was meinst du?«, sagte sie immer noch bockig.

»Also, du … scheinst gewachsen zu sein.«

»Ja? Ist mir doch egal. Du bringst trotzdem alles durcheinander.«

Gut, dachte ich, offenbar hat sie keine Lust über ihr Äußeres zu reden. »Es tut mir leid, was passiert ist, aber mir ist eingefallen, dass ich mich nie richtig bei dir bedankt habe, immerhin hast du mich ja ins Leben zurückgeholt, wenn ich das richtig verstanden habe.«

»Ja, aber nicht, um alles kaputt zu machen.«

Ich seufzte. »Richtig. Genau. Was ich eigentlich fragen wollte …«

»Dein Schmetterling war trotzdem schön.«

»Ich, äh, was?«

Sie wirkte nun etwas freundlicher, auch wenn mich die Pickel in ihrem Gesicht irritierten. »Dein Schmetterling hat schön bunt geschillert.«

Bis zu diesem Zeitpunkt hatte ich nicht daran gedacht, dass natürlich auch in mir ein Schmetterling war, der nach meinem Tod herauskam. Oder mich gefragt, wie der wohl aussehen mochte. Ihre Worte reichten, um mir meiner eigenen Sterblichkeit erneut bewusst zu werden.

»Das ist ... das ist gut. Hoffe ich.«

»Ja, eigentlich ist das gut. Die dunklen Schmetterlinge benutze ich eigentlich nicht noch mal. Aber manchmal muss ich welche davon nehmen, und die sehen dann mit der Zeit nicht mehr so schön aus.«

Die wenigen Worte brachten mich völlig aus dem Konzept. »Wie ... noch mal? Mit der Zeit?«

»Manchmal sehen sie mit der Zeit ganz schön schlimm aus.«

Während ich versuchte, den Sinn hinter ihren Worten zu begreifen, fiel mir auf, dass das Kleid unterschiedlich stark leuchtete. Es war nicht so, als hätte es gestrahlt, aber es kam mir vor, als würde in unregelmäßigen Abständen jemand, der sich nicht entscheiden konnte, an einem Fernseher den Kontrast oder die Sättigung verändern. Die Änderungen waren subtil, aber vorhanden. Es hatte etwas von dem warmen Licht, das im Kescher entstand, wenn Thanatos einen der ...

Bibi musterte mich. »Du guckst so komisch.«

»Dein Kleid, es verändert sich.«

Plötzlich sah ich, dass sich nicht nur die Farben ein wenig veränderten. Das dicke Muster, was ich vor Jahren mal für bunte Flecken hielt, bevor ich realisierte, dass es Schmetterlinge waren, bekam ab und an neue Tupfer.

»Ach die«, sagte Bibi und meinte wohl die Schmetterlinge. »Die kommen und gehen.«

»Aber woher kommen sie?«

Sie zuckte mit den Schultern und versuchte eine Pirouette zu machen, drehte sich aber nur ungefähr zur Hälfte. »War das alles, was du wissen wolltest?«

Nicht mal im Ansatz, dachte ich. Aber ich musste mich konzentrieren. »Ich muss Tod finden.«

Sie verzog das Gesicht.

»Es ist wichtig. Ich muss mit ihm sprechen und finde ihn nicht. Falls du ... na ja ... ihr lauft euch doch gelegentlich über den Weg.«

Ich hatte bereits miterlebt, wie sie sich beide während der Arbeit begegnet waren. Der Moment war alles andere als schön gewesen, immerhin ist es nie schön, wenn Geburt und Tod aufeinandertreffen.

Ohne etwas zu sagen, sprintete sie davon.

»Bibi!«, rief ich hier hinterher, und sie sah sich noch einmal um.

»Ja, ja«, rief sie und verschwand.

Ein paar Leute starrten mich an. Entweder war der Name Bibi beliebter, als ich bisher angenommen hatte – auch bei Männern jenseits der Fünfzig –, oder die Leute wunderten sich über den Mann, der allein für sich stand und plötzlich merkwürdige Worte den Flur entlang rief.

In der Nacht vor meinem ersten Tag in der Landschaftsgärtnerei lagen Anja und ich im Bett und lasen. Sie war immer noch ungehalten, nachdem ich ihren Vorschlag, meine Gabe des Springens für eine Weltreise zu missbrauchen, abgelehnt hatte. Ihre Lektüre spielte an irgendeinem exotischen Ort, und hin und wieder seufzte sie und murmelte etwas wie »Da würde ich ja auch gerne mal hin«.

Tobi schlief bereits seit einer Weile, und wir hatten gerade das Licht ausgemacht, als mir etwas gegen das Bein schlug. Als ich die Augen aufschlug, sah ich den schemenhaften Umriss von Tod neben meinem Bett stehen.

»Meine Fresse, musst du mich eigentlich immer auf diese gruselige Art erschrecken?«, flüsterte ich, während ich mir eine Hand auf die Brust legte.

»Ich könnte auch später mit einer Schalmei kommen, falls dich das sanfter weckt.«

Ich sah kurz zu Anja herüber, die noch immer ruhig im Bett lag. Dann zeigte ich mit dem Finger zur Tür und formte mit dem Mund stumm das Wort »Wohnzimmer«.

Er streckte den Arm aus, um mir zu signalisieren, dass ich vorgehen sollte. Dann humpelte er mir hinterher.

Er stöhnte kurz auf, als er mir gegenüber auf dem Sessel Platz nahm.

»Du klingst wie ein alter Mann«, sagte ich.

»Fünfhundert Jahre und ein paar zerquetschte, Martin.«

»Ja ... das ... war eigentlich nicht, was ich meinte. Was ist mit deinem Bein?«

»Was meinst du?«

»Du schlurfst durch die Gegend wie der Assistent von Frankenstein. Hast du dir irgendwas getan?«

Er zuckte mit den Schultern. »Das tut mir schon seit einer Weile weh.«

»Und machst du irgendwas dagegen?«

»Abwarten. Oder was wäre dein Vorschlag? Ich kann ja kaum zum Arzt gehen. Wobei es wohl nur eine Frage der Zeit ist, bis unter den Nachfolgern auch ein Arzt auftaucht. Wobei es dann im Wartezimmer interessant werden könnte.«

»Du erinnerst dich vielleicht daran, dass ich Arzt bin?«

Tod machte eine wegwischende Handbewegung. »Das geht schon wieder weg.«

»Wie du meinst. Wo warst du?«, fragte ich.

»Wenn du dich anstrengst, kommst du vielleicht darauf«, sagte Tod genervt.

»Was hast du dich denn so? Ich hab dich schon wieder Wochen nicht gesehen, dabei gäbe es einige Dinge, die wir besprechen sollten.«

»Ja, das habe ich vermutet.«

»Das klingt so, als wüsstest du, worüber ich reden will.«

»Du hast bereits beim letzten Abend auf den Azoren gewirkt, als läge dir etwas auf dem Herzen. Da du aber selber nichts gefragt hast, bin ich davon ausgegangen, dass du vielleicht Angst vor den Antworten hast.«

»Schätze, du liegst damit nicht ganz falsch.«

»Also?«

»Tobi.«

Tod beugte sich vor. »Ja? Was für eine Frage hast du bezüglich deines Sohnes?«

»Ich will nicht, dass er ein Nachfolger ist.«

»Das klang nicht nach einer Frage. Abgesehen davon war mir, als hätten wir etabliert, dass es nicht deinem Gutdünken unterliegt, wer Nachfolger wird und wer nicht.«

»Er ist zu jung dafür. Und er soll ein normales Leben führen können. Nicht so wie ich.«

»Den Umständen entsprechend würde ich sagen, dass du ein recht normales Leben geführt hast.«

Ich versuchte, betont nüchtern zu klingen und nicht emotional zu werden. Ein Streit hätte mir nichts genützt. »Ich habe mein ganzes Leben daran ausgerichtet, deine Aussage, ich müsste dein Nachfolger werden, zu hinterfragen. Unter anderem deswegen bin ich Arzt geworden.«

Tod hob eine Augenbraue. »Willst du mir sagen, dass du vielleicht schon früher Gemüse angebaut hättest, wenn wir uns nicht über den Weg gelaufen wären?«

»Das ist nicht der Punkt.«

»Sondern?«

Ich holte tief Luft. »Der Punkt ist der, dass mein Leben durch dich weniger selbstbestimmt abgelaufen ist. Ja, natürlich habe ich die Entscheidungen getroffen. Aber ich habe sie nur getroffen, weil ich mich aufgrund der Umstände dazu gezwungen sah.«

»Ist es so schlimm, Arzt zu sein?«

»Auch das ist nicht der relevante Punkt.«

»Dann erleuchte mich doch bitte.«

»Wenn du nicht gewesen wärst, wäre ich in der Schule nicht so isoliert gewesen. Mein Verhalten gegenüber meinen Mitschülern und Lehrern hat jedenfalls darunter gelitten, weswegen ich bis heute keine wirklichen Freunde habe. Ganz abgesehen davon, dass es mit meinen Beziehungen auch nicht so weit her war, weil du dich eingemischt hast.«

Er versuchte, möglichst unschuldig zu schauen.

»Dass ich im Grunde wegen dir Arzt geworden bin, hatten wir ja schon«, fuhr ich fort. »Und als du mir sagtest, wann ich sterben würde, hat sich das natürlich auch auf meine Ehe und meine Beziehung zu Tobi ausgewirkt. Wenn man so will, hat es dazu beigetragen, dass Anja und ich geschieden wurden.«

»Willst du mir mal wieder die Schuld für alles geben, was in deinem Leben schiefgelaufen ist?«

Er schien ärgerlich zu werden, weswegen ich betont ruhig blieb. »Darum geht es auch nicht, obwohl man das bis zu einem gewissen Grad vermutlich so sagen könnte. Ich will dir nur zeigen, dass allein dadurch, dass ich dich kannte, mein Leben nicht so verlaufen ist, wie es vielleicht sonst verlaufen wäre. Was mich wieder zu Tobi bringt. Ich will einfach nur, dass er sein Leben so leben kann, wie er will. Ohne dich dabei im Hinterkopf haben zu müssen.«

Tod schaute mich mit schiefgelegtem Kopf an. »Fertig?«

»So weit«, sagte ich vorsichtig.

»Was meinst du, was deine Eltern gesagt hätten, wenn sie von deinem Umgang mit mir erfahren hätten?«

»Sie hätten sich vermutlich darüber gefreut, wie jedes Elternteil, dessen Kind mit einem älteren Mann abhängt.«

»Sie wären also dagegen gewesen?«

»Nein, sie hätten eine Party für die Nachbarschaft veranstaltet, bei der Fingerfood und Petit Fours gereicht worden wären. Sentimentale Lieder hätten sie auch gesungen.«

Tod seufzte. »Ich werte das mal als Ja. Jedenfalls hätten wir uns dann nicht gesehen, und du hättest die ganzen Erfahrungen mit mir nicht machen können.«

»Habe ich nicht gerade gesagt, dass das im Grunde die ganze Zeit mein Problem war?«

»Aber du siehst nur das Negative, nicht das Positive. Wie zum Beispiel das Reisen um die Welt. Daran hattest du doch recht viel Spaß, oder liege ich falsch? Und das willst du jetzt Tobi nehmen?«

»Er ist noch nicht mal Teenager. Lass ihm doch wenigstens seine Kindheit.«

Tod seufzte erneut. »Was denkst du, womit ich mich in den letzten Wochen beschäftigt habe?«

»Ich nehme an, dass du in Duisburg bei der Loveparade warst, aber wahrscheinlich wolltest du darauf nicht hinaus.«

»In der Tat. Ich wollte vielmehr sagen, dass ich mich von dir und deinem Sohn ferngehalten habe, weil ich darüber nachdenken musste, wie ich mit der Situation umgehen soll.«

Ich riss die Augen auf. »Und?«

»Was und?«

»Bist du zu einem Schluss gekommen, oder hast du nur auf irgendeinem Dach gesessen und Leuten Kirschkerne auf den Kopf gespuckt?«

»Ich habe die letzten Wochen hauptsächlich damit verbracht – also abgesehen von meinem normalen Tagesgeschäft natürlich –, zu ergründen, was es mit den Nachfolgern auf sich hat.«

»Hatten wir dazu nicht schon eine Idee?«

»Eine Idee schon«, sagte Thanatos. »Ich frage mich nur, ob es auch die richtige war.«

Es klang, als hätte er eine tiefere Erkenntnis gewonnen, also fragte ich ihn danach.

Tod überlegte kurz.

»Ich nehme an, dass dir mittlerweile schon etwas aufgefallen ist. Zumindest gehe ich davon aus, dass du die Vision von Tobis Tod in

Augenschein nehmen wolltest, nachdem du festgestellt hast, dass er mich sehen kann.«

Ich nickte.

»Was hast du gesehen?«, fragte Tod.

»Etwas, was ich bestenfalls als statisches Rauschen definieren kann.«

»Ja, ich denke, das ist recht treffend beschrieben. Hast du eine Idee, was das bedeuten könnte?«

»Eigentlich war das eine Frage, die ich dir stellen wollte.«

»Nun ... ganz offensichtlich habe ich ...«

Tod wurde dadurch unterbrochen, dass gleich hinter der Wohnzimmertür jemand nieste. Er hob kurz eine Augenbraue und sah mich skeptisch an.

»Deine Frau, oder wie auch immer man das zwischen euch bezeichnen möchte, steht hinter der Ecke und hat ganz offenbar gelauscht.«

»Woher ...?«

»Ich hab nachgesehen.«

»Anja?«, sagte ich ebenso zögerlich, wie sie um die Ecke geschlichen kam. »Hast du uns ... mich belauscht?«

»Ich war ja noch gar nicht richtig eingeschlafen, als du zusammengezuckt und dann ins Wohnzimmer gegangen bist. Also ... ja, schätze ich.«

Tod schaute zwischen uns beiden hin und her, während eine unbequeme Stille sich im Raum breitmachte.

Anja brach sie schließlich. »Hast du ... also, ich meine ... ist er hier?«

Tod hatte nun beide Augenbrauen angehoben und starrte Anja an.

»Er sitzt im Sessel«, sagte ich, und Tod starrte nun mich mit offenem Mund an.

»Ähm ... hallo, Herr Tod«, sagte Anja. »Auch wenn ich Sie nicht sehen kann.«

»Du hast ihr von mir erzählt?«, rief Tod mit einer Mischung aus Entsetzen und Ungläubigkeit.

»Na ja, sie hat Tobi und mich erwischt, als wir neulich zurückkamen, und da war irgendwie eine Erklärung nötig.«

»Hättest du ihr nicht irgendeine Lüge auftischen können? Dass ihr im Kino wart, beispielsweise?«

»Sie hat mitbekommen, wie wir urplötzlich in der Wohnung auftauchten. Wie sollte ich das mit einem Kinobesuch erklären?«

Anja schaute zwischen mir und dem für sie leeren Sessel hin und her. Offensichtlich wusste sie nicht so recht, wie sie sich äußern sollte.

Tod zupfte an seiner Kapuze. »Und sie hat dir geglaubt, dass du mit dem Tod sprechen kannst, nur weil du es ihr gesagt hast?«

»Nun ... ich habe ihr zumindest gezeigt, dass ich gewisse Eigenschaften von dir übernommen habe.«

Tod schüttelte den Kopf. »Du bist mit ihr durch die Gegend gesprungen, richtig?«

»Wir waren vielleicht kurz in Ägypten.«

»Du kannst doch nicht einfach mit irgendwem diese Gabe ausnutzen!«

»Na, du bist doch auch mit mir einfach losgehopst.«

»Das ist doch was völlig anderes!«

»Inwiefern?«

»Du bist mein Nachfolger!«

»Außerdem ist es nicht so, als ob ich mit ihr andauernd springen würde. Wir waren genau einmal weg. Ich denke nämlich ebenfalls, dass diese Gabe nicht ausgenutzt werden sollte.«

»Was ich schon irgendwie schade finde«, sagte Anja.

Tod sagte eine Weile nichts, er rieb sich lediglich die Stirn und starrte dann Anja an.

»Sie kann dich nicht sehen«, sagte ich.

»Was?«, fragte Anja.

»Er starrt dich an«, erklärte ich ihr.

»Hast du eine Vorstellung davon, wie gruselig ich das gerade finde?«, fragte sie.

»Acht Komma neun auf der nach oben offenen Anja-Skala?«

Für eine Weile sagte niemand etwas. Ich konnte mir kaum vorstellen, wie es für Anja sein musste, einen leeren Sessel anzustarren, von dem sie wusste, dass darin der leibhaftige Tod saß.

»Wir hatten über meinen Sohn gesprochen«, sagte ich, um das Gespräch wieder in geordnete Bahnen zu lenken.

»Frag ihn, ob er sich das mit Tobi nicht noch einmal überlegen kann«, sagte Anja zu mir.

Ich zeigte auf den Sessel. »Er ist direkt da, du kannst zu ihm sprechen, auch wenn du ihn nicht sehen kannst. Aber abgesehen davon habe ich ihn das schon gefragt.«

»Und?« Anja knetete ihre Hände.

»Es ist nicht so einfach«, sagte ich.

Tod stöhnte und rieb sich das Bein. »Bei ihm und den anderen gibt es dieses Rauschen. Es bedeutet, dass ich langsam, aber sicher nicht mehr weiß, was wann wie wo passiert. Es gibt Leute auf dieser Welt, deren Moment des Todes mir ein Rätsel ist. Und darunter fallen Gemma und die anderen, dein Sohn und du selbst.«

Nach meinem Tod hatte ich nicht mehr das Bedürfnis zu wissen, wann ich das nächste Mal sterben würde. So toll ist es nicht, wenn man das vorher weiß. Dementsprechend hatte ich auch nicht versucht, im Spiegel herauszufinden, was mit mir passieren würde. Außerdem wollte ich die Gabe ohnehin nicht mehr nutzen. Und nun wusste selbst der Tod nicht, wann es mich erwischen würde?

Offenbar hatte ich Tod mit offenem Mund angestarrt, zumindest schüttelte mich Anja. »Was? Was hat er gesagt?«

Ich ignorierte sie für den Moment. »Ich dachte, du gibst mir noch vierunddreißig Jahre?«

»Das war eine Schätzung. Ich weiß es nicht. Rein theoretisch könnte es für dich morgen Nachmittag zu Ende sein. Und so langsam habe ich den Eindruck, es wäre von Vorteil.«

Ich schüttelte den Kopf. »Du willst mich also tot sehen?«

»Mitnichten. Wenn ich das gewollt hätte, hätte ich dich damals einfach in der Spree treiben lassen. Aber es liegt nun mal nahe, dass genau das der auslösende Faktor für dieses Durcheinander ist.«

Anja schaute mich mit großen Augen an. »Stirbst du etwa?«

»Nein«, beruhigte ich sie, »aber Tod ist sich nicht mehr sicher, wann es bei mir so weit sein könnte. Und bei Tobi ebenso.«

»Was heißt das?«, fragte sie.

»Ich mag mich irren, aber deine Frau ist nicht die hellste Kerze auf dem Kuchen, oder?«, sagte Thanatos.

»Das heißt erst mal gar nichts«, erklärte ich ihr, Tods Aussage ignorierend. »Natürlich müssen wir alle irgendwann sterben. Trotzdem ist es sonderbar, dass der Tod nicht weiß, wann eine Person stirbt. Das ist das eigentliche Problem.«

»Also lässt er unseren Sohn jetzt in Ruhe?«

»Was meint sie denn jetzt damit?«, fragte Tod.

»Das ist noch nicht befriedigend geklärt«, sagte ich zu ihr und wandte mich wieder an Tod. »Sie will eben nicht, dass du unseren Sohn da reinziehst.«

»Das ändert nichts an der Tatsache, dass er mich sehen kann und die Vision seines Todes nur ein Rauschen ist.«

»Was denkst du denn, was das mit dem Rauschen zu bedeuten hat?«

»Etwas Schlimmes.«

»Ja, das habe ich mir schon gedacht. Aber was konkret?«

»Wenn ich nicht mehr weiß, wo und wann ich die Schmetterlinge fangen muss, könnten sie entwischen.«

Ich zuckte mit den Schultern. »Dann entwischen sie eben und flattern munter durch die Gegend und leben ihr, was weiß ich, Seelen-Schmetterlingsleben. Was soll schon groß passieren, wenn sie abhauen?«

»Ich habe keine Ahnung.«

»Warum machst du dir dann so viele Sorgen?«

Tod stöhnte erneut. »Stell dir mal vor, bei einer OP vergisst du etwas im Körper eines Patienten. Sagen wir ein Skalpell. Was machst du da?«

»Natürlich holen wir es wieder raus.«

»Siehst du.«

»Ich kann dir nicht ganz folgen.«

»Rein theoretisch könntest du es auch im Körper lassen, aber da du eben nicht weißt, was es da alles anstellt, entfernst du es wieder.«

»Was ist denn das für ein Vergleich? Ein superscharfes Messer stellt doch auf jeden Fall ein Risiko dar, ein kleiner Schmetterling wohl eher kaum.«

Tod grübelte. »Vielleicht hinkt der Vergleich ein wenig.«

»Ach, meinst du?«

Anja schaute zwischen dem Sessel und mir hin und her. Die Konversation ergab für sie wahrscheinlich nicht viel Sinn.

»Anderes Beispiel«, sagte Tod. »Du bist ja nun bald Bauer.«

»Gärtner. Zumindest in Ausbildung.«

»Belanglos. Stell dir vor, du würdest während deiner Arbeit auf dem Feld ...«

»Einem Garten. Ich werde *nicht* Bauer.«

»Spielt keine Rolle. Stell dir vor, du würdest dort beim Graben einen Blindgänger aus dem Zweiten Weltkrieg finden. Was spräche dagegen, ihn einfach liegen zu lassen und Erde drauf zu schütten?«

»Der Fakt, dass es eine verfluchte Bombe ist?«

»Ja, aber sie macht ja nichts.«

»Das heißt ja nicht, dass es so bleiben muss.«

»Siehst du.«

»Der Vergleich zwischen einer Fliegerbombe und einem Seelen-Schmetterling erscheint mir immer noch unlogisch.«

Tod beugte sich vor und verzog kurz das Gesicht, als ob er Schmerzen hätte. »Ich will nur sagen, dass ein Verschwinden der Schmetterlinge keine gute Sache ist.«

»Ja, soweit habe ich das schon verstanden. Aber noch nicht das Warum.«

»Weil unklar ist, was mit dem Schmetterlingen passiert, wenn man sie nicht fängt. Irgendeinen Grund muss es doch haben, dass ich mit dem Kescher umhergehe und sie einfange.«

»Ah, du hast über unsere Gespräche nachgedacht.«

»Selbstverständlich.«

»Und weil du denkst, dass deine Rolle nicht irgendwie redundant ist, bist du der Meinung, dass die Schmetterlinge gefährlich sind?«

»Zumindest kann man sich doch die Frage stellen, was passiert, wenn man sie einfach fliegen lässt.«

»Geht es immer noch um Tobi?«, unterbrach Anja unser Gespräch.

»Nein ... ja ... vielleicht«, sagte ich. »Im weitesten Sinne, denke ich. Vielleicht gehst du einfach ins Bett und wartest auf mich.«

»Ich soll in dem Wissen, dass der leibhaftige Tod auf meinem Sessel sitzt, ins Bett gehen?«

»Sie könnte uns einen Tee machen«, sagte Tod.

Als ich Anja den Vorschlag übermittelte, runzelte sie die Stirn. »Die Frau kann also in die Küche gehen und den Herren Tee servieren?«

»Es geht hier nicht um Feminismus«, sagte ich. »Wir wollen einfach nur ein Gespräch führen, an dem du aus offensichtlichen Gründen nicht wirklich teilhaben kannst.«

Sie nickte zögernd. »Okay, ich ... bin gleich wieder da.«

»Danke«, schickte ich ihr hinterher.

»Früher wäre so etwas einfacher gewesen«, sagte Tod.

»Aber definitiv nicht besser«, sagte ich, und er wippte bestätigend mit dem Kopf. »Also was passiert jetzt mit den Schmetterlingen, wenn man sie fliegen lässt?«

Tod zuckte mit den Schultern. »Ich weiß es nicht.«

»Worüber sprechen wir dann überhaupt?«

»Über die Möglichkeit, *dass* etwas passieren könnte.«

»Ganz der Optimist, was?«

»Nun, wenn man es gewohnt ist, bis zu einem gewissen Grad in die Zukunft zu schauen, ist eine Einschränkung dessen doch ein Grund, pessimistisch zu sein.«

»Oder glücklich«, murmelte ich.

Tod kratzte sich am Kopf. »In meiner bisherigen Laufbahn ist es mir noch nie passiert, dass ein Schmetterling entwischt ist. Insofern weiß ich nicht, was passieren könnte. Aber es wäre denkbar, dass sie Ärger machen, denn in gewisser Weise sind sie ja die Lebensessenz eines menschlichen Wesens.«

»Was für Ärger? Glaubst du, dass aus ihnen Geister werden, oder was?«

»Vielleicht.«

»Verarsch mich nicht.«

»Vielleicht werden sie nicht zu Geistern, aber irgendeiner anderen Art von Untoten.«

»Redest du von Zombies?«

»Ich spreche von Untoten. Deren Art ist mannigfaltig.«

Ich schüttelte den Kopf. »Dir ist schon klar, dass das alles Dinge sind, die sich mal irgendein Autor ausgedacht hat, richtig? Ich meine, wenn es so etwas gäbe, dann würde es nicht in Romanen, sondern in Sachbüchern stehen. Und Leute würden nicht mehr rausgehen, weil sie Angst hätten.«

»Aber vielleicht steckt ein wahrer Kern darin. Weil vielleicht ein Vorgänger von mir mal nicht aufgepasst hat.«

»Sei doch kein Idiot. Du bist jetzt über fünf Jahrhunderte auf der Welt und glaubst an solche Märchen? Ich hätte dich für abgeklärter gehalten.«

Tod wirkte kühl. »Und ich dich für aufgeschlossener. Immerhin sitzt du dem leibhaftigen Tod gegenüber.«

»Das ist eine Sache, Zombies eine ganz andere. Zeig mir einen Zombie, und ich glaube dir. Aber möglichst einen, der eingesperrt ist.«

»Du nimmst mich nicht ernst.«

»Du sprichst von Zombies! Findest du nicht, dass die Diskussion da albern wird?«

»Ich glaube nicht«, sagte Tod überzeugt, »dass an einer Zomblie-Invasion ... äh ... Zombie-Invasion irgendetwas albern ist.«

In dem Moment wusste ich es. Ich hätte nicht gedacht, dass mein alter Freund ohne meine Erlaubnis etwas mit meinem Sohn anstellen könnte, aber nun wusste ich, warum Tobi andauernd müde war.

»Du warst hinter meinem Rücken mit Tobi unterwegs.«

Tod riss die Augen auf. »Was? Wie kommst du denn darauf?«

»Du hättest dir doch denken können, dass ich das nicht gutheiße.«

Tod kaute auf seiner Unterlippe. Er fühlte sich ertappt. Das spürte ich. Er suchte nach einer Ausrede, schien aber keine zu finden.

»Komischerweise hat Tobi dich nicht einmal erwähnt. Ich vermute, du hast ihm gesagt, er soll nicht mit uns darüber reden. Korrekt?«

Tod wackelte mit dem Kopf. »Nun ja ...«

»Also war dir durchaus klar, dass es arschig von dir ist.«

Er grübelte immer noch und meinte schließlich, dass er sich mit seinen Nachfolgern unterhalten müsse. »Ich wollte nur sichergehen, dass es ihm gut geht und ...«

»... und er ja das tut, was du sagst? Herzlichen Glückwunsch! Du hast meinen Sohn dazu gebracht, mich anzulügen.«

»Aber du hast doch selbst gesagt, dass deine Eltern es nicht verstanden hätten.«

»Aber wer, wenn nicht ich, versteht besser, was es bedeutet, mit dir unterwegs zu sein? Und was es für das eigene Leben bedeutet. Wir haben gerade erst darüber gesprochen.«

»Vorher war mir auch nicht klar, dass du unsere Freundschaft so sehr bereust.«

»Das ist doch gar nicht der ...«

Tod stand plötzlich auf, stöhnte kurz und verschwand dann ohne ein weiteres Wort.

Kurz darauf kam Anja mit zwei Tassen und einem Tee hinein. Sie sah meinen aufgebrachten Blick, als sie das Tablett abstellte.

»Was ist los?«

»Er ist abgehauen.«

»Weswegen?«

»Zom-, das ist jetzt nicht wichtig.«

»Aber ich habe extra Tee gemacht.«

»Tut mir leid, Schatz.«

Sie setzte sich enttäuscht hin. »Und ich hätte so gerne gesehen, ob die Tasse in der Luft geschwebt oder einfach verschwunden wäre.«

KAPITEL 20

EIN JAHR IM VORBEIFLUG

Ich hatte gar keine Zeit, mir weitere Gedanken zu machen oder mit Tobi darüber zu sprechen, was er mit Thanatos getrieben hatte. Ich wollte ihn nicht deswegen aufwecken oder ihm vor dem morgendlichen Aufbruch in die Schule sagen, wie enttäuscht ich war, dass er sich nicht an unsere Abmachung gehalten hatte. Ohnehin hatte ich am nächsten Morgen meinen ersten Tag der Ausbildung zum Landschaftsgärtner und musste sogar noch eine Stunde vor Anja aufstehen, damit ich rechtzeitig ankam.

Die Firma, in der ich meine Ausbildung absolvierte, hatte eine überschaubare Größe. Im ganzen Betrieb arbeiteten nur sechs Leute, mich eingeschlossen. Einige der alten Hasen waren jünger als ich und skeptisch, ob ich mit meinem Hintergrund – Alter und Medizinstudium – überhaupt dazupassen würde, aber der Chef meinte, dass er lieber einen älteren Auszubildenden hätte, auf den man sich verlassen konnte, als einen jüngeren, der nach zwei Wochen gleich wieder alles hinschmiss. Insofern hatte ich Rückendeckung von ihm, musste aber die Kollegen trotzdem erst noch für mich gewinnen, die mich von Anfang an damit aufzogen, dass ich mich dreckig machen musste, obwohl ich doch ein »Doktor« war. Dementsprechend war mein Spitzname auch schnell gefunden.

»Doktor, verteil mal den Mutterboden« oder »Doktor, rupp mal dit alte Zeuch raus«, waren zwei der häufigeren Sätze, die mir begegneten, denn wirklich keiner hatte Bock darauf, irgendwas davon selbst zu tun. Und ich konnte auch nicht behaupten, dass es mir selbst viel Spaß gemacht hätte, aber da musste ich nun durch.

Jeden Morgen beluden wir die Wagen mit dem benötigten Material, jeden Abend räumten wir alles wieder an seinen dafür vorgesehenen Platz. Ich lernte nach und nach die ganzen Geräte kennen und versuchte mir bei der Arbeit etwas abzuschauen und nicht allzu sehr im Weg herumzustehen.

In der Schule ging es mir ganz ähnlich wie im Betrieb. Auch dort war ich die Merkwürdigkeit und hatte Probleme, Anschluss bei meinen Mitschülern zu finden, weil ich zum einen viel älter war und zum anderen mit dem Jugendjargon nichts anfangen konnte. Zumindest konnte ich mich nicht daran gewöhnen, in den Pausen die Mitschüler mit »Digga« anzusprechen oder Chat-Abkürzungen wie »lol« tatsächlich auch so auszusprechen.

»Digga, hast deine Karriere als Doktor fett in den Sand gesetzt, wa? LOL!«, war einer der Sätze, die ich mir anhören durfte. Ein Mitschüler schien in jedem zweiten Satz das Anhängsel »deine Mudda« unterbringen zu müssen, was gerade dem Deutschlehrer gehörig auf die Nerven ging.

Faszinierenderweise stellte ich aber viele Gemeinsamkeiten zwischen meinem alten und neuen Beruf fest. Die Arbeitszeiten waren abenteuerlich, man musste sich die Arbeitsmaterialien vorher gut zurechtlegen, man machte sich ordentlich die Hände schmutzig, und man musste viele lateinische Wörter lernen. Gerade auf Letzteres hätte ich doch gerne verzichtet, aber offenbar war es unerlässlich, dass man die korrekten lateinischen Bezeichnungen der Pflanzen kannte.

An den Arbeitstagen, also den Tagen, an denen ich nicht in der Schule war, fiel ich abends ins Bett, als wäre ich von einem Schwarm Tsetsefliegen angegriffen worden. Die viele frische Luft und harte körperliche Arbeit waren ungewohnt für mich. Aber die Regelmäßigkeit eines geordneten Tagesablaufs war mir nach der ganzen Untätigkeit sehr willkommen. Und auch wenn ich ab und an darüber klagte, dass die Arbeit beschwerlich war, spürte ich doch so etwas wie Stolz und Genugtuung, wenn wir ein Projekt abgeschlossen hatten. Als Arzt hatte ich immer nur versucht, etwas wieder in Ordnung zu bringen, jetzt hatte ich tatsächlich das Gefühl, etwas zu erschaffen.

Die Neckereien der Kollegen wandelten sich auch: War das »Doktor« zunächst eher abfällig gemeint, drückte der Spitzname nach einer Weile eher Respekt aus, nachdem ich tatsächlich eine Hilfe war und nicht mehr jemand, der etwas unbeholfen danebenstand. Als ich zu meinem Jahrestag eine Kiste Bier ausgab, legte einer der Kollegen, der sonst am liebsten gar nichts sagte, seinen Arm um mich und bemerkte: »Doktor, du bist in Ordnung.«

Am Tag nach der nächtlichen Konversation mit Tod hatten Anja und ich ein längeres Gespräch mit Tobi, in dem wir ihm noch einmal klarmachten, dass er unter keinen Umständen mit Tod weggehen sollte. Tobi wollte das nicht akzeptieren.

»Aber er ist doch ein Freund von dir und scheint sehr nett zu sein«, sagte er.

»Das stimmt im weitesten Sinne«, erwiderte ich. »Aber versprich mir, dass du nicht ohne mich irgendwo mit ihm hingehst.«

Anja schüttelte den Kopf. »Auch das lasst ihr bitte sein«, sagte sie, während sie mir einen ernsten Seitenblick zuwarf.

An Tobi gewandt, fuhr sie fort: »Es gibt Dinge, mit denen du dich erst in ein paar Jahren beschäftigen solltest. Du bist zwar schon ein großer Junge, aber Schule und genug Schlaf sind für dich wichtiger.«

Tobi sah uns skeptisch an.

»Und ich will auch nicht, dass er dich besucht«, schob Anja hinterher. »Wenn er das tut, dann sollte dein Vater dabei sein. Ich kann ja schlecht dem Tod widersprechen, wenn ich ihn nicht höre.«

»Viel wichtiger ist jedoch«, sagte ich, »dass du uns nicht mehr anlügst.«

»Aber ich habe doch gar nicht gelogen!«, meinte Tobi. »Ich habe nur nichts von Tod erzählt. Du meintest doch, das wäre okay.«

»Das meinte ich nur bei dem einen Mal, als wir ihn besucht haben und es darum ging, was du deiner Mutter erzählen konntest und was nicht.«

Anja sah mich mit erhobener Augenbraue an. Ich sah selber ein, dass meine Argumentation im Grunde jeglichen Rückhalt verloren hatte.

»Darüber reden wir später noch«, sagte sie zu mir. Tobi forderte sie auf, uns in Zukunft immer mitzuteilen, wenn Tod bei ihm war.

Nachdem er das versprochen hatte, fragte er zaghaft, ob er bestraft werden würde.

»Wohl eher nicht, wenn dein Vater es erlaubt hat.«

Ich wusste, dass sie mich vor dem Zubettgehen dafür noch anzählen würde. Zu Recht, obwohl ich es in gewisser Weise auch zu ihrem Schutz gemacht hatte. Natürlich nahm es ihr ein wenig den Wind aus den Segeln, als ich zugab, dass ich Tobi nicht dazu hätte anstiften sollen. Trotzdem war sie stinksauer. Ich bot an, im Wohnzimmer zu schlafen, aber davon wollte sie nichts hören.

»Was soll denn dieser Blödsinn? Wer damit mal angefangen hat, dass man nach einem Streit nicht mehr in einem Bett schlafen kann, gehört in die Therapie.« Wie zur Bestätigung gab sie mir einen flüchtigen Kuss auf die Wange, der mir zwar sagte, dass sie mich noch liebte, aber gleichzeitig unterstrich, dass sie sauer war. Was diese Frau alles konnte ...

Im Grunde war das Thema damit durch, aber von Zeit zu Zeit ließ sie mich wissen, dass sie es nicht vergessen hatte. So zum Beispiel, wenn ich irgendeinen Vorschlag in Hinblick auf die Erziehung unseres Sohnes machte. Also quasi ständig.

Thanatos schien begriffen zu haben, dass er sich von Tobi fernhalten sollte. Zumindest hatte mein Sohn nichts weiter von ihm zu berichten. In Anbetracht der Tatsache, dass er nicht mehr ständig so müde war, schien er nachts tatsächlich zu schlafen, statt mit Tod in der Weltgeschichte herumzuspringen.

Trotzdem hatte ich noch immer keine echte Antwort darauf, warum Tobi und ich dieses Rauschen in unserer Todesvision hatten. Tod selbst ließ sich nicht blicken, weil er anscheinend mal wieder beleidigt war und seine Starrköpfigkeit mir gegenüber keine Grenzen kannte. Ich selbst hatte auch keine Lust, mich wieder auf die Suche nach ihm zu machen. Wenn er und ich der Meinung waren, dass Tobi nicht sein Nachfolger werden sollte, dann war das für mich genug. Mehr musste darüber nicht diskutiert werden.

So ging der Rest des Jahres 2010 an mir vorüber. Während ich lernte, wie man ordentliche Beete anlegt, verdrängte ich alles, was mit Thanatos zu tun hatte. Erst im Dezember, als die Nachrichten davon berichteten, dass es in Tunesien zu Aufständen gekommen war, erinnerte ich mich an meinen Besuch mit ihm in Sidi Bouzid und den Mann, der diese Aufstände verursacht hatte.

Es war, wie Tod mir gesagt hatte: Die Protestwelle schwappte durch die gesamte arabische Welt und beherrschte die Medien Anfang 2011. Gerade in den nordafrikanischen Ländern kam es zu vielen Aufständen, die letztlich dazu führten, dass die herrschenden Machthaber abdankten oder getötet wurden. In Syrien kam es zu einem regelrechten Bürgerkrieg, der in den kommenden Jahren immer schlimmer werden sollte.

In Deutschland ging alles etwas gemächlicher zu, obwohl es auch ein paar Skandale gab. Der deutsche Verteidigungsminister trat zurück, nachdem bekannt wurde, dass er in seiner Dissertation mehrere Stellen wortwörtlich aus anderen Quellen übernommen hatte. Das wiederum führte zu einer ganzen Welle von Untersuchungen, nach denen man den Eindruck hatte, dass kaum ein deutscher Politiker sich die Mühe gemacht hatte, in seiner Dissertation eigene Formulierungen zu benutzen.

In Japan kam es im März zu einem starken Erdbeben und einem Tsunami, der weite Teile der Küstengebiete unter Wasser setzte und über 15.000 Tote verursachte. Die Welt sah mit einer Mischung aus Entsetzen und Faszination die Aufnahmen des Tsunamis auf YouTube, bis das Desaster eine vermeintlich noch viel größere Katastrophe heraufbeschwor, als die Wassermassen in Fukushima zu mehreren Explosionen und einer Kernschmelze führten. Etliche Kilometer im Umkreis des Ortes wurden radioaktiv verstrahlt. Ganze Landstriche mussten aufgrund der Doppelkatastrophe evakuiert werden, manche davon wohl auf Jahrzehnte nicht bewohnbar. Und nach mehr als einem halben Jahr fragte ich mich, wie es meinem alten Freund wohl gerade ging.

Kurz nach meinem Geburtstag im Mai kam die Nachricht, dass der Al-Qaida-Anführer Osama bin Laden von einer amerikanischen Sondereinheit in Pakistan erschossen worden war. Es mutet vielleicht merkwürdig an, wenn man sagt, dass man beim Tod eines Menschen Genugtuung empfindet, aber als Anja und ich in der Küche standen, während im Radio darüber berichtet wurde, stießen wir beide einen Seufzer der Erleichterung aus. Es waren fast zehn Jahre vergangen, in denen wir die Ereignisse, die wir direkt selbst miterlebt hatten, versucht hatten zu verdrängen. Bin Laden war für uns wie der eklige Pickel auf dem Rücken, an den man nicht herankam und der nun endlich aufgeplatzt war und heilen konnte.

»Ich frage mich, ob dein alter Bekannter es besonders genossen hat, ihn zu holen«, sagte Anja und sprach damit nach langer Zeit mal wieder das Thema Tod an.

»Ich schätze«, entgegnete ich, »dass er sich darum wahrscheinlich kaum einen Kopf gemacht hat.«

»Du sagtest, dass nach dem Tod die Seele als Schmetterling aus einem herauskommt. Ich wünschte, er hätte ihn zertreten.«

Ich lächelte sie an, umarmte sie und musste selber daran denken, wie wohl bin Ladens Schmetterling ausgesehen haben mochte. Ich vermutete, dass es eine schwarze Riesenmotte war. Und dann beschloss ich, dass ich über diesen Menschen nie mehr nachdenken würde.

Mein erstes Ausbildungsjahr endete mit Beginn der Schulferien, und fast zeitgleich brach die Raumfähre Atlantis zum letzten Flug eines Space Shuttle ins All auf. Als sie Ende Juli zurückkehrte, war mit ihrer Landung das Shuttle-Programm beendet. Bei den Bildern von der Rückkehr des Orbiters fühlte es sich so an, als würde eine ganze Ära zu Grabe getragen.

Tobi spielte im Juli fast verrückt, weil der letzte Teil der *Harry Potter*-Filme auf die Leinwand kam. Wir gingen gleich am Tag nach dem Filmstart ins Kino, und obwohl sich unser Sohn hinterher darüber beschwerte, dass im Buch etliches anders beschrieben wurde, war er begeistert. Noch viel mehr war er allerdings aus dem Häuschen, weil vor dem Film der erste kurze Ausschnitt aus dem im folgenden Jahr kommenden Film *The Dark Knight Rises* gezeigt wurde, was ihn gleich veranlasste, uns das Versprechen abzuringen, dass wir auch dahin gehen würden.

In diesem Zeitraum wurde die britische Sängerin Amy Winehouse tot aufgefunden. Anja mochte ihre Musik und war eine ganze Weile Fan von ihr, bis sie fand, dass ihre Drogenprobleme die Musik überschatteten. Mit ihrem Tod trat sie dem sogenannten »27 Club« bei, der Liste von bekannten Leuten – hauptsächlich Musikern –, die mit 27 verstarben. Darunter fanden sich solche Größen wie Janis Joplin, Jimi Hendrix, Kurt Cobain oder Jim Morrison.

Amys früher Tod brachte Anja, Tobi und mich dazu, nach langer Zeit wieder über Thanatos und unsere Verbindung zu reden. Anja wollte zwar nicht, dass ich mich mit ihm abgab, andererseits verlangte sie nach einer verbindlichen Aussage, was Tod und unseren Sohn anbelangte. In gewisser Weise stimmte ich ihr zu, aber ich wollte keine schlafenden Hunde wecken. Wer wusste, was sich mit den Nachfolgern noch ergeben hatte? Je weniger ich damit zu tun hatte, umso größer war die Hoffnung, dass Tobi und ich nicht wieder überraschend in die Problematik hineingezogen wurden.

Meine Mutter hatte den halben Winter und einen Teil des Frühjahrs damit verbracht, durch die Weltgeschichte zu reisen. Wie üblich wollte sie den Sommer daheim entspannen, weil sie befürchtete, überall nur auf Ferienurlauber zu stoßen, die ihr die schönen Ausflüge versauen könnten.

»Überall diese blöden Touristen«, sagte sie.

»Du bist selber einer«, wagte ich ihr zu entgegnen.

»Aber bei mir ist das was ganz anderes. Ich interessiere mich ja wirklich für die Orte.«

»Du hast also bei den Einheimischen daheim gesessen, das lokale Essen genossen und dich über die Probleme vor Ort unterhalten?«, fragte ich leicht amüsiert.

»Sei doch nicht albern. Ich bin natürlich nur mit der Gruppe unterwegs gewesen.«

Die Ironie ihrer Aussage ging wohl komplett an ihr vorbei, aber beschweren wollte ich mich auch nicht, denn sie sponsorte uns mit ein paar hundert Euro einen kleinen Urlaub, den wir in Italien verbrachten. Und es war dort, wo mir letztlich klar wurde, dass etwas mit dem Tod nicht stimmte.

KAPITEL 21

TOD IM URLAUB

Wir hatten in der Toskana für zehn Tage ein kleines Haus gemietet, das einen eigenen Pool besaß und idyllisch gelegen war. Für Besichtigungstouren in die größeren Städte und Touristikzentren musste man zwar eine Weile fahren, dafür hatten wir es ruhig und konnten wirklich entspannen. Nur ich ertappte mich das ein oder andere Mal dabei, wie ich in berufliche Denkmuster fiel, wenn ich Gartenanlagen oder öffentliche Plätze sah, bei denen man den Aufbau optimieren konnte. Andernorts nahm ich aber auch Ideen mit, von denen ich hoffte, sie in der Firma mit einbringen zu können.

Anja hatte ein paar Tage vor der Reise vorsichtig gefragt, ob wir wirklich die beschwerliche Autoreise auf uns nehmen mussten oder nicht eine einfachere Variante denkbar wäre. Ich wusste, dass sie am liebsten in die Toskana gesprungen wäre, aber ich überzeugte sie und Tobi davon, dass eine Autofahrt auch eine Art Abenteuer war.

Nachdem wir schon fast eine Woche vor Ort waren, besuchten wir Florenz. Im Jahr zuvor hatte ich auf der Konsole das Spiel *Assassin's Creed II* gespielt, in dem man als Assassine durch italienische Städte der Renaissance rannte, Leute umbrachte und Gebäude erklomm. Eines der besagten Gebäude war der florentinische Dom und der zugehörige Glockenturm. Nun freute ich mich, dass ich die Orte aus dem Spiel in natura erleben konnte, und wollte unbedingt auf den Glockenturm, weil ich wusste, dass es von dort einen wunderbaren Blick auf die Stadt gab.

Anja schaute das Gebäude hinauf und winkte sofort ab. »Auf keinen Fall!«

»Aber die Aussicht ist total schön!«

»Entweder zeigst du mir das noch einmal in deinem komischen Computerspiel, oder du machst da oben genug Fotos, damit ich einen Eindruck bekomme. Selbst wenn du mit mir da hochspringen würdest, hätte ich ein Problem mit der Höhe. Ich bleibe lieber hier und trinke einen Kaffee oder so.«

Tobi musste ich nicht lange fragen. Der war sofort Feuer und Flamme und hüpfte die Treppen des Turms nur so herauf, als wäre er der Assassine aus dem Spiel persönlich. Ich hingegen musste erkennen, dass die exzellente Form des Spiel-Protagonisten sich nicht auf mich übertragen hatte. Ich wünschte mir schon im ersten größeren Zwischenbereich, in dem man etwas verweilen konnte, dass mich ein Abdecker zu Seife verarbeiten würde.

Durch meinen neuen Job hatte ich den Eindruck, fitter geworden zu sein. Tatsächlich hatte Anja nicht ohne eine gewisse Lüsternheit in der Stimme bemerkt, dass der kleine Bauch, den ich mir während des Herumliegens auf der Couch angefressen hatte, verschwunden war und meine Arme kräftiger geworden waren. Trotzdem fühlte ich mich auf den Treppenstufen des Glockenturms auf einmal rapide alt werden.

»Komm schon, Papa!«, sagte Tobi und hätte mich am liebsten die nächsten Stufen hochgezerrt, aber ich musste verschnaufen.

Fünf Minuten später dachte ich, mich einigermaßen erholt zu haben, aber meine Beine schrien Zeter und Mordio, nachdem ich die nächsten paar Meter erklommen hatte. Der Gedanke, einfach nach oben auf die Spitze zu springen, war so reizvoll wie nie zuvor. Aber ich wollte Tobi kein schlechtes Vorbild sein und nicht die anderen Besucher verwirren, die an mir vorbeizukommen versuchten.

Vor allem wollte ich nicht mein mir selbst gegebenes Versprechen brechen, die Fähigkeiten des Todes zu nutzen. Also stapfte ich den gesamten Turm hinauf, bis ich oben fast vor Erschöpfung zusammenbrach.

Während Tobi aus dem kleinen Raum nach draußen an die Brüstung huschte, um seine Mutter auf dem Platz unter uns zu suchen, hockte ich mich innen auf eine kleine Bank und versuchte, wieder zu Atem zu kommen.

Der Aufseher betrachtete mich argwöhnisch, wurde dann aber durch einen älteren, übergewichtigen Touristen abgelenkt, der die Treppe hinaufstolperte. Das Basecap mit der stilisierten Flagge der USA ließ kaum einen Zweifel an seiner Herkunft. Er schnaufte und pustete wie ich, nachdem ich die letzten Stufen genommen hatte, aber im Gegensatz zu mir, dem fast alles Blut aus dem Kopf gewichen war, sah sein hochroter Kopf so aus, als würde er jeden Moment in einer spektakulären Explosion die Umgebung anmalen wollen.

Zugegeben, ich wunderte mich darüber, wie er mit seinem Körperumfang überhaupt die Treppe hinaufgekommen war. Im vierzehnten und fünfzehnten Jahrhundert hatte man Bauwerke nicht im Hinblick auf Zugänglichkeit für Personen gebaut, die täglich das Äquivalent eines Zwergflusspferds vertilgten. Ich war schon drauf und dran, ihm zu sagen, dass er den Aufstieg wohl so bereute wie ich, als er zwei Schritte machte, die Augen verdrehte und wie ein Sack Kartoffeln auf den Steinboden fiel.

Seine Frau, vom Umfang überraschenderweise ungefähr halb so breit, ließ sich kreischend neben ihn fallen und schüttelte ihn, immer wieder seinen Namen rufend: »Tony! Tony! Tony!«

Gemeinsam mit dem Aufseher und einem anderen amerikanischen Touristen, der die Frau beiseite nahm, um uns etwas Platz zu verschaffen, versuchten wir Tony auf den Rücken zu drehen, um gegebenenfalls lebensrettende Maßnahmen einzuleiten, aber kaum hatten wir ihn etwas angehoben, sah ich den Schmetterling aus seinem Mund krabbeln.

Wen ich nicht sah, war Thanatos.

Nachdem Tony auf den Rücken gedreht worden war, überprüfte der Aufpasser sofort die Vitalfunktionen. Nachdem er ganz offensichtlich nichts gefunden hatte, gab er seinen Kollegen per Funkgerät durch, dass es einen Unfall gegeben hatte.

Der Schmetterling des Verstorbenen fing an, probeweise seine Flügel zu bewegen. Ich sah mich hektisch um: Immer noch keine Spur von meinem alten Freund!

Der Schmetterling hob ab und flog in Richtung der ins Freie führenden Tür. Ich machte einen Hechtsprung, um ihn mit der Hand zu fangen, was für einige sehr irritierte Blicke der anderen Anwesenden sorgte. Vermutlich dachten sie, ich hätte eine Heidenangst vor kollabierenden Amerikanern ... Ich fuchtelte wild mit den Händen, versuchte den Schmetterling zu erwischen – und wurde dann von Bibi angerempelt, die aus dem Nichts aufgetaucht war und nun ebenfalls nach ihm grapschte.

»Meiner!«, rief sie triumphierend, bekam das kleine Flatterwesen aber auch nicht zu fassen.

Es wechselte rasant die Richtung, um uns zu entkommen, und flog in Richtung der Tür zurück, in der nun, mit reichlicher Verspätung, endlich Thanatos auftauchte.

Es hatte Mühe, den Schmetterling mit dem Kescher zu erwischen, aber nachdem dieser sein charakteristisches Leuchten von sich gab, war deutlich, das Tod ihn letztendlich gefangen hatte. Daraufhin stellte sich das Mädchen mit dem Blumenkleid, das mittlerweile wie ein Minirock aussah, vor Tod hin, stemmte die Hände in die Hüften und streckte ihm die Zunge heraus. Dann war Bibi so schnell verschwunden, wie sie gekommen war.

»Warte!«, rief ich, die Touristen ignorierend, die mich vermutlich für einen Psychopathen hielten.

Tod schaute mir kurz in die Augen. Er wirkte müde und abgekämpft. Sein Blick schien nicht ärgerlich zu sein, aber darin stand auch keine fröhliche Emotion. Und bevor ich weiter reagieren konnte, hatte auch er sich davongestohlen.

An der Stelle, an der er kurz zuvor noch gestanden hatte, blickte mich nun Tobi mit offenem Mund an. »War das ...?«

»Ja«, sagte ich und wandte mich dem auf dem Boden liegenden Mann zu. Seine Frau kniete wieder neben ihm und starrte ihn hilflos an. Ich legte ihr eine Hand auf die Schulter und sagte ihr, dass ich Arzt sei. Dann versuchte ich ihr zu erklären, dass ihr Mann nicht mehr aufwachen würde.

»Aber er kann nicht tot sein!«, sagte sie entschlossen. »Wir haben doch für vierzehn Tage gebucht!« Sie sah mich an, als müsste ich wissen, was zu tun war, um ihren Urlaub zu retten.

Es war nicht das erste Mal, dass mir so eine Reaktion unterkam. Im Krankenhaus hatte ich es oft genug erlebt: Wer einen geliebten Menschen verlor, brach nicht unbedingt sofort in Tränen aus. Oftmals waren die ersten Reaktionen fast zum Lachen: »Nein«, sagte eine Frau vor ein paar Jahren zu mir, »der Heinz würde nicht sterben, bevor er wüsste, dass seine blöde Schwester unter der Erde ist.«

Ein anderer Mann, der kurz zuvor seine äußerlich nur leicht mitgenommene, tatsächlich aber nicht mehr zu rettende Frau ins Krankenhaus gebracht hatte, fasste sich an die Wange: »Ach, das kommt jetzt aber ungelegen. Ich stehe draußen im Halteverbot.«

Das Gehirn ist schon ein komisches Ding. Um uns vor uns selbst zu schützen, schiebt es manchmal einen Riegel vor die Realität und schirmt uns vor Schmerz und Trauer ab.

Es dauerte eine Weile, bis ein paar Rettungskräfte die Stufen erklommen hatten, um den Mann per Trage nach unten zu schleppen. In der Zwischenzeit durfte niemand den Turm hinauf oder herunter. Wir hatten zwar eine schöne Aussicht, aber wirklich genießen konnten wir sie nicht. Immerhin erblickten wir Anja auf dem Platz unter uns, die wie ein Tiger hin und her lief, da ihr die Rettungskräfte natürlich nicht entgangen waren. Sie schien sich erst dann zu beruhigen, als sie sah, dass es keinen von uns erwischt hatte.

Knapp eine Stunde später traten wir wieder auf den Platz. Anja stand in Sichtweite, und Tobi rannte ihr aufgeregt in die Arme, um ihr zu erzählen, dass ganz oben ein Mann gestorben war.

»Ich bin bloß froh, dass du es nicht gewesen bist«, sagte sie zu mir und wirkte dabei, als müsse sie gegen die Tränen ankämpfen.

»Hat nicht viel gefehlt. Zumindest fühlte es sich so an.«

Sie sah mich erschrocken an. »Wegen deiner ... deiner möglichen Jobaussicht als ... du weißt schon?«

Ich konnte ein Lächeln nicht unterdrücken. »Eher wegen meiner Vorliebe für Chips und meiner Abneigung gegen Ausdauertraining ...«

Anja sah mich erst verdutzt an, aber dann begriff sie und lachte los. Sie strubbelte Tobi glücklich durch die Haare und zog mich an sich, um mir einen Kuss zu geben, fast so, als würde sie feiern wollen, dass ich nicht das Zeitliche gesegnet hatte. Dann sah sie sich um, als wollte sie etwas Konspiratives sagen. »Hast du mit deinem Freund sprechen können?«

»Er ist zwar aufgetaucht, aber wir hatten keine Gelegenheit zu sprechen. Er war gleich wieder verschwunden. Auch wenn das Ganze etwas merkwürdig war.«

»Inwiefern?«

Ich schüttelte den Kopf. »Ich weiß nicht genau, was da passiert ist. Vielleicht sollte ich darüber nicht spekulieren.«

»Wenn du meinst. Was machen wir denn jetzt?«, fragte Anja.

Ich wusste auch nicht so recht. »Zur Akademie, den David anschauen, oder vielleicht in den Medici-Palast?«

Anja und Tobi wechselten einen Blick.

»Eis essen!«, rief mein Sohn lautstark.

Anja grinste mich an. »Klingt für mich nach der richtigen Einstellung, oder was meinst du?«

»Genug Kalorien habe ich ja gerade verbraucht«, sagte ich, und wir sahen uns nach der nächsten Eisdiele um.

Ich versuchte, den Rest des Urlaubs zu genießen, aber mir ging Tod nicht aus dem Kopf. Es wunderte mich, dass er fast zu spät gekommen wäre. Abgesehen davon war mir unklar, was Bibi an dem Ort verloren hatte. Doch so neugierig ich auch war, ich hatte keine Lust, Bibi ausfindig zu machen. Und Tod hätte jederzeit die Möglichkeit gehabt, mit mir zu sprechen, tat es aber nicht. Ich redete mir ein, dass er sicher bald wieder an mich herantreten würde.

Und das tat er. Fast zwei Monate später, ausgerechnet am Abend des Tages, an dem die Vereinten Nationen bekanntgaben, dass die Weltbevölkerung auf sieben Milliarden Menschen angewachsen war.

KAPITEL 22

DIE NACHT VOR ALLERHEILIGEN

Halloween war zu einem kleinen Streitthema zwischen Anja und mir geworden. In den vergangenen Jahren hatte sich der amerikanische Brauch auch in Deutschland immer mehr verbreitet, und ich konnte dem nichts Gutes abgewinnen. Meiner Meinung nach wurde das Fest vom Handel künstlich herbeigeredet, um die Leute zwischen Sommer und Weihnachten zum Konsumieren zu bewegen. Mir schien es, als rieben sich die Süßigkeitenindustrie und das, was ich mangels eines besseren Namens »Tinnef-Industrie« nannte, die Hände, weil sie sich so noch einen schönen Jahresbonus gönnen konnten.

Anja war natürlich anderer Meinung. Sie sagte, dass ich nicht so ein Stiesel sein und mich einfach an den Verkleidungen und Süßigkeiten erfreuen sollte. Das fiel mir zugegebenermaßen schwer, wenn ich abends nach der Arbeit erschöpft auf die Couch fiel, aber alle fünf Minuten aufspringen musste, weil irgendein Kind an der Haustür klingelte und einen mit »Süßes oder Saures!« anquakte. Anja gab mit großer Freude ein halbes Monatsgehalt für Süßigkeiten aus, damit diese verteilt werden konnten, obwohl sie sonst darauf bestand, dass Tobias lieber etwas Gesundes knabbern sollte. Ich schob es auf die vorweihnachtlichen Glückshormone, die neuerdings schon ab Ende August um sich griffen. Erfreulicherweise hatten wir uns geeinigt, dass Anja mit Tobias allein die Runde durch die Nachbarschaft gehen würde, so dass ich nicht wie ein Depp bei wildfremden Leuten vor der Tür stehen und so tun musste, als hätte ich Spaß daran, die Treppenhäuser sämtlicher Gebäude der Gegend zu erklimmen.

Tobi war ebenfalls Feuer und Flamme für Halloween und freute sich darauf, als Unsichtbarer Mann gehen zu können. Als ich ihn fragte, wie er das denn anstellen wolle, antwortete er: »Frischhaltefolie.« Eigentlich warf das nur noch mehr Fragen auf, aber Anja und ich konnten ihn letztlich dazu bewegen, doch als Westley in seiner »Grausamer Pirat Roberts«-Aufmachung aus *Die Braut des Prinzen* zu gehen, auch wenn das strenggenommen keine Figur war, die irgendwas mit Horror oder Grusel zu tun hatte, wie es bei Halloween normalerweise üblich war. Aber die meisten Kinder schienen den neuen Brauch ohnehin nur als eine Art »Karneval 2 mit mehr Süßigkeiten« zu sehen.

Während ich darauf wartete, dass das nächste Kind klingelte, wurde im Fernsehen darüber berichtet, dass es nun sieben Milliarden Menschen gab, und wie aufs Stichwort stolperte Tod plötzlich aus dem Bild.

»Mann!«, rief ich und griff mir an die Brust. »Das bringt mich irgendwann noch um.«

Tod winkte ab. »Ich könnte zumindest wahrheitsgemäß behaupten, dass ich es vorher nicht besser gewusst habe.«

»Doch«, widersprach ich. »Weil ich dir schon ein paarmal gesagt habe, dass du mich nicht so erschrecken sollst.«

»Wollen wir jetzt also gleich streiten und nicht erst Nettigkeiten austauschen?«

»Entschuldige bitte. Hallo. Wie geht es dir?«

»Angenommen, hallo zurück – und miserabel.« Er verzog das Gesicht schmerzvoll, als er sich auf den Sessel setzte. Generell machte er einen gebrechlichen Eindruck, fast wie in Italien.

»Ist das etwa immer noch dein Bein? Ich meine mich zu erinnern, dass du damit beim letzten Mal schon zu kämpfen hattest.«

»In der Tat ist es nicht besser geworden.«

»Soll ich mir das mal ansehen?«

»Wenn du dich dann besser fühlst«, sagte er, als würde er mir damit einen Gefallen tun.

»Es geht darum, dass *du* dich besser fühlen sollst.«

»Und ich dachte, du wärst jetzt Bauer.«

»Gärtner. Aber trotzdem bin ich ja auch immer noch irgendwie Arzt. Also?«

Tod zuckte mit den Schultern, streckte sein rechtes Bein aus und lupfte den Umhang.

Als Arzt bekommt man einiges zu sehen. Dicke Menschen, dünne Menschen, hübsche Menschen und auch hässliche Menschen. Man sieht ekelhafte Wunden, und zum Teil *riecht* man auch ekelhafte Wunden. Ich konnte also mit Fug und Recht behaupten, schon einiges zu Gesicht bekommen zu haben, aber derart weiße Beine waren selbst mir neu.

»Ich glaube, der Witz wird nie alt, aber du solltest mal in die Sonne gehen«, sagte ich, während ich mich vor ihn hinkniete und das Bein betrachtete.

»Farbe ist wirklich das Letzte, was ich gebrauchen kann«, sagte Tod und deutete mit seinem Finger an, dass ich auf die Rückseite des Beins schauen sollte.

Ich legte den Kopf schief und drehte das Bein etwas, als ich den breiten schwarzen Strich, der sich fast von der Sohle bis zum Hintern erstreckte, sah.

»Was zum Teufel?«, stieß ich aus.

»Ja, ich habe etwas Ähnliches gedacht.«

»Kannst du das Bein weiter hochnehmen?«

»Mich dünkt, du verwechselst mich mit einer Ballerina.«

Ich half ihm dabei und schaute mir das Ganze genauer an.

»Der Farbe nach zu urteilen, müsste es nekrotisch sein, aber die Epidermis scheint intakt.«

Er war amüsiert. »Die Ärzte-Lingo liegt dir jedenfalls noch.«

»Und du wirst vielleicht doch noch zur Ballerina. Verwandelst du dich gerade in den schwarzen Schwan?«

»Wieso? Was vermutest du?«, fragte Tod irritiert.

Ich schaute noch immer verwirrt auf das Bein.

»Es sieht so aus, als käme es von innen heraus. Ganz ehrlich, ich habe so etwas vorher weder gesehen noch davon gehört. Ich kann natürlich mal im Internet nachschlagen, aber damit solltest du zu einem Spezialisten.«

Tod wirkte ernüchtert. »Mit anderen Worten: Du hast keine Ahnung, und ich muss einfach weiter abwarten, was passiert.«

»Abwarten ist vermutlich keine gute Idee, wenn du sagst, dass du es bereits seit einem Jahr hast.«

Ich ließ das Bein los und stand wieder auf.

Er warf seinen Umhang wieder darüber. »Dann muss es eben gehen.«

»Du bist doch ganz offensichtlich krank.«

»Der Tod kann nicht krank werden«, sagte er bockig.

»Darf nicht oder kann nicht?«

»Der Tod kann nicht physikalisch krank werden. Ich hatte noch nie einen Schnupfen, einen eingewachsenen Nagel, Sodbrennen oder Ähnliches.«

Ich zeigte auf sein Bein, während ich mich setzte. »Und das da?«

»Kann keine Krankheit sein. Wenn ich krank werden könnte, wie sollte ich dann zum Beispiel in Seuchengebiete gehen können? Oder radioaktive Gegenden?«

»Aber wir sind uns doch beide einig, dass das an deinem Bein nicht normal ist, oder?«

Er machte eine wegwischende Handbewegung.

»Hat es irgendwas damit zu tun, dass du in Italien den Schmetterling fast verpasst hast?«

Tod runzelte die Stirn.

»Vor zwei Monaten ungefähr«, sagte ich. »Florenz. Auf dem Glockenturm. Der Schmetterling war gerade dabei, abzuhauen, als du plötzlich aufgetaucht bist. Und aus irgendeinem Grund auch noch Bibi.«

Er nickte. »Kann schon sein.«

»Gibt es dazu nichts weiter zu erzählen?«

Tod verschränkte die Finger. »Du erinnerst dich daran, wie ich sagte, dass es potentiell eine schlechte Sache ist, wenn Schmetterlinge entkommen?«

Das Gespräch darüber lag ein Jahr zurück, aber ich konnte mich noch gut daran erinnern, immerhin hatte er sich danach nicht wieder bei mir gemeldet.

»Nun«, fuhr er fort, als wäre es eine Belanglosigkeit, »Schmetterlinge sind entkommen.«

Ich brauchte einen Moment, um diese Information zu verarbeiten.

»Und?«, fragte ich in Sorge, was er mir wohl antworten würde.

»Was und?«

»Na, wenn ich mich recht erinnere, hast du beim letzten Mal davon gesprochen, dass daraus Vampire, Geister oder Zombies werden. Was passiert denn nun?«

»Nichts davon.«

Ich starrte ihn an. »Es beruhigt mich zu wissen, dass ich nicht von einem Zombie zu Mittag gegessen werde. Trotzdem hatte ich irgendwie etwas Spektakuläreres erwartet.«

»Bei der nächsten Ankündigung könnte ich eine Wunderkerze anzünden.«

»Das würde die Stimmung sicherlich heben.«

»Ich mache mir eine geistige Notiz.«

»Aber was *ist* denn nun mit den Schmetterlingen passiert?«

Tod holte tief Luft. »Bibi hat sie zum Teil den Leuten wieder eingepustet. Ganz ähnlich, wie sie es damals bei dir getan hat.«

»Also laufen jetzt noch mehr Leute auf der Welt herum, die wie ich eigentlich tot sein sollten?«

»Ein paar schon, ja.«

Tod war merkwürdig kurz angebunden, was mich verunsicherte. »Und was ... also ... ich meine ... die gründen jetzt einen Club, schmieren sich ein Brot und diskutieren über die Fallgeschwindigkeit von Birnen oder so was?«

»Nun, ganz offensichtlich sind sie nicht tot, und somit ist auch nicht alles gut.«

»Das habe ich mir schon gedacht, aber vielleicht könntest du das etwas ausführen.«

»Es ist mit ihnen genauso problematisch, wie es bei dir gewesen ist. Sie sind da, obwohl sie es nicht sein sollten. Dinge geschehen, weil sie noch da sind, die wiederum andere Dinge verhindern, die sonst passiert wären.«

Ich lächelte ihn übertrieben breit an. »Es ist so schön, dass du alles in kurzen, leicht verständlichen Sätzen unterbringen kannst.«

Tod seufzte. »Nein, es ist nicht gut. Und du kannst dir gerne Gedanken darüber machen, aber bis dahin gibt es noch ein weiteres Problem.«

»Und das wäre?«

Er deutete mit der Hand an, dass ich aufstehen sollte.

»Du willst mich wieder irgendwohin mitnehmen?«, sagte ich, als ich mich erhob. »Kann ich noch Schuhe ...«

Während ich noch sprach, verschwamm die Welt um mich herum und ich fand mich kurz darauf in der Wohnung von Witalina wieder.

»Verdammt noch mal«, rief ich, bevor mein Blick dem Finger von Tod folgte, der auf Witalina zeigte.

Sie lag regungslos auf der Couch, der Mund offen, und eine große Einschusswunde prangte an der Seite ihres Kopfs. Ich stürzte zu ihr und überprüfte ihre Vitalfunktionen – sie schien schon eine Weile tot zu sein.

»Was zum Teufel?«, herrschte ich Tod an.

»Ja, nun ... tja ... also, wie erkläre ich das am besten?«

»Was. Zum. Teufel?«, fragte ich so streng es irgendwie ging und starrte ihn an.

Er hob hilflos die Schultern. »Wir waren gemeinsam auf einer Exkursion in einem Kriegsgebiet, als sie von einem Querschläger getroffen wurde. Jedenfalls kann ich mir das nur so erklären.«

»Aber ich dachte, man wäre als Nachfolger geschützt, wenn man mit dir unterwegs ist.«

»Wie kommst du denn auf die Idee?«, fragte er aufrichtig überrascht.

»Na, man ist ja auch für andere unsichtbar. Wenn ich mich sichtbar mache, ist das vielleicht etwas anderes ... Jedenfalls bin ich einfach davon ausgegangen, geschützt zu sein. Soll das heißen, dass ich jederzeit hätte draufgehen können?«

Tod nickte.

»Großartig«, sagte ich. »Prima. Ganz großes Kino. Schön, dass man das auch mal erfährt.«

»Ich konnte nicht ahnen, dass du glaubst, magisch vor allem Übel gefeit zu sein. Du bist immer noch ein lebendiger Mensch, Martin.«

»Ja, aber ein lebendiger Mensch, der gerade noch daheim auf dem Sofa gelegen hat und jetzt in Tomsk neben einer Leiche hockt. Und einer, der die Tode anderer Menschen voraussehen kann. Also entschuldige bitte, wenn ich wegen dieser magischen Sachen irgendwie davon ausgegangen bin, dass ich auch magisch geschützt wäre.«

»Ich bin kein Zauberer, Martin.«

»Ja, sag das meiner Frau«, murmelte ich. »Und deinem Umhang, der sich offenbar magisch selbst reinigt. Aber darum geht es auch nicht. Witalina ist tot. Erschossen. Diesen Tod hat sie nicht verdient.«

»Es war ein Unfall, Martin«, sagte Tod ruhig.

»Ein Unfall, der gar nicht hätte stattfinden dürfen. Warum hast du sie überhaupt mit zu einem Kriegsschauplatz genommen? Nicht dass es viel hilft, aber ging es wenigstens schnell?«

»Sie war sofort tot.«

»Verdammt«, sagte ich immer noch schockiert. »Aber immerhin.«

Tod entgegnete nichts. Sein Gesicht gab auch keine Regung von sich.

»Die Polizei wird deswegen ziemlich durchdrehen, meinst du nicht?«, sagte ich, nachdem mir klar wurde, wie ihre Wohnung nun für Außenstehende wirken würde.

Tod rollte mit den Augen. »Das hatten wir doch schon mal. Es ist doch völlig egal. Sie werden es weder mit dir noch mit mir in Verbindung bringen.«

»Trotzdem liegt hier eine Leiche mit einer Schusswunde herum. Da wird sich einer der Kommissare ganz schön die Zähne dran ausbeißen. Abgesehen davon: Sie ist tot. Warum bist du so ruhig? Stört dich das nicht?«

»Es stört mich außerordentlich.«

»Na, sag das mal deinem Gesicht.«

»Ich bin lediglich der Auffassung, dass es wenig zielführend ist, jetzt den Kopf zu verlieren.«

Ich sah ihn entgeistert an. »Nette Wortwahl, wenn man bedenkt, was mit ihr passiert ist.«

»Es war nicht meine Intention, einen Spaß aus der Situation zu machen.«

Ich stand auf und wischte mir die Stirn. »Dir ist klar, dass du das den anderen Nachfolgern erklären musst, oder? Und ich meine nicht nur, dass sie tot ist, sondern was das für sie alle bedeutet.«

Tod nickte langsam. »Es bedeutet, dass sie nicht meine Nachfolgerin war.«

»Wie bitte?«, sagte ich.

»Nun, sie ist gestorben. Hätte sie nicht meine Nachfolge antreten müssen?«

»Na ja, schon ... also ...« Ich wusste nicht recht, was ich sagen sollte.

»Deiner Theorie zufolge, dass es *mehrere* Nachfolger geben könnte, hätte sie vielleicht zunächst mit mir zusammen die Rolle des Todes übernehmen können, bis ihr nach und nach die anderen folgen. Das ist nicht eingetroffen.«

»Hatte sie denn schon ... also, ich meine ... waren schon irgendwelche Fähigkeiten auf sie übergegangen? Konnte sie sich schon aufteilen oder springen?«

Tod schüttelte den Kopf.

»Also, vielleicht ... war sie noch nicht so weit?«

»Inwiefern?«

»Na ja, vielleicht ist man erst so weit, wenn die Eigenschaften komplett auf einen übergegangen sind.«

»Dann hätte das bei mir damals aber auch so sein müssen.«

»War es nicht?«

»Ich hatte einige Fähigkeiten, aber nicht alle. Der Rest kam, als ich die Arbeit aufnahm. Du selbst hattest zum Zeitpunkt deines Todes, an dem du mich hättest ablösen sollen, auch noch nicht alles übernommen. Das Verständnis der Sprachen kam erst nach deinem ersten Tod.«

»Ja, ich hätte mir gewünscht, dass das als Erstes auf mich übergegangen wäre. Hätte mir viele leidvolle Stunden Französisch in der Schule erspart.«

»Du siehst also, dass es daran nicht gelegen haben kann.«

Ich grübelte. »Wenn Witalina nicht zum Tod geworden ist, oder meinetwegen zu *einem* Tod, dann stellt sich die Frage, woran das liegt und ob das auch für die anderen Nachfolger gilt.«

Tod nickte gefällig, so als würde er mich auffordern, den Gedanken zu Ende zu bringen, den er schon vor mir gehabt hatte.

»Im Grunde«, fuhr ich fort, »lässt das nur zwei Schlussfolgerungen zu.«

Tod nickte erneut. »Fahr fort.«

»Grund eins könnte sein, dass nur eine oder, noch viel schlimmer, keine der Personen dein Nachfolger ist.«

»Ja, der Gedanke ist mir auch gekommen«, sagte Tod.

»Wenn das der Fall ist, frage ich mich allerdings, warum sie alle dich sehen können.«

»Ich stimme zu.« Tod wirkte, als hätte er eine Theorie, die er aber noch nicht kundtun wollte. »Was wäre deiner Meinung nach die zweite Möglichkeit?«

»Grund zwei ... Es wäre denkbar, dass sie die Nachfolge nur antreten können, wenn sie alle gleichzeitig sterben.«

Tod zog eine Grimasse, als er das Gewicht verlagerte und das von der seltsamen Krankheit betroffene Bein belastete. »Der Gedanke ist mir ebenfalls gekommen.«

»Na, dann lass uns alle nach Kabul bringen und auf den nächsten Selbstmordanschlag warten«, ätzte ich.

»Diesen Gedanken hatte ich ebenfalls«, antwortete er in aller Seelenruhe.

Mir entgleisten die Gesichtszüge. »Ich habe einen Scherz gemacht. Du willst sie doch nicht wirklich alle in die Luft sprengen lassen, oder?«

»Zumindest wären wir dann sicher, was stimmt.«

»Du würdest vier Personen umbringen! Darunter meinen Sohn.«

»Fünf. Ich glaube, du vergisst, dass du auch darunter wärst.«

»Na, jetzt freue ich mich noch viel mehr darauf!«

Tod runzelte die Stirn und druckste dann herum: »Und ... tja, wie soll ich das nun sagen? Es sind genaugenommen ein paar mehr als das.«

Es brauchte einen Moment, bis der Groschen fiel. »Es gibt noch mehr Nachfolger?«

»Es gibt zumindest mehr von denen, die wir zunächst für Nachfolger gehalten haben.«

»Also würdest du willentlich was weiß ich wie viele Leute opfern, um deinen Nachfolger zu finden? Du warst doch immer derjenige, der gesagt hat, dass der Tod niemanden umbringt.«

»Nun, es ist nicht meine bevorzugte Methode herauszufinden, welche Theorie stimmt. Es würde aber zwei Fliegen mit einer Klappe schlagen. Das Problem mit den fehlenden Todesvisionen wäre dadurch gelöst, und es wäre experimentell nachgewiesen ... also durchaus wissenschaftlich.«

»Wissenschaftlich? Bei Mengele vielleicht.«

»Ich habe doch gesagt, dass es nicht meine bevorzugte Variante wäre. Außerdem gäbe es noch eine weitere Möglichkeit.«

»Ja, vermutlich könnte man sie auch alle in Brand stecken.«

»Ich meinte etwas, das man aus den Umständen von Witalinas Tod schließen könnte.«

»Und das wäre?«

»Alle, die mich sehen können, sind eine Warnung an dich und mich.«

Ich schüttelte den Kopf. »Was jetzt genau?«

Tod zögerte und machte den Eindruck, als müsste er sich kurz geistig darauf vorbereiten, was er mir zu sagen hatte. Aber nachdem er Luft geholt hatte, sprach er endlich: »Es werden immer mehr Nachfolger, Martin. Und es ist offenbar nicht so, dass sie nach ihrem Tod meine Stelle einnehmen. Also kann man davon ausgehen, dass sie gar keine Nachfolger sind, sondern einfach nur Personen, die uns«, er zeigte mit dem Finger zwischen uns hin und her, »also mich und meinen eigentlichen Nachfolger, daran erinnern sollen, dass wir endlich zu Potte kommen. Es ist eine negative Reaktion auf dein Weiterleben. Etwas, was zusätzlich alles durcheinanderbringt und die Regeln chaotisch werden lässt. Tante Gerda verliert den Überblick. Oder sie will vielmehr, dass *wir* den Überblick verlieren. Irgendwann wird es vielleicht so sein, dass *alle* den Tod sehen können, sich für seine Nachfolger halten, und jeder hat eine andere Vorstellung darüber, wie der Tod zu sein hat.«

Ich starrte ihn an. »*Ich* verursache dieses Chaos? Geht das jetzt wieder los?«

Tod seufzte. »Du siehst das falsch, Martin. Es hat nie aufgehört, trotz all unserer Versuche, etwas daran zu ändern.«

»Das ist nur die Theorie, die dir am besten in den Kram passt.«

»Dir etwa nicht?«, fragte er zweifelnd. »Wie du gerade schon selber sagtest: Sie müssten alle zusammen sterben. Wie gering die Wahrscheinlichkeit ist, dass so eine große Gruppe simultan dahinscheidet, muss ich dir wohl nicht erklären, immerhin hast du gerade selbst einen entsprechenden Vermerk dazu gemacht. Und dein Sohn wäre somit auch aus dem Spiel.«

Ich schüttelte den Kopf. »Nein. Nein. Nein, nein. Nicht schon wieder. Ich will das nicht.«

Tod seufzte. »Das verstehe ich. Und ich würde es mir auch anders wünschen. Für dich anders wünschen. Aber meiner Meinung nach sprechen die Fakten für sich.«

»Theorien! Es sind immer noch Theorien!«, rief ich und sprang auf. Ich rang mit mir selbst. Am liebsten hätte ich ihm Schimpfworte an den Kopf geworfen. Oder eine Faust. Ich besann mich aber eines Besseren. Ohne ein weiteres Wort schloss ich die Augen, dachte an daheim und ließ ihn allein in Witalinas Wohnung zurück.

Anja zuckte zusammen, als ich plötzlich neben ihr auftauchte.

»Oh, Entschuldigung«, sagte ich.

Sie hielt sich die flache Hand auf die Brust. »Ich hätte fast einen Herzinfarkt bekommen.«

»Ja, das Gefühl kenne ich.«

»Wieso kommst du ... wo ... hast du ihn etwa wiedergesehen?«

Ich nickte.

»Und? Ist zwischen euch wieder alles normal?«

»Wenn du mit normal meinst, dass wir uns gestritten haben und eine unterschiedliche Sicht der Dinge haben, ja, dann ist wieder alles normal.«

Sie sah mich abschätzend an. »Wahrscheinlich sollte ich nicht weiter nachfragen, was?«

»Jetzt nicht«, sagte ich erschöpft. »Ich muss mir selbst zunächst über einiges klar werden. Wart ihr erfolgreich bei der Süßigkeiten-Akquise?«

»Tobi hat einen ganzen Jute-Beutel voll.«

Ich lächelte müde. »Na, dann freuen wir uns doch auf den nächsten Zahnarztbesuch.«

KAPITEL 23

GRÜBELEIEN ÜBER DAS LEBEN

Ich verbrachte die nächsten Wochen wie in Trance. Bei der Arbeit machten sich die Kollegen über mich lustig, weil ich wortlos Sand und Kies verteilte, ohne mich, wie allgemein bei allen üblich, darüber zu beschweren. Mein Chef nahm mich sogar beiseite und fragte, ob es mir gut ginge. Wir hatten ein Gespräch darüber, ob ich den Job weitermachen wollte oder nicht, denn meine Stimmung deutete er dahingehend, dass ich mich mit dem Gedanken trug aufzuhören.

»Doktor, sach nich, dass ick mich in dir jeirrt habe, als ick dich in die Ausbildung nahm. Und wenn, dann jib mir wenigstens rechtzeitig Bescheid. Ick kann et überhaupt nicht leiden, wenn irjendwann einer am Morjen einfach nicht mehr erscheint, wie dit heutzutage bei den Auszubildenden üblich is.«

»Nein, ich habe nichts dergleichen vor. Ich bin nur ... ich hab einfach ein wenig mit mir selbst zu tun.«

»Biste depressiv, Doktor?«

»Nein, ich denke nicht.«

»Sonst jeh lieber zum Doktor!« Er lachte, weil er das offenbar witzig fand. »Nicht, dass de dich nachher noch umbringst«, schob er nach.

Ich lächelte freundlich, auch wenn mir eigentlich nicht danach war.

»Is doch besser, wenn de dir die Blumen von oben anschaust statt die Radieschen von unten«, legte er nach und wollte bald platzen vor Lachen. Als ich nicht wie erhofft mitlachte, beruhigte er sich schnell wieder. »Ja, hm, also, dann ... frisch ans Werk«, sagte er unbeholfen.

Ich widmete mich wieder der Arbeit.

Natürlich bemerkten auch Anja, Tobi und meine Mutter, dass etwas nicht stimmte. Während Anja und Tobi zumindest eine vage Vorstellung davon hatten, dass es irgendwas mit meinem Freund im Umhang zu tun hatte, beschwerte sich meine Mutter einfach nur darüber, dass ich so selten anrief und bei Gesprächen so maulfaul war.

Im Grunde war ich mir selbst nicht sicher, worüber ich die ganze Zeit nachgrübelte. Mir war relativ schnell klargeworden, worauf Thanatos mit seinen Aussagen hinaus wollte: Ich sollte sterben, um seinen Job zu übernehmen. Schon wieder. Natürlich hatte ich darauf herzlich wenig Lust, immerhin hatte ich das bereits einmal hinter mir, und wenn ich auf einem Bewertungsportal im Internet dafür eine Wertung hätte abgeben müssen, hätte ich vermutlich etwas wie »Ich werde in Zukunft davon absehen« geschrieben. Mein Standpunkt stimmte also weitestgehend mit dem der Allgemeinheit überein, welchen man salopp gesagt am ehesten mit »Sterben ist scheiße« umschreiben konnte.

Es wäre leicht gewesen, alles zu ignorieren, mit meinem Leben weiterzumachen und Tod seinem Schicksal zu überlassen. Im Grunde wollte ich es die ganze Zeit schon so machen: einfach nur mein Leben leben und alles, was mit dem Tod zu tun hatte, hinter mir lassen. Ich fand, ich schuldete der Welt nichts mehr. Und für ungefähr zehn Sekunden dachte ich ernsthaft darüber nach, mich um nichts zu kümmern und die Welt vor die Wand fahren zu lassen. Wobei ich die meiste Zeit dieser zehn Sekunden damit verbrachte, zu überlegen, ob ich diese Gedankengänge wirklich abstellen konnte oder wollte.

Bis zu einem gewissen Grad war mir klar, dass meine Einstellung sehr egoistisch war. Ich wusste, dass Tod krank war. Ich wusste, dass vermutlich irgendwo auf der Welt Bibi Menschen wiederbelebte, die besser tot geblieben wären. Ich wusste, dass immer mehr »Nachfolger« den Tod sehen konnten. Ich wusste, dass ich irgendwas dagegen unternehmen musste. Trotzdem schaffte ich es nicht.

Anja hatte mehrmals angeboten, mit mir darüber zu reden. Tobi hatte mich ebenfalls ein paarmal angesprochen, was mit ihm und den anderen Nachfolgern wäre. Aber nach ein paar Wochen des Schweigens ließen auch sie von den Fragen ab. Ich verdrängte es, so gut es ging.

Ich dachte zum ersten Mal wieder ernsthaft über den Tod nach, als am Ende des Jahres in den Nachrichten darüber berichtet wurde, dass der Schauspieler und Sänger Johannes Heesters mit 108 Jahren an Weihnachten verstorben war. Ich war zwar nie ein Fan von ihm – tatsächlich gruselte es mich, dass er in hohem Alter immer noch auftrat und mehr schlecht als recht versuchte, *Da geh ich ins Maxim* zu singen – aber ich musste zugeben, dass eine neunzig Jahre währende Bühnenkarriere Respekt verdiente, auch wenn ich mit Thanatos Jahre zuvor bereits gescherzt hatte, dass seine Auftritte mir wie Leichenfledderei vorkamen. Sein Ableben brachte immerhin einen guten Vorsatz fürs neue Jahr: endlich mit Tod ein klärendes Gespräch darüber führen.

»Ich werde an den nächsten Abenden versuchen, wieder mit Tod Kontakt aufzunehmen«, sagte ich zu Anja, als wir nachts im Bett lagen.

Sie drehte sich auf die Seite und schaute mich an. »Möchtest du mir jetzt vielleicht sagen, was dich beschäftigt? Du bist schon seit Monaten so merkwürdig.«

Ich brauchte etwas zu lange, um zu antworten, knirschte nur mit den Zähnen, bis von ihr ein enttäuschtes »Na, dann eben nicht« kam.

»Entschuldige, aber ich bin mir nicht sicher, ob ich dich damit belasten soll.«

»Und du meinst, dass dein Schweigen mich nicht belastet?«

»Touché«, sagte ich.

Sie griff nach meiner Hand und fragte ruhig: »Also, was ist los?«

Ich erzählte ihr von der rätselhaften Krankheit, die Thanatos befallen hatte, seinen Problemen, die Schmetterlinge zu fangen, und erklärte ihr seine Theorie, dass die Nachfolger nur dazu da waren, um ihn und mich daran zu erinnern, dass ich endlich den Job übernehmen soll.

»Also ist Tobi in Wirklichkeit gar kein Nachfolger?«

»Vielleicht nicht«, sagte ich.

»Das beruhigt mich außerordentlich.«

Ich sah sie an. »Es heißt aber auch, dass *ich* sehr wahrscheinlich sterben muss. Bald.«

Ihr gerade noch fröhliches Gesicht wurde schlagartig ernst. »Wie sicher ist das?«

»Das ist der Punkt, über den ich lange nachgedacht habe. Aber wie ich es drehe und wende, ich befürchte fast, dass Tod recht haben könnte.«

Sie sagte nichts, setzte sich aber plötzlich im Bett auf. »Ich kann das nicht schon wieder durchmachen.«

»Beim letzten Mal hast du doch gedacht, dass ich gar nicht tot bin.«

»Ich meine einfach, dass ich einen weiteren Todesfall in der Familie nicht aushalten kann.«

Sie ließ die Schultern hängen, und ich setzte mich ebenfalls auf, um sie in den Arm zu nehmen. Ich spürte ein paar Tränen auf meiner Schulter, und sie schluchzte, dass ich sie nicht verlassen sollte. Natürlich hätte ich ihr gerne gesagt, dass mir das nie in den Sinn käme, aber die Umstände ließen das nicht zu.

»Wahrscheinlich wirst du dich an den Gedanken gewöhnen müssen. Wir beide müssen das«, sagte ich und strich ihr über den Rücken.

Sie küsste mich auf die Wange, und für eine Weile verharrten wir so, ohne ein Wort, nur die Nähe des anderen genießend.

»Ich weiß nicht, wie viel Zeit bleibt«, sagte ich schließlich und bemühte mich, meine Stimme so entspannt und gefestigt wie möglich klingen lassen, war aber nicht sicher, ob mir das wirklich gelang. »Ich kann dir nicht mal sagen, ob es überhaupt stimmt, aber momentan sehe ich keinen Weg, wie das ein gutes Ende nehmen könnte.«

Anja setzte an, etwas zu sagen, aber dann schwieg sie doch. Wir legten uns auf die Seite und sahen uns eine Weile einfach nur an.

Meine Gedanken rasten. Ich konnte nicht sterben. Nicht, wenn Anja mich brauchte. Und Tobi. Meine Mutter, die mit ihrem schrägen Englisch die Leute verwirrte. Oder die Kollegen aus der Firma, die sich nun auf mich verlassen konnten. Nicht, wenn es noch so viel zu sehen und zu erleben gab. Nicht, wenn es noch so viel zu leben gab!

Ich lächelte. Anja strich mir liebevoll mit der Hand übers Gesicht, und wir verharrten schweigend, bis uns der Schlaf übermannte.

KAPITEL 24

DAS ENDE DER WELT IST EIN HIPSTER

Ich hatte vor, an den Abenden immer wieder auf die Azoren zu springen, bis ich meinen alten Freund dort antreffen würde. Allerdings ergab es sich von ganz allein, dass ich ihm über den Weg lief.

Der Valentinstag stand vor der Tür, und obwohl Anja und ich am Anfang unserer Beziehung beschlossen hatten, den Hype nicht mitzumachen, wollte ich ein Geschenk für sie besorgen. Nichts Großes, eine Kleinigkeit. Sie hatte schon so lange nichts mehr von mir bekommen, dass ich dachte, eine Aufmerksamkeit wäre nicht verkehrt. Und sie hätte von allem anderen länger etwas als ausgerechnet von Blumen.

Im Gegensatz zu mir, der Musik nur noch am Rechner oder per MP3-Player hörte, saß sie gerne lesend auf der Couch und legte dabei eine CD ein. Ich zog also am Wochenende allein los, um im Elektronikmarkt des Europa-Centers in der Musikabteilung zu stöbern. Aber nachdem ich die Neuerscheinungen der vergangenen Wochen durchgesehen hatte, wusste ich immer noch nicht, was ich kaufen sollte.

Paul McCartney hatte ein neues Album herausgebracht, allerdings schien ihm auf seine alten Tage nichts mehr einzufallen: Es handelte sich nur um Cover-Versionen von Hits aus den 50er Jahren oder etwas in der Art. Von Ringo Starr gab es ebenfalls ein neues Album, aber die waren schon immer sehr gewöhnungsbedürftig. Trotzdem musste ich an Tods Leidenschaft für die Beatles denken und grinste. Dann fiel mir noch eine CD von Leonard Cohen auf, der nach Jahren wieder etwas Neues veröffentlicht hatte. Ich wunderte mich ein wenig darüber, denn irgendwie hatte ich ihn in meinem Kopf in der Schublade »Schade, dass der schon tot ist« abgelegt, obwohl er es gar nicht war.

Die andere Musik sagte mir gar nichts. Ich fragte einen Verkäufer, was für Musik die ein oder andere Band denn spielen würde, aber ich konnte mit Bezeichnungen wie »Indie lo-fi alternative country«, »Electronic shoegazing rock« oder »Baroque sadcore pop« nichts anfangen. Vermutlich war ich zu alt dafür, um Musikbezeichnungen, die mehr als zwei Wörter enthielten, zu begreifen. Ich wusste noch, was »Grunge« war, aber »Post-hardcore Emo Grunge« war mir zu abstrakt. Ich entschied mich also für das Album von Leonard Cohen.

Ich ging über die Tauentzienstraße und wartete auf dem Mittelstreifen an der roten Ampel. Während ich noch darüber nachdachte, dass ich irgendwie den musikalischen Zeitgeist verschlafen hatte, stellte sich ein junger Mann neben mich, der es offenbar darauf anlegte, noch hipsteriger als ein Hipster auszusehen. Mir war es ein Rätsel, wie er in seine Jeans gekommen war. Vermutlich konnte ich nur deswegen nicht die Abdrücke seiner Beinhaare unter dem Stoff erkennen, weil er sie rasiert hatte. Ganz im Gegensatz zu seinem Gesicht, in dem ein Bart spross, der Grizzly Adams, dem Mann aus den Bergen, Konkurrenz gemacht hätte. Sein ebenso langes Kopfhaar war nach hinten gekämmt und endete in einem kleinen Zöpfchen, während die Seiten fast abrasiert waren. Sein kariertes Hemd blitzte unter der offenen Jacke durch und wurde von überflüssigen Hosenträgern gehalten. Die Fliege an seinem Hals war irgendwie das I-Tüpfelchen.

»Wir müssen noch mal mit Becca über die Deadline für das Publishing sprechen«, sagte er laut in sein Handy. »Ich glaube, wir müssen die Designs noch etwas pushen, weil die ansonsten so flat sind. Was nützt uns die Monster-App, wenn die User da nicht von geflasht sind, weißt du? Ja, like totally.« Er wandte sich zu mir, weil er offenbar bemerkt hatte, dass ich ihn staunend anstarrte. Dann musterte er mich von oben bis unten – und schüttelte den Kopf. »Sorry, kein Interesse.«

Ich war perplex. »Ich ... äh ... ich wollte gar nicht, also ...«

Er rollte mit den Augen und hielt mir, wie um mich abzuwehren, eine Hand vors Gesicht, während er weiter in sein Handy quatschte. »Du glaubst es nicht, hier macht mich gerade so ein Typ von der Seite an, Leonie.«

»Aber ich wollte doch gar nicht ...«, sagte ich fassungslos.

»Nein, ich glaube nicht, dass er mir eine Obdachlosenzeitung verkaufen will«, sagte der Hipster ins Handy und warf mir noch einen prüfenden Blick zu. »Aber da kommt er vielleicht auch noch hin.«

»Also, das ist doch ...«, konnte ich noch sagen, bevor er lautstark seufzte und – nun offensichtlich der Meinung, dass meine pure Anwesenheit seinen Coolnessfaktor dramatisch senkte – ohne sich umzublicken auf die Straße lief.

Ich wollte darüber lachen, bemerkte dann aber den Bus, der geradewegs auf ihn zugerast kam. Ohne groß nachzudenken, stürzte ich vor, griff den Hipster beim Zopf und zog ihn mit einem Ruck zurück an den Straßenrand.

Der Busfahrer hupte laut und brüllte etwas aus dem Fenster, das ich nicht verstand – und auch der Hipster brüllte mich an und war bereits dabei, die Fäuste zu ballen.

»Alter, bist du crazy?«, fauchte er mich an und griff sich an den Hinterkopf, vermutlich um seine Haarpracht zu richten.

»Entschuldige mal bitte, ich hab dir nur das Leben gerettet!«, erklärte ich ihm so ruhig wie möglich, obwohl mein Pulsschlag bei dieser Spontanaktion in die Höhe geschnellt war.

»Und jetzt willst du auch noch, dass ich mich bedanke, oder was?«, kam es abfällig zurück.

Ich lächelte, obwohl mir eigentlich eher danach gewesen wäre, ihn anzubrüllen. »Wäre nicht die unanständigste Idee.«

»Verfluchter Perverser«, sagte er – und ging wieder achtlos über die Straße, diesmal ohne sein Leben zu riskieren, weil die Ampel mittlerweile auf Grün geschaltet hatte.

»Was zum Teufel stimmt mit den Leuten nicht?«, fragte ich mich rhetorisch … und erhielt merkwürdigerweise eine Antwort.

»Was zum Teufel stimmt mit dir nicht?«, sagte die vertraute Stimme von Tod.

Als ich mich umdrehte, stand er kopfschüttelnd neben Bibi, die – mit mehreren unschönen Mitessern im Gesicht – wütend auf den Boden stampfte. »Alles bringst du durcheinander! Alles!« Dann fuchtelte sie mir mit der Faust vor dem Gesicht herum und war verschwunden, fast ein bisschen so, als wäre sie vor lauter Ärger über mich geplatzt.

Ich wusste nicht, was los war. »Was habe ich denn jetzt wieder angestellt?«, fragte ich Tod.

»Nun, du hast erst jemanden umgebracht und dann sein Leben gerettet.«

Ich schüttelte den Kopf. »Wie bitte?«

»Der Mann gerade eben. Du hast ihn zunächst dazu gebracht, vor den Bus zu laufen. Dadurch wäre er getötet worden – und zwar deutlich vor seiner Zeit. Dann hast du ihm aber das Leben gerettet … und das hat gerade mächtig viel durcheinander gebracht.«

»Was genau?«, knarzte ich meinen alten Freund an. Es passte mir ganz und gar nicht, dass im Moment jeder das Recht zu haben schien, mich anzuschnauzen.

Tod seufzte. »Wenn du nicht gewesen wärst, wäre der Mann irgendwann ein braver Beamter geworden.«

»Ganz sicher nicht!«, entfuhr es mir. »Das war ein Hipster. Die werden niemals Beamte, sondern gehen ins Marketing, werden Barista oder machen einen Laden für … Kohlrouladenzubehör auf.«

Tod schüttelte den Kopf. »Die werden entweder spießig oder langzeitarbeitslos«, erklärte er mir, als wäre das allgemein bekannt. »Und dieser Spezielle hätte außerdem geheiratet und vier Kinder in die Welt gesetzt und wäre mit seiner Familie aufs Land gezogen, um dort einem Schützenverein beizutreten, weil er sich immer schon insgeheim für Waffen begeistert hat. Dann kamst du und brachtest ihn dazu, vor den Bus zu laufen. Also war nichts mehr mit der Heirat und den Kindern. Deswegen war Bibi vermutlich gerade eben nicht bei bester Laune.«

»Aber er ist ja eben *nicht* vom Bus überfahren worden«, verteidigte ich mich. »Ich habe ihm doch das Leben gerettet. Also ist doch alles wieder in Ordnung.«

»Eigentlich solltest du wissen, dass es nicht so einfach ist.« Tod schüttelte den Kopf und wirkte etwas abwesend. »Er verkracht sich jetzt gleich mit dieser Leonie und steigt aus der Startup-Blase aus. Stattdessen fängt er an, sich politisch zu betätigen – offensichtlich will er die Stadt von dem befreien, was er ›asoziale Elemente‹ nennt. Er schafft mit seinen harschen Parolen über einige Umwege tatsächlich den Sprung in die Regierung, und da …«, Tod machte eine kurze Kunstpause, so als müsse er kurz vorspulen, »… und da ist er mitverantwortlich für einen riesigen Waffendeal. Der bringt eine ganze Stange von Leuten im Nahen Osten um. Schätze, das gefällt Bibi noch viel weniger.«

»Aber wieso ...« Ich brachte den Satz nicht zu Ende. Ich stand nur kopfschüttelnd auf der Verkehrsinsel vor der Ampel, die wieder rot geworden war, und wurde von einer Frau angestarrt, die ein besorgtes Gesicht machte, vermutlich weil ich mit jemandem sprach, den sie nicht sehen konnte.

Der Mittelstreifen auf der Straße war lang und begrünt, auch wenn davon zu dieser Jahreszeit nicht viel zu sehen war. Einige Bänke standen herum, und ich bedeutete Tod, mit mir zum nächsten freien Platz zu kommen. Stöhnend setzte er sich hin, und ich hakte nach, ob ich das wirklich alles richtig verstanden hatte.

»Du willst mir sagen, dass ich, weil ich gerade dem Typen das Leben gerettet habe, andere Leute zum Tode verurteilt habe?«, fragte ich aufgeregt.

»So könnte man das ausdrücken«, sagte Tod ruhig.

»Aber das war ein Hipster! Wieso macht der irgendwelche Waffendeals? Kann er nicht irgendwelche schönen Designs mit ganz viel Klecksen machen? Oder, was weiß ich, Fair-Trade-Kaffee verkaufen?« Ich raufte mir die Haare.

»Vielleicht hätte er das vorher. Er war ein Hipster, bis du aus ihm etwas anderes gemacht hast.«

»Ich wollte nur nett sein!«

Tod zuckte mit den Achseln. »Alfred Nobel wollte Dynamit auch nur für den Bergbau herstellen, und schau, was daraus geworden ist.«

Ich stöhnte. »Wer hätte gedacht, dass ein Hipster solche Auswirkungen haben kann?«

»Nun«, sagte Tod, »zumindest ein lebender.«

»Willst du damit sagen, dass nur ein toter Hipster ein guter Hipster ist?«, fragte ich kopfschüttelnd.

»Habe ich schon mal erwähnt, dass du einen merkwürdigen Humor hast, Martin?«

»Entschuldigung, ich wollte eigentlich keinen Witz machen …«

Tod atmete tief durch. »Zumindest ist das ein gutes Beispiel dafür, wie deine bloße Anwesenheit alles durcheinanderbringt.«

Ich wollte es immer noch nicht wahrhaben. »Ich habe doch im Grunde gar nichts verändert. Er hätte vorher weitergelebt, und er lebt jetzt weiter. Warum ist alles anders?«

»Manchmal sind es die kleinsten Dinge, die große Auswirkungen haben. Wilhelm der Dritte von Oranien ist gestorben, weil sein Pferd über einen Maulwurfshügel gestolpert ist.«

Für einige Momente saß ich einfach nur da und stützte meinen Kopf auf die Hände. Nicht genug, dass Anjas Eltern wegen mir gestorben waren und ein Kind nicht auf die Welt kam, jetzt hatte ich auch noch aus einem Hipster einen waffenschiebenden Politiker gemacht.

»Ich muss ihm hinterher und es irgendwie richten«, sagte ich, aber Tod schnaubte.

»Mal abgesehen davon, dass er irgendwo in der Menge verschwunden ist … Du willst ihm sagen, dass er kein Politiker werden soll?«

Ich grübelte. »Ja ... nein. Vielleicht.«

»Und dann?«

»Und dann was?«, fragte ich schneidend.

»Weder du noch ich wissen, was passieren wird. Vielleicht machst du es ja noch schlimmer.«

Das war nicht das, was ich hören wollte, aber ich musste zugeben, dass mein alter Freund durchaus recht haben könnte. Das half mir natürlich nicht weiter. Ich grübelte nur noch mehr und wurde immer niedergeschlagener.

Tod stand irgendwann auf. »Ich kann leider nicht lange bleiben.« Er zuckte zusammen, als er das Gewicht verlagerte. »Aber wir sollten die Tage mal wieder reden, wenn du nicht gerade versehentlich einen ganzen Landstrich ausradiert hast ...«

Ich nickte betreten. Dann fiel mir ein, dass ich keine Möglichkeit hatte, ihn zu kontaktieren, aber da war er schon weg. Auch ich stand auf und überlegte, was ich jetzt tun könnte. Jedes Gesicht, das ich auf der Straße, in Autos oder durch die Fenster der Busse sah, schien mir wie ein potentielles Opfer meines bloßen Daseins. Und auf einmal wusste ich, dass es keinen anderen Ausweg gab: Ich musste nicht nur Tod ablösen – ich musste die Welt vor mir retten.

KAPITEL 25

DER TIEFERE SINN HINTER ALLEM

In der kalten Jahreszeit gab es bei der Arbeit meistens nicht viel zu tun. Sobald der Frost im Boden steckte, hatte sich das Bepflanzen erledigt. Natürlich gab es trotzdem Dinge, die getan werden mussten, aber die waren meistens nichts, worauf man besonders Lust verspürte: Beschnitt von Bäumen, Wartung der Fahrzeuge und für mich als Auszubildenden vor allem Theorie-Pauken. Da der Winter aber bis dahin ausgesprochen mild ausgefallen war, waren wir noch immer draußen beschäftigt.

Auch wenn keine Minustemperaturen herrschten und einem durch die Arbeit ausreichend warm war, wurden Gesicht und Hände mit der Zeit klamm. Ich hatte mit einer Hecke zu tun und gerade den Trimmer beiseite gelegt, um mir an einem heißen Tee die Finger zu wärmen, als ich die vertraute tiefe Stimme neben mir hörte.

»Bereust du es schon, deinen alten Beruf aufgegeben zu haben?«

»Zumindest musste ich mir keine Gedanken um kalte Finger machen«, sagte ich und drehte den Kopf in seine Richtung. Er stand etwas verkrümmt da. »Wird dir eigentlich nicht kalt in dem Ding? Oder hast du lange Unterhosen oder so was an?«

»Lange Unterhosen sind nicht sehr sexy«, sagte Tod.

»Wusste gar nicht, dass du darauf Wert legst. Zumal sich da noch die Frage ergibt, wer dich eigentlich sexy finden soll.«

»Es gibt genug Frauen unter den Nachfolgern, für die das eine Rolle spielen könnte. Oder Männer mit entsprechenden Neigungen. Nicht, dass ich da in irgendeine Richtung Absichten hätte. Ich mag einfach nur keine langen Unterhosen. Und sie gehören eh nicht zur Uniform.«

»Mit anderen Worten: Der Mantel wärmt dich. Vermutlich auch wieder eine diese magischen Eigenschaften. Die Bekleidungsindustrie würde für die Technik töten.«

»Da hätte ich ja nur noch mehr zu tun«, sagte er und betrachtete mich skeptisch. »Mir scheint, du befindest dich heute nicht in der besten Laune.«

»In mir kriecht langsam die Kälte hoch, und ich werde wohl oder übel für das Wohl der Menschheit sterben müssen. Entschuldige, wenn ich da nicht vor Freude die Hacken in der Luft zusammenschlage und Yippie rufe.«

»Deinen Worten entnehme ich, dass du zu denselben Schlussfolgerungen gekommen bist wie ich.«

Ich schwieg. Sein Gesicht wirkte noch immer müde und abgekämpft, aber ansonsten machte er einen recht normalen Eindruck.

Er lächelte schief, als hätte er meine Gedanken erraten. Dann lupfte er den Umhang ein wenig, damit ich sein Bein betrachten konnte. Von langen Unterhosen war tatsächlich nichts zu sehen. Das nackte Bein strahlte mich an. Der schwarze Strich war nun nicht mehr nur auf der Rückseite. Es gab Auswucherungen, die bis zum Knie gingen. Er ließ den Umhang wieder fallen und nickte in Richtung der Hand mit dem Kescher. Ein kleiner schwarzer Strich zog sich vom Handgelenk hoch zum kleinen Finger.

»Die Frage, die dir durch den Kopf ging, ist dadurch beantwortet, glaube ich«, sagte er ruhig. »Ich werde wohl wirklich zum schwarzen Schwan. Aber für eine Ballerina bin ich nicht mehr gelenkig genug.«

»Tut es weh?«

»Natürlich, aber nicht so, dass ich aufschreien müsste. Vielmehr fühle ich mich gebrechlich. Ich schätze, so fühlt es sich an, wenn man alt wird. Hätte nicht gedacht, dass ich diese Erfahrung irgendwann machen würde, immerhin war mein Leben dafür zu kurz.«

Ich sah ihn wohl lange genug ratlos an, dass er von sich aus erklärte, wie ihn das Aufteilen immer mehr anstrengte und er es deshalb auf ein Minimum beschränken wollte.

»Tatsächlich habe ich deswegen schon eine Weile kaum noch mit einem der Nachfolger gesprochen. Auch unsere Diskussion strengt mich an.«

Mein Chef schaute vom Haus zu mir herüber und stemmte die Fäuste in die Hüften. Ich hielt meine Tasse nach oben und wackelte mit dem Kopf, um ihm zu zeigen, dass er sich nicht so haben sollte. Er nickte, machte eine wegwerfende Handbewegung und verschwand aus dem Sichtfeld.

»Ihr scheint euch gut zu verstehen«, sagte Thanatos.

»Zumindest ist er ein Chef, der seine Untergebenen nicht zu Tode schuftet.«

»Sollte das eine Form von Kritik an meiner Person sein?«

Ich lächelte. »Wenn du dir den Schuh anziehen willst.«

»Ich bin weder dein Chef, noch möchte ich, dass du dich zu Tode arbeitest.«

»Aber du möchtest, dass ich *als Tod* arbeite. Und manchmal führst du dich schon ein wenig wie ein Chef auf. Es muss immer das gemacht werden, was dir gerade in den Sinn kommt.«

»Ich habe nur deutlich machen wollen, dass ich als amtierender Tod mehr Erfahrung in gewissen Dingen habe als andere, deswegen denke ich trotzdem nicht, dass ich dir in irgendeiner Form vorgesetzt wäre. Ich ...« Er seufzte.

Ich schaute ihn müde an. Auch ich war die ewige Streiterei leid. In einem Anflug von Wiedergutmachung hielt ich ihm meine Teetasse hin. »Falls dir vielleicht doch ein wenig kühl unterm Leibchen wird.«

Tod zögerte kurz und nahm dann einen Schluck. Er runzelte die Stirn, als er sie mir zurückgab. »Mit echtem englischen Tee nicht vergleichbar.«

Ich zeigte mit dem Finger auf sein Bein und seinen Arm. »Wie sehr schränkt dich das ein?«

»Wie ich schon vor geraumer Zeit sagte, Schmetterlinge sind entkommen. Ich kriege es zwar mittlerweile wieder etwas besser hin, aber dieses ... Etwas geht nicht weg. Du hast es gesehen.«

»Hast du versucht, Bibi davon zu überzeugen, dass sie das mit den Schmetterlingen sein lässt?«

»Habe ich«, sagte Tod. »Wie du dir denken kannst, hat sie mir nur die Zunge herausgestreckt.«

»Vielleicht sollte ich es probieren. Ich kann das natürlich nicht jetzt machen. Wenn ich einfach verschwinde, kriegt mein Chef einen Herzinfarkt, und ich hätte dann wieder Schuld daran, dass jemand vorzeitig abtritt.«

Er schüttelte den Kopf. »Das wird nichts bringen. Sie ist sehr eigenwillig.«

»Du doch auch«, sagte ich lächelnd.

»Ja, aber auch das löst nicht das eigentliche Problem.«

»Dass du stirbst?«, fragte ich neugierig.

Er schaute mich leicht resignierend an. »Wenn man so will.«

»Vielleicht kann man ihr klarmachen, dass sie genauso an allem Schuld hat wie du.«

»Wie ich? Du lebst doch!«

»Ja, eben, und wer hat daran Schuld?«

Tod machte ein paarmal den Mund auf und zu, sagte aber nichts. Mein Chef kam wieder aus dem Haus und starrte zu mir herüber. Er verschränkte demonstrativ die Arme und tappte mit dem Fuß auf den Boden. Ich nickte ihm zu und räumte die Thermoskanne weg.

»Ich muss wohl weitermachen«, sagte ich. »Wie kann ich dich erreichen?«

»Gar nicht«, sagte Tod.

»Vielleicht wäre es doch mal Zeit, dir einen Twitter-Account, ein Blog, Gmail oder – was weiß ich – ein Profil bei OkCupid zuzulegen. Oder einfach nur ein Mobiltelefon, damit man dir irgendwie eine Nachricht zukommen lassen kann. Aber bei dem Hin- und Hergespringe in der Welt würden dich die Roaming-Gebühren wohl umbringen.«

Tod sah mich verständnislos an. »Ich kenne ein paar der Wörter, die du benutzt hast.«

»Wir müssen reden. In Ruhe. Wie treffen wir uns?«

»Abends an der üblichen Stelle.«

Ich nickte und nahm den Heckenschneider wieder hoch. »Dann werde ich mal wieder ein paar Pflanzen morden.«

Tod legte die Stirn in Falten. »Mir kommt es vor, als tätest du das Gegenteil.«

»Ich schneide altes Zeug heraus, was dann weggeschmissen wird.«

»Du beseitigst das tote Material, um Platz für Neues zu schaffen. In gewisser Weise tust du genau das, was ich auch tue. Und was du später weiter tun wirst.«

»Aber eine Hecke wird ja nur beschnitten. Im Grunde bringe ich sie nur in Form.«

»So wie ich die Menschheit in Form bringe.«

Ich schüttelte den Kopf. »Das klingt unglaublich eitel. Und auch irgendwie unheimlich, ist dir das eigentlich klar? Die Metapher haut nicht wirklich hin, scheint mir.«

»Aber wie wird der Tod denn immer dargestellt?«

»Was meinst du?«

»Meine Person. Wie wird sie üblicherweise dargestellt?«

»Sprichst du jetzt von diesem Sensenmann-Ding?«

»Genau das meine ich. Der Sensenmann. Und was ist eine Sense anderes als ein Arbeitsgerät für Bauern.«

»An dieser Stelle könnte ich erneut sagen, dass ich kein Bauer, sondern Gärtner bin. Aber vermutlich überhörst du das eh nur wieder. Und mit der Sense haut man ja auch das lebendige Gras weg. Wenn deine Analogie korrekt wäre, dann semmelst du auch lebendige Menschen weg.«

Tod sah nachdenklich aus. »Hm, vielleicht hast du recht.«

»Habe ich. Man muss nicht immer in allem nach einem tieferen Sinn suchen. Manchmal sind Dinge einfach nur die Dinge, die sie sind. In der Regel passieren sie nicht aus irgendwelchen mystischen Gründen. Meistens geschehen sie nur, weil irgendwer ein Idiot ist.«

»Vielleicht versuche ich immer noch zu ergründen, warum du deine Karriere aufgegeben hast, um das hier zu tun. Für mich ergibt das keinen Sinn.«

»Weil du immer noch nach einer tieferen Bedeutung suchst. Du denkst, es müsste irgendwas damit zu tun haben, dass ich als dein Nachfolger auserkoren bin. Hat es aber nicht. Das war der springende Punkt bei meinen Überlegungen. Mein Job hat gar nichts mit deiner Aufgabe gemein.«

»Hättest du dann nicht in irgendeinem Büro arbeiten können? Zumindest wäre das nicht in der Kälte«, sagte Tod.

»Klingt das für dich nicht auch austauschbar?«

Tod wackelte mit dem Kopf.

Ich schüttelte meinen. »Nein, bevor ich in einem Büro sitze und jeden Tag ein wenig mehr sterbe, weil ich irgendwas tue, was keinen Bestand hat, bleibe ich lieber hierbei. Ich hab schon Bäume gepflanzt, die weit nach meinem Tod noch Früchte tragen werden. Unter denen sich Leute ausruhen oder sogar lieben. Ich finde, das ist ein schöner Gedanke. Das hat etwas Dauerhaftes.«

»Du beschneidest eine Hecke, die wieder nachwächst und dann wieder beschnitten werden muss. Was ist daran dauerhaft?«

Ich seufzte. »Musst du eigentlich jeden schönen Gedanken kaputt machen?«

»Vielleicht bin ich auch der Tod der schönen Vorstellungen.«

»Und der inspirierenden Thesen.«

Plötzlich hörte ich meinen Chef quer durch den Garten brüllen. »Doktor! Wat is'n jetzt? Brauchste 'ne Gebrauchsanweisung?«

Ich ließ den Heckenschneider aufheulen und begann mit dem Beschnitt. Tod lächelte noch einmal kurz und war dann verschwunden.

KAPITEL 26

DIE EINZIGE OPTION

Nach Feierabend kehrte ich nach Hause zurück und entschuldigte mich bei Anja und Tobi dafür, dass ich noch etwas zu tun hatte. Anja war natürlich misstrauisch, fragte aber nicht weiter nach. Tobi machte zumindest den Eindruck, als interessiere er sich nicht dafür. Er hatte ein neues LEGO-Projekt angefangen, für das es offenbar unerlässlich war, dass ein eingezäunter Gummidinosaurier von kleinen Raumfahrern, die auf einem Matchbox-Auto saßen, mit Laserschwertern malträtiert wurde. Es sah so aus, als wäre er damit gut beschäftigt.

Ich begann mit meiner Suche nach Bibi dort, wo ich mich am besten auskannte: dem Krankenhaus, in dem ich früher gearbeitet hatte. Ich schlenderte den Gang zur Entbindungsstation entlang, konnte sie aber nirgends finden. Also klapperte ich der Reihe nach die Berliner Krankenhäuser ab, bis sie endlich vor mir erschien.

»Bibi!«, rief ich und stürzte auf sie zu.

»Geh weg, ich will nicht reden.«

Sie war noch mehr gewachsen. Das Kleid war bedrohlich kurz und spannte an Brust und Hüfte, wo es mittlerweile Rundungen gab, die vorher nicht da gewesen waren. Mehrere Pickel prangten auf ihrem Gesicht, was vielleicht einer der Gründe war, weswegen sie so mürrisch reagierte.

»Wie siehst du denn aus?«, fragte ich überrascht.

Sie sah mich scharf an.

»Also, ich ... äh ... meinte damit, dass du erstaunlich gereift bist«, stammelte ich.

»Lauter Pickel habe ich! Und das ist alles deine Schuld«, herrschte sie mich an.

»Meine Schuld? Aber, was habe ich denn ...«

»Das hat alles angefangen, als du am Leben geblieben bist«, sagte sie und schmollte.

»Ich soll daran schuld sein, dass du Pickel kriegst?«

»Na toll, rede nur weiter darüber!«

Sie war schon drauf und dran, weiterzugehen, als ich ihr hinterhersprang. »Bibi, du musst damit aufhören, die Schmetterlinge den Toten zurückzugeben.«

»Wieso?«, zickte sie.

»Weil es nicht richtig ist. Die Leute sind tot. Du kannst sie nicht einfach wieder lebendig machen.«

»Aber das habe ich doch bei dir auch gemacht.«

»Ja, schon. Aber hast du nicht selber gerade gesagt, dass das keine gute Idee war.« Ich zeigte auf mein Gesicht, um darauf Pickel anzudeuten. »Thanatos meint auch, dass es nicht richtig war.«

Sie verschränkte die Arme vor der Brust. »Leben ist nichts Falsches! Außer bei dir vielleicht.«

»Das ist ... sehr freundlich formuliert«, sagte ich etwas zerknirscht. »Grundsätzlich ist das Leben nichts Falsches, das stimmt. Aber trotzdem ...«

»Die Schmetterlinge enthalten Leben. Und es gehört in die Körper, aus denen sie kommen. Deswegen helfe ich ihnen. Tod nimmt sie ihnen nur weg. Das ist doof.«

»Aber verstehst du denn nicht, dass sie aus den Toten kommen, weil sie dort eben nicht mehr existieren können?«

Sie zeigte demonstrativ an mir hoch und runter.

»Ja, ich weiß. Bei mir ging es auch. Aber es hat schlimme Konsequenzen. Tod stirbt.«

»Gut«, sagte sie und drehte mir den Rücken zu, um lustlos weiterzuhüpfen.

Ihre Aussage verärgerte mich. »Gut? Sonst sagst du, dass nichts sterben soll, aber bei Tod machst du eine Ausnahme?«

Sie drehte sich zu mir um. »Der ist doch schon tot. Und du klingst gar nicht mehr nett.«

»Na ja, schon ... trotzdem. Und entschuldige. Aber wegen dir kommt alles durcheinander. Stört dich das nicht?«

»Mehr Menschen leben, und der Tod stirbt. Das klingt für mich toll.«

»Ist es aber nicht«, sagte ich barsch.

»Du bist genauso doof wie Tod«, sagte sie und lief davon.

»Bibi, warte gefälligst!«, rief ich verärgert hinterher.

Sie drehte sich noch einmal kurz um, streckte mir die Zunge heraus und verschwand.

»Oh, so eine verdammte ...«, fluchte ich und sprang ihr hinterher.

Ich fand sie in einem anderen Krankenhaus, wo sie mich sogleich bemerkte, mir laut »Bäh!« entgegenrief und wieder verschwand. Mir gingen die Ideen aus, wo ich hinspringen konnte, aber dann dachte ich, dass sie in den Krankenhäusern etwas zu tun haben musste, sonst wäre sie dort nicht aufgetaucht. Also hüpfte ich zwischen den Hospitälern hin und her. Dieses Katz-und-Maus-Spiel hielten wir fast eine Stunde durch, bis sie mir schließlich auflauerte und gegen das Schienbein trat. »Lass mich in Ruhe!«, brüllte sie und war weg.

Erschöpft sprang ich auf die Azoren, wo Tod mich bereits auf einem Baumstamm sitzend erwartete. Er hielt sein Bein, welches ihm ganz offensichtlich Schmerzen bereitete. Er sah mir an, dass ich erfolglos gewesen war.

»Deinem Gesicht nach zu urteilen, hast du mit Bibi geredet.«

Ich nickte.

»An dem Blag beißt man sich die Zähne aus, nicht wahr?«

Ich beugte mich vornüber, weil ich befürchtete, mich übergeben zu müssen. »Oder man ruiniert sie sich mit hochkommender Magensäure.«

»Alles in Ordnung?«, fragte Tod.

»Es geht. Ich dachte, dass ich mich nach all den Jahren an die Springerei gewöhnt hätte, aber dieses Hin- und Hergehüpfe ist mir ganz schön auf den Magen geschlagen.«

»Warum hast du das getan? Hast du dich nicht aufgeteilt und einfach gewartet?«

Als er das sagte, hätte ich mir am liebsten mit der flachen Hand an den Kopf geschlagen. Ich hatte die Fähigkeit so lange nicht mehr genutzt, dass ich daran schlichtweg nicht mehr gedacht hatte.

Meine Speiseröhre fühlte sich an, als würde langsam flüssige Lava emporsteigen.

»Ein weiterer Grund, weswegen es schön ist, als Tod solche Probleme nicht zu haben.«

»Versuchst du schon wieder, mich zu überreden?«, sagte ich lächelnd, aber Tod machte ein ernstes Gesicht.

»Ich dachte, das müsste ich nicht mehr.« Er schaute mich an. Sein Blick war nicht flehend, hatte nichts Vorwurfsvolles und war auch nicht verärgert.

»Ich dachte nur, wenn ich Bibi davon überzeugen könnte, dann ...«

»... würde ich noch immer dahinwittern, Martin.«

»Ich habe sie vielleicht verärgert, weil ich ihr nachgebrüllt habe. Nicht die schlaueste Idee.«

»Das Mädchen war schon immer anstrengend und sprunghaft in seinen Stimmungen. Du verstehst jetzt vermutlich, weswegen ich mich so selten mit ihr abgegeben habe, nicht wahr?«

»Ist dir eigentlich aufgefallen, dass sie ... nun ja ... gewachsen ist?«

»Wenn das Ganze an mir nicht spurlos vorübergeht, dann an ihr vermutlich auch nicht.«

»Wobei sie ja nicht diejenige ist, die ersetzt werden soll, oder?«

Tod dachte nach. »Soweit ich mich erinnere, war es immer nur sie. Keine Ahnung, ob sie so etwas wie einen Nachfolger hat. Aber bisher hat sie sich auch nie verändert.«

»Jedenfalls hat sie mir vorgeworfen, dass ich an daran schuld wäre. Das Leben kriegt buchstäblich Pickel wegen mir.«

Tod lachte herzhaft und zuckte dann zusammen, als ihm offenbar der Schmerz ins Bein fuhr.

Ich setzte mich neben ihn und schaute auf das Bein. »Das ... das wird schon wieder, oder?«

Tod schüttelte langsam den Kopf. »Ich fürchte nicht.«

»Ich habe keine Ahnung, was ich jetzt tun soll«, sagte ich und starrte ins Leere.

»Und ich dachte, das wäre offensichtlich«, sagte Tod.

»Sterben, ja. Na toll.«

Er streckte das Bein aus und verzog das Gesicht. Ich wollte schon aufspringen und ihm helfen, aber er deutete an, dass ich sitzenbleiben sollte.

»Da ist nicht viel zu machen. Außer ...«

»... sterben.«

»Eigentlich wollte ich sagen, dass man es nur ab und zu strecken und beugen muss.« Er zeigte lächelnd auf das Bein, aber kurz darauf verlor er die Fröhlichkeit wieder. »Aber ... ja, auch das.«

Wir schwiegen. Er schaute mich von der Seite an, während ich auf den Sand und die Grasbüschel starrte.

»Scheiße«, sagte ich.

Tod nickte. »Könnte wohl besser sein.«

Ich spürte, wie mich Gefühle übermannten. Meine Augen wurden feucht. »Ich bin darauf einfach nicht vorbereitet. Ich wollte noch so viel machen. Vielleicht hätten Anja und ich doch noch ein Kind gehabt.«

»Aber ...«, setzte Tod an, und ich unterbrach ihn, denn ich wusste, was er sagen wollte.

»Beim letzten Mal hatte ich zwar mit dem Leben abgeschlossen, aber jetzt habe ich es gerade erst wieder – mir fällt keine bessere Bezeichnung dafür ein – aufgeschlossen. Alles war gut. Besser als vorher. Und nun ... das.«

»Es tut mir leid, Martin.«

Es wäre ein guter Moment gewesen, um sauer auf ihn zu sein, meine Wut und Verzweiflung an ihm auszulassen, aber ich wusste, dass er nichts dafür konnte.

»Wenn ich mit Tante Gerda reden könnte, würde ich ihr ordentlich die Meinung geigen«, sagte ich.

Tod nickte. »Dito.«

Ich fuhr mir durch die Haare, als ich mich wieder aufrichtete. »Also, was jetzt?«

»Nun, ich schätze, jetzt musst du nur noch sterben.«

»Nur«, sagte ich und machte mit den Fingern Anführungsstriche in der Luft.

»Fragt sich lediglich, wie, wo und wann.«

Ich stöhnte, denn ich hatte vergessen, dass Thanatos nicht mehr in der Lage war zu sehen, wann ich sterben würde.

»Vielleicht«, sagte er schließlich, »ist das einer der wenigen Fälle, in dem Selbstmord doch eine Lösung ist.«

»Ich hab geahnt, dass das kommt.«

»Das ist bei offensichtlichen Dingen meistens so«, entgegnete er ruhig.

»Du hast wahrscheinlich auch schon einen Vorschlag für Zeit, Ort und Art, der ebenso offensichtlich ist.«

»Nun, jetzt, hier und ...«, er schaute zu der Klippe etwas abseits von uns, »... dort?«

Das Ganze wurde mir zu schnell zu real. Ich musste ihn etwas bremsen. »Ich kann jetzt nicht sofort, ich meine ... ich muss mich von Anja und Tobi ... meiner Mutter ... und in der Firma muss ich auch ...«

»Du brauchst Bedenkzeit?«

»Vielleicht nicht Bedenkzeit, aber ...«

»Genügt dir ein Tag? Eine Woche?«

»Kommst du ... ich meine ...« Ich zeigte auf sein Bein und seinen Arm. »Kommst du klar?«

»Ich werde damit wohl zurechtkommen müssen. Ich weiß nur nicht, wie lange das noch klappt.«

Ich stand auf. »Danke.« Dann fiel mir noch etwas ein. »Die anderen Nachfolger.«

Er schaute verwundert. »War mit dem Satz eine Frage verbunden oder wolltest du einfach ohne Kontext mal etwas in den Raum gestellt haben?«

»Wissen sie Bescheid?«

»Nein, natürlich nicht.«

»Sagst du es ihnen noch?«

Tod wirkte erschöpft. »Was? Dass sie eigentlich gar keine Nachfolger sind? Ich denke, das werden sie schon mitbekommen, meinst du nicht?«

Ich verstand zwar seinen Punkt, fand es aber nicht sonderlich nett, sie einfach so im Unklaren zu lassen.

»Meine Tätigkeit verlangt mir in letzter Zeit alle Kraft ab. Ich denke nicht, dass ich dafür Zeit habe. Es sei denn, es sollen noch mehr Schmetterlinge abhanden kommen und das Tohuwabohu größer machen. Ich gehe davon aus, dass sie einfach die Fähigkeit verlieren, den Tod zu sehen. Und damit dich.«

»Also kann ich nicht mal mehr Tobi besuchen?«, fragte ich enttäuscht.

»Besuchen schon. Aber der Besuch wäre vermutlich recht einseitig.«

»Aber sicher bist du dir nicht?«

»Wir waren uns doch einig, dass die anderen Nachfolger mich nur deswegen sehen konnten, weil sie als Warnung gedacht waren – deswegen waren sie auch allesamt nicht geeignet für die Aufgabe. Sieh es wie einen Feueralarm: Nachdem das Feuer gelöscht wurde, wird auch die Sirene abgeschaltet.«

Es gab keine Möglichkeit zu sagen, ob das so eintreten würde oder nicht, aber es ergab Sinn. Wenn ich zum Tod werden würde, wäre ich also völlig auf mich allein gestellt.

»Umso mehr ein Grund, ihnen zu sagen, was passieren kann, findest du nicht?«, sagte ich.

Tod zuckte mit den Schultern. »Es steht dir natürlich frei, dich selbst darum zu kümmern.«

»Ich?«, fragte ich überrascht. »Ich weiß gerade mal, wo ich Pierre finden könnte. Und Tobi natürlich. Aber Gemma und Wang Chung ...«

»Chang.«

»Meine ich doch.«

»Kannst du keine Menschen finden?«

»Wie meinst du das?«

»Das ist eine Eigenschaft des Todes. Du weißt, wo sie sind, damit du zu ihnen springen kannst.«

»Die ist mir wohl bisher entgangen.«

Kurz darauf hatte Tod einen Zettel und einen Stift in der Hand.

»Wo kommen die denn jetzt her?«, fragte ich.

»Das ist der Vorteil, wenn man gerade einen Schmetterling von einem toten Schriftsteller holt. Zettel und Stift sind nie weit entfernt.«

Er begann, Namen und Adressen in Blockschrift aufzuschreiben. Die Liste wurde immer länger.

»Was zum Teufel schreibst du da?«

»Die Liste mit den Nachfolgern. Es sind nicht nur Gemma, Pierre, Wang und dein Sohn, denen du das erklären müsstest«, sagte er. »Da wären noch ungefähr dreißig andere.«

»Noch dreißig?«

Er schaute peinlich berührt. »In der Zwischenzeit ... hat sich noch einiges getan.«

»Dreißig?«

»Es werden nicht weniger dadurch, dass du es dauernd wiederholst.« Er schrieb munter weiter.

»Aber ... du hast sie nie erwähnt. Ich kenne die doch alle gar nicht.«

»Das ist fein beobachtet.«

»Warum sollten sie auf mich hören? Ganz abgesehen davon, dass ich sie nicht kenne.«

Tod hob den Kescher und tippte mir mit dem Ende des Stocks auf den Kopf. »Das da solltest du öfter mal benutzen. Oder die Gabe zu schauen, wie Leute umkommen. Dann hättest du recht schnell einen Anhaltspunkt, welche Leute mich sehen können und welche nicht.«

Das Rauschen. Er meinte das Rauschen, das ich bereits bei Tobi bemerkt hatte.

Ich schob den Stock des Keschers beiseite und nickte. »Schon gut. Trotzdem ist es vielleicht ein wenig komisch, wenn ich bei – was weiß ich – Kunta Kinte in Gambia auftauche und ihm sage ›Keule, die Sache mit dem Tod … is nich mehr.‹«

Tod seufzte leicht gereizt. »Du wolltest das machen. Ich habe vorgeschlagen, es dabei zu belassen.«

»Ja doch«, gab ich ebenfalls leicht genervt zurück. »Trotzdem weiß ich nicht, wie ich die …«

»Lass dir was einfallen.« Sein Ton stellte sicher, dass es ihn nicht kümmerte.

»Tolle Idee! So haben das bestimmt früher Könige gemacht. So nach der Art ›Baut mir mal eine Pyramide!‹, ›Wie denn?‹, ›Na, lasst euch was einfallen!‹. Als ob das so einfach wäre.«

»Aber dann haben sie Pyramiden gebaut. Faszinierend, was man mit Sklaverei alles erreichen kann, nicht wahr?«

»War vielleicht nicht das beste Beispiel.«

»Meinst du nicht, dass es einfach wird, mit den Leuten zu sprechen, sobald du ihnen sagst, dass du in meinem Auftrag kommst? Ich meine, wer sollte sonst davon wissen? Ich habe das Gefühl, du stellst dir viel zu viele Fragen, was das angeht. Aber nur für den Fall …«

Er beugte sich hinunter, stöhnte dabei deutlich und riss dann ein etwa handgroßes Stück seines Umhangs ab, das er mir vor die Nase hielt.

»Das ist ein schwarzes Stück Stoff«, sagte ich, als ich das Gewebe in die Hand nahm.

»Von meiner Robe, ja.«

»Das wissen die doch aber nicht. Ich könnte auch ins nächste … was weiß ich … Geschäft für Goth-Bekleidung gerannt sein und ein Stück abgerissen haben.«

Tod schüttelte den Kopf. »Nimm es, vielleicht hilft es.«

Ich steckte den Lappen in meine Hosentasche. »Bei den ganzen Reliquien in den Kirchen fragt sich ja auch kein Mensch, ob das überhaupt sein kann. Ich hab gelesen, dass es drei Vorhäute von Jesus gab.«

»Tut das jetzt irgendwas zur Sache, Martin?«, fragte Tod.

»Vermutlich nicht«, antwortete ich. »Schon gut.«

Tod hielt mir das Papier vor die Nase, und ich nahm es entgegen.

»Das hattest du alles im Kopf?«, fragte ich.

»Du wirst dich wundern, was man sich als Tod alles merken kann«, sagte Thanatos. »Abgesehen von seinem eigenen Namen vielleicht«, fügte er traurig hinzu. Dann machte er eine Handbewegung, als wollte er das Gesagte einfach wegwischen. »Dann sehen wir uns hier wieder in einer Woche?«

Ich wusste immer noch nicht so recht, wie ich anfangen sollte. »Und wenn sie gerade nicht zu Hause sind? Ich meine, Gemma wird studieren und vielleicht jobben. Was mache ich dann?«

»Dann geh eben zu ihr, wenn sie da ist«, sagte er, als wäre ich ein Kleinkind.

»Was für ein exzellenter, einleuchtender Vorschlag.«

»In der Nacht sind die meisten Leute zu Hause. Dazu muss man kein Genie sein. Oder lass es. Mir ist es gleich.«

»Schon gut, schon gut.«

»Also ... bis in einer Woche.«

In meiner Magengegend war plötzlich wieder ein Kloß. In einer Woche sollte ich also sterben? Und in der Zwischenzeit alle Nachfolger besuchen?

Wir nickten uns zu. Dann war er verschwunden. Und auch ich sprang nach Hause.

KAPITEL 27

WIE SAGE ICH ES MEINEM KIND?

Anja spürte sofort, dass etwas nicht stimmte. Und da wir im Ansatz schon darüber gesprochen hatten, ahnte sie, was ich zu sagen hatte. Sie weinte und fluchte, machte mir Vorwürfe, machte Tod Vorwürfe. Ich wollte sie so wenig verlassen, wie sie mich gehen lassen wollte, aber im Endeffekt verstand sie, dass mir die Hände gebunden waren.

Viel schwieriger wurde es, Tobi zu schildern, was ich tun musste. Anja schlug vor, ihm gar nichts zu sagen. Sie wollte es auf sich nehmen, ihm nach meinem Tod zu erklären, warum ich nicht mehr da war. Mir kam das falsch vor, zumal er Tod selbst gesehen hatte, selbst als potentieller Nachfolger im Raum stand und ich Tod dazu überredet hatte, allen Nachfolgern Bescheid zu geben, dass sie darauf nicht mehr warten sollten. Einen richtigen Ansatz für das Gespräch fand ich allerdings nicht. Vielleicht wollte ich den auch gar nicht finden, um eine Möglichkeit herauszuschlagen, wie ich das Unvermeidliche hinauszögern konnte. Es ist faszinierend, wie sehr man etwas verdrängen kann, weil es einem unangenehm ist.

Ich legte Anja dar, dass ich an den nächsten Tagen mehrere Besuche in aller Welt machen wollte, und zeigte ihr das Stück Stoff von Thanatos' Kleidung.

Sie war zunächst total fasziniert davon, weil sie etwas in der Hand hielt, das tatsächlich dem Tod gehörte und vorher für sie unsichtbar gewesen war. Aber dann kam auch sie zu dem Schluss, dass es im Grunde eben einfach nur ein Fetzen einer Textilie war.

Ich erinnerte mich daran, dass Thanatos mir sagte, er hätte den Umhang noch nie gewaschen. Als Anja das hörte, reagierte sie nur mit »Igitt«.

»Der Umhang ist nicht dreckig. Er reinigt sich irgendwie von selbst«, sagte ich.

»Du meinst mit Magie? Und du willst mir erzählen, dass das nicht nach Harry Potter klingt?«

»Was hast du nur immer mit Harry Potter?«

Wir beschlossen, ein kleines Experiment zu wagen.

In der Küche kippte Anja ein wenig Ketchup auf die Arbeitsfläche und ging anschließend mit Tods Stofffetzen darüber, bis die Arbeitsplatte wieder sauber war. Nun klebte der Ketchup am Gewebestück, was unappetitlich aussah.

»Irgendwie hatte ich mir etwas anderes vorgestellt«, sagte ich, während Anja den Fetzen zwischen uns hielt.

»Was macht ihr denn da?«, fragte Tobi, der plötzlich mit einem Gebilde aus LEGO in der Hand in der Tür stand und uns neugierig zuschaute.

»Nichts Besonderes«, sagte ich und ließ den Moment verstreichen, in dem ich ihm hätte erklären können, was mit Tod und mir geschieht. »Wir testen ein neues Putzmittel.«

Tobi verdrehte die Augen und war so schnell verschwunden, wie er gekommen war.

»Faszinierend«, sagte Anja. »Man braucht nur etwas von Putzen oder Aufräumen zu erwähnen, und schon verschwindet er ohne ein Wort. Vielleicht sollten wir uns das merken, wenn wir mal allein sein wollen.«

Ich schmunzelte, schaute dann allerdings auf den Stofffetzen, der mittlerweile wieder ganz sauber war.

Anja entfuhr ein überraschtes »Whoa!«

»Damit könnte man im einen Shopping-Kanal richtig angeben«, sagte ich und nahm ihr das Stück wieder ab, um es näher zu betrachten.

»Das sollte man wissenschaftlich untersuchen lassen«, meinte sie. »Das ist doch eine Sensation! Wenn man das patentiert, wird man wirklich reich.«

»Ja«, erwiderte ich, »das Problem ist nur, dass es, wie du immer sagst, mit Magie funktioniert. Mit Physik hat es jedenfalls nicht viel zu tun, denn es widerspricht sämtlichen Erhaltungssätzen. Zumindest habe ich nun eine Möglichkeit zu beweisen, dass ich wirklich von Tod komme.«

Nachdem Tobi ins Bett gegangen war, dachte ich, es sei an der Zeit, die anderen Nachfolger zu besuchen, um mein Versprechen einzulösen. Insgesamt standen 34 Namen auf der Liste, quer über die Welt verteilt. Ohne Tobi, den ich nicht mitzählen wollte, waren es immerhin noch 33. Das bedeutete, dass ich in der einen Woche, die ich Zeit hatte, jeden Tag vier bis fünf von ihnen besuchen musste. Ich ging davon aus, dass ich deutlich mehr als fünf Minuten pro Person brauchen würde, zumal ich die meisten von ihnen ohnehin suchen musste. Das machte die Aufgabe recht sportlich. Außerdem konnte ich nicht alles in der Nacht erledigen, denn dann wäre es zum Beispiel in Neuseeland oder anderen Pazifikstaaten mitten am Tag. Ich musste also auch tagsüber springen und plante deshalb, mich für die Woche krankschreiben zu lassen.

Als ich am Abend zum ersten Nachfolger springen wollte, hielt mich allerdings Anja davon ab. Wie sie sehr richtig bemerkte, war das unsere letzte gemeinsame Woche, und sie fragte mich, ob ich die wirklich damit zubringen wollte, mich um andere Personen zu scheren, statt Zeit mit der eigenen Familie zu verbringen. Während wir diskutierten, wurde es später und später, und schließlich fielen wir erschöpft ins Bett.

Am nächsten Morgen rief ich in der Firma an, um Bescheid zu geben, dass ich nicht kommen würde. Den Vormittag verbrachte ich damit, beim Arzt zu sitzen und zu warten. Offenbar war die halbe Stadt vor mir an der Reihe, und für einen Moment kam mir der Gedanke, dass man bei manchen Ärzten Liegestühle im Wartezimmer aufbauen sollte, damit man sich die Zeit gegebenenfalls mit einem Nickerchen vertreiben konnte.

Als ich endlich an der Reihe war, erzählte ich dem Arzt, dass ich unter Erschöpfung, Rückenschmerzen und allerlei anderen Symptomen litt, für die mich ein Veterinär vermutlich hätte notschlachten lassen. Ich hoffte, dass es als Begründung für eine Krankschreibung die ganze Woche reichte. Der Arzt allerdings sah mich an, als hätte ich ihm erzählt, mir sei ein Dinosaurier auf den Fuß getreten.

»Gibt es einen bestimmten Grund, weswegen sie die nächste Woche frei brauchen?«, fragte er in einem Ton, der keine Ausflüchte duldete.

Ich dachte kurz nach. Schließlich kam ich zu dem Entschluss, so nah wie möglich bei der Wahrheit zu bleiben. »Wir haben einen Todesfall in der Familie. Es gibt viel zu klären, und ich habe schlichtweg keine Zeit dazu, wenn ich auch noch zur Arbeit muss.«

Der Arzt musterte mich und kaufte mir die Erklärung ab. »Bis zum Ende der nächsten Woche reicht?«

Ich nickte.

»Sie haben Influenza. Falls irgendwer fragt, haben Sie Fieber, Schüttelfrost, Kopfschmerzen, Erbrechen und Durchfall.« Er tippte die Diagnose in seinen Computer und druckte die Krankschreibung aus. »Bleiben Sie schön im Bett. Viel Spaß kann ich ja kaum wünschen.«

Ich bedankte mich überschwänglich.

»Ja, ja, schon gut«, sagte er ruhig. »Schauen Sie ein wenig leidend aus, wenn Sie rausgehen.«

Als ich nach Hause kam, war Tobi schon wieder zurück, und Anja ließ auch nicht lange auf sich warten. Da ich ihr versprochen hatte, die Zeit mit ihr zu verbringen, musste ich bis zur Nacht warten. Aber als wir ins Bett gingen in dem Wissen, dass wir es nur noch wenige Male miteinander tun würden, folgte eins aufs andere, und ich kam nicht mehr dazu, noch durch die Gegend zu springen. Und dann stand das Wochenende vor der Tür, an dem es ganz ähnlich ablief. Zwei weitere Tage, an denen ich es nicht schaffte, auch nur einen einzigen Nachfolger zu besuchen, weil ich die Zeit mit meiner Frau genoss.

Es verging Tag um Tag, bis die Woche, die Tod mir zugestanden hatte, schon fast vorbei war. Es war, als hätte sich das Universum gegen mich verschworen. Andauernd kam irgendwas dazwischen. Erst ging unsere Waschmaschine kaputt, und ich musste mich darum kümmern. Dann brauchte meine Mutter Hilfe, weil ihre Gardinenstange offenbar eine Zweitkarriere als Baseballstar hatte einlegen und ihren Kopf als Ball für den Homerun hatte missbrauchen wollen. Tags darauf informierten mich die Nachbarn, dass in den Keller eingebrochen worden war, was wiederum zu einem Gespräch mit der Polizei führte und mehreren verlorenen Stunden, die ich damit verbrachte, der Versicherung zu erklären, dass wir tatsächlich einen alten Fernseher im Keller stehen hatten, der nun verschwunden war. Und ja, ich hatte noch die Kaufquittung, vielen Dank.

Als ich am vorletzten Tag zu Bett ging, hatte ich mit keinem der Nachfolger gesprochen. Es belastete mich so stark, dass ich auch an diesem Abend nichts zustande brachte. Ich versuchte mir selbst einzureden, dass Tod recht hatte und Gemma, Pierre und die anderen sich auch selbst einen Reim darauf machen konnten, dass er nicht mehr bei ihnen auftauchte. Im Grunde genommen blieb mir nur der Nachfolger, der mir am nächsten war.

Nachdem Tobi von der Schule nach Hause gekommen war, wollte ich ihn endlich darauf ansprechen. Er hatte die Schulsachen im Kinderzimmer auf den Boden geschmissen und saß in seinem Batman-T-Shirt auf der Couch im Wohnzimmer und hatte meinen Laptop auf dem Schoß, um sich auf YouTube irgendwelche Videos anzusehen. Meistens handelte es sich um Cartoons, manchmal auch um Filmtrailer. Ich setzte mich neben ihn und schaute mit auf den Bildschirm, um den richtigen Moment abzuwarten.

Seit wir im Kino den ersten kurzen Ausschnitt aus dem dritten Batman-Film gesehen hatten, gab es zwei weitere Trailer davon, die er sich immer und immer wieder ansah. So auch jetzt.

»Papa, im Sommer schauen wir den Batman-Film zusammen im Kino! Das wird super!«

Sein Enthusiasmus war nicht gerade hilfreich. Ich war drauf und dran, ihm zu sagen, dass ich sterben musste, und er freute sich auf einen Kinobesuch mit mir.

»Knöpfchen, ich fürchte, dass es vielleicht unmöglich sein wird, den Film zusammen zu sehen.«

Er machte einen erschrockenen Eindruck. »Aber wir hatten darüber doch schon gesprochen! Warum darf ich denn nicht mehr?«

»Es geht nicht darum, dass du nicht darfst. Es geht vielmehr darum, dass ich dann nicht da bin.«

Er grübelte und schien auf einmal eine Idee zu haben. »Sagst du das, weil du zum Tod werden musst?«

Cleveres kleines Kerlchen. Ich gebe zu, dass ich sehr stolz auf ihn war. Ich nickte.

»Bald?«, fragte er.

»Vielleicht schon heute«, antwortete ich.

»Okay«, sagte er und schaute wieder auf den Laptop, um beim nächsten Video auf Play zu drücken.

Ich war völlig perplex. »Warte mal, Knöpfchen. Mach das mal kurz aus, bitte.«

Ein kurzer grummeliger Ton kam aus seinem kleinen Körper, aber er stoppte die Wiedergabe. »Was denn?«

»Ich glaube, du hast nicht ganz verstanden, was ich dir sagen will.«

»Doch. Du wirst zum Tod. Die in der Gärtnerei werden das bestimmt nicht toll finden, aber ich glaube, du kannst das.«

»Dieses Todsein ist mehr als nur ein Jobwechsel«, sagte ich. »Du verstehst schon, dass ich sterben muss, oder?«

Tobi dachte kurz nach.

»Du verstehst, was das heißt, nicht wahr? Ich bin dann tot. Also nicht nur der Tod. Ich bin nicht mehr lebendig. Ich kann nicht mehr mit euch irgendwo hingehen, wir haben nicht mehr so eine Unterhaltung, und Mama muss sich ganz allein um dich kümmern.«

Tobi schaute mich skeptisch an. »Du machst Quatsch.«

»Es ist wie bei Oma und Opa«, sagte ich. »Wir sehen uns nicht wieder.«

Tobi schien langsam zu begreifen, was ich meinte, wirklich wahrhaben wollte er es aber offenbar nicht. »Aber ich kann doch jetzt auch Tod sehen. Das kann ich doch dann auch, oder?«

»Ich bin mir wirklich nicht sicher, ob das so funktioniert. Normalerweise sehen Leute den Tod nicht. Und es ist unklar, ob du es dann noch kannst. Wahrscheinlich aber nicht.«

Auf Tobis Gesicht spielte sich ein wahrer Tumult der Gefühle ab, und ich sah, wie ihm die Feuchtigkeit in die Augen stieg. Dann klapperte die Tür und kündigte Anja an, die gerade nach Hause kam. Mein Sohn sprang auf wie von der Tarantel gestochen und rannte ihr entgegen.

»Mama, Mama!«

Ich blieb im Wohnzimmer sitzen und hörte, wie er ihr schluchzend erklärte, dass ich sterben würde. Sie versuchte ihn zu beruhigen und kam mit ihm ins Wohnzimmer. Fast befürchtete ich, dass sie mir einen Vorwurf machen könnte, aber ihr Blick war eher traurig.

»Ich wollte doch so gerne mit Papa und dir den Batman-Film sehen«, sagte Tobi und klammerte sich an ihr fest.

Ich wollte das auch. Obwohl es vielleicht nicht der erste Gedanke war, der mir durch den Kopf ging, wenn ich an die Zukunft meines Sohnes dachte. Merkwürdigerweise dachte ich daran, dass ich ihm nicht würde zeigen können, wie man sich rasiert. So eine banale Tätigkeit und so ein unwichtiger Teil des Lebens. Mein zweiter Gedanke war, dass ich nicht neben ihm würde sitzen können, wenn er nach bestandener Führerscheinprüfung das erste Mal das Familienauto benutzte. Ich ihm nicht beim Umzug in die erste eigene Wohnung würde helfen können. Aber eigentlich dachte ich dabei nur an all die Kleinigkeiten, die mein Vater mit mir gemacht hatte, bevor ich ihn viel zu früh verlor.

Ich schüttelte den Kopf.

KAPITEL 28

OB-LA-DI, OB-LA-DA

Stunden später – es war bereits dunkel, als ich zu unserem Treffpunkt auf den Azoren sprang – fand ich den Platz leer vor. Ich versuchte das Feuer anzuzünden, aber da ich kein Feuerzeug besaß und in der Schule niemals Survival-Unterricht gehabt hatte, fröstelte ich ein paar Minuten, bis Tod erschien.

»In all den Jahren, die wir bereits hierher kommen, hätten wir uns eine kleine Hütte bauen sollen, nicht wahr?«

»Mit funktionierendem Kamin? Ja, wäre schön gewesen. Vielleicht etwas spät jetzt.«

Er stand vor mir und stützte sich auf den Stock des Keschers. »Bist du bereit?«

»Ehrlich gesagt, nein.«

»Es war auch eher eine rhetorische Frage.«

»Ich bin es aber wirklich nicht.«

Er hob die Augenbrauen. »Wie habe ich das jetzt zu verstehen?«

»Nun, zum einen ist es mir nicht gelungen, alle aufzusuchen. Oder überhaupt einen.«

»Du meinst die Nachfolger?«

Ich nickte.

Tod zog die Mundwinkel nach unten. »Das ist enttäuschend, weil du so darauf bestanden hattest. Andererseits ...«

»Allerdings habe ich eine Idee, wie ich das noch korrigieren kann. Außerdem muss ich dich um etwas bitten.«

»Schon wieder?«

Ich hob den Zeigefinger, um ihm zu signalisieren, er solle kurz warten. In dem Moment kam mein anderes, geteiltes Ich mit Anja und Tobi an unserem Treffpunkt an.

»Ah, der Herr hat sich mal wieder aufgeteilt«, sagte er.

»Du hast mich ja erst letzte Woche daran erinnert.«

»Das erklärt trotzdem nicht, warum du deinen Sohn und deine Wie-auch-immer-man-das-nennt mitgebracht hast«, sagte Tod.

Anja würgte derweil. Ihr Gesicht hatte die Farbe von Porridge angenommen, was merkwürdigerweise dieselbe Farbe war, die das Gesicht auch annahm, wenn man Porridge aß.

»Also?«, fragte Tod verwirrt.

Ich hatte mich wieder zu einer Person zusammengefügt und stand neben Anja, um ihr gegebenenfalls behilflich zu sein, wenn sie sich doch übergeben musste. In der Zwischenzeit ging Tobi auf Tod zu.

»Mein Papa kann nicht tot sein!«

Tod hob eine Augenbraue. »Früher oder später wird er das wohl sein müssen.«

»Wir wollen doch im Sommer einen Film zusammen gucken!«

Tod schaute so überrascht, als hätte Tobi ihm vorgeschlagen, mit mir eine Heavy-Metal-A-Capella-Band zu gründen.

Anjas Magen schien sich derweil beruhigt zu haben. Die Farbe kehrte in ihr Gesicht zurück, und dann sah sie sich in Ruhe um. »Das sind also die Azoren? Wäre schön, das mal bei Tageslicht zu sehen.«

Tod räusperte sich. »Entschuldige bitte, wenn ich mich in den Familienausflug einmische, aber was soll das Ganze? Ich verstehe, weshalb du Tobias mitgebracht hast, immerhin kann er mich sehen, aber deine ... Wie nennt man das, wenn jemand mal verheiratet war, dann aber nicht mehr und dann wieder zusammengekommen ist?«

»Kompliziert. Kompliziert nennt man das«, sagte ich.

»Warum hast du deine Komplikation mitgebracht?«

»Nenn sie nicht so«, sagte ich, was dazu führte, dass Anja nachfragte, wie Tod sie genannt hatte.

Während ich sie zu einem der Baumstämme führte und sie sich setzen ließ, erklärte ich ihr, dass es wenig zielführend war, wenn sie sich alle fünf Sekunden einmischte, weil sie gar nicht hörte, was Tod zu sagen hatte.

»Tobi und ich erklären dir hinterher, was du nicht verstanden hast.«

»Aber wie hat er mich eben genannt?«

»Komplikation«, sagte ich, und Anja starrte verständnislos geradeaus. In gewisser Weise stimmte das sogar, weswegen ich kichern musste, was ihr wiederum gar nicht gefiel, aber sie hielt den Mund.

»Du willst also um dein Leben feilschen?«, fragte Tod. »Ist es das?«

»Nein, ganz so ist es nicht. Wir wollen lediglich um einen Aufschub bitten.«

»Und deswegen bringst du dein Kind und deine Komplikation mit? Weil du denkst, du könntest mich damit erweichen? Ich verwittere *jetzt*, Martin. Bibi bringt Leute *jetzt* ins Leben zurück. Bis wann willst du denn warten? Deinen siebzigsten Geburtstag?«

»Ehrlich gesagt, wäre mir mein hundertfünfzehnter Geburtstag lieber gewesen. So habe ich gar keine Chance, meine Urenkel kennenzulernen.«

»Ich hatte gehofft, dass dir eine Woche genug Zeit geben würde, um zu einem rationalen Entschluss zu kommen. Und nun fangen wir diese Diskussion von vorn an?«

»Nein, fangen wir nicht. Ich ... mir ... ist klar, dass ich sterben muss. So ungern ich es akzeptiere, aber ... ich tue es. Und ich spreche ja auch nicht davon, Jahre zu warten. Wie ich schon sagte: Es geht um ein halbes Jahr. Ich will eine letzte Sache mit meinem Sohn unternehmen und mit den Nachfolgern sprechen, bevor ich deinen ungewaschenen Mantel überstreife.«

Tod hob einen Arm und roch an seinem Umhang.

»So war das nicht ... ich meine ja nur, weil wir mal ...«, stammelte ich und ließ den Satz unvollendet.

»Und diese letzte Sache, die du mit deinem Kind tun willst, warum tust du sie nicht jetzt?«

Tobi sprang aufgeregt hoch. »Wir wollen ins Kino.«

Tod hob eine Augenbraue.

»Es geht um einen bestimmten Film, der erst im Sommer anläuft«, sagte ich.

»Der dritte Teil von Batman!«, rief Tobi begeistert.

Tod schaute zwischen uns hin und her und schüttelte den Kopf. »Das kann ja wohl nicht euer Ernst sein.«

»Danach ...« Ich gestikulierte, als würde ich mir den Hals aufschneiden, ich mich selbst aufhängen oder mir in den Kopf schießen. Anja und Tobi starrten mich an, ich nahm die Hände wieder runter und ersparte ihnen weitere Demonstrationen.

Tod schaute verständnislos. »Du willst mir ernsthaft erzählen, dass es für dich in Ordnung ist, dass die ganze Welt aus den Fugen gerät, weil du einen Film im Kino sehen willst?«

»Nicht zu vergessen, dass du so lange leiden musst.« Ich versuchte, mit einem Lächeln die Situation aufzulockern.

Tod runzelte die Stirn.

»Schätze, es ist von Vorteil, dass ich keinen Job gelernt habe, bei dem ich Leuten irgendwas verkaufen muss«, sagte ich schließlich.

»Das sehe ich ähnlich.« Er war noch immer perplex. »Ich könnte es ja nachvollziehen, wenn es irgendwas Wichtiges wäre. Aber ausgerechnet Batman?«

»Das ist nun mal für Tobi wichtig. Und dadurch auch für mich.«

»Wenn er der erste Deutsche auf dem Mond wäre, wäre es einsehbar, dass du das miterleben willst. Wenn er kurz davor wäre, den Nobelpreis für die Heilung von Aids zu kriegen, würde ich verstehen, dass du dabei sein willst. Oder wenn es darum geht, dass ihr gemeinsam etwas unternehmen wollt, dann vielleicht, weil ihr als erste Menschen überhaupt einen Tandem-Gleitflug vom Mount Everest macht.«

»Aber muss der große Wunsch denn immer etwas absolut Spektakuläres sein?«, fragte ich ernsthaft. »Es muss nicht immer etwas Weltbewegendes sein wie die Geburt eines Kindes oder etwas historisch Bedeutsames. Wenn ich zum Beispiel ein Weinkenner wäre und jahrelang darauf hingearbeitet hätte, endlich den einen seltenen Wein zu trinken, fändest du das auch übertrieben?«

»Na ja ...«, sagte Tod.

»Der letzte Wunsch ist für viele etwas Einzigartiges. Ich frage mich, was du dir als Letztes vom damaligen Tod gewünscht hast oder hättest.«

Tods Gedanken schienen eine Weile abzuschweifen. Als er mich wieder anblickte, nickte er nur.

»Der Punkt ist: Schaffst du es, den Job so lange, und gibst du mir die Chance, diese letzte Sache mit meinem Sohn zu tun?«

Tod grübelte, während ich meinen Arm um Tobi legte.

»Bitte?«, schob ich nach. »Ich würde vorher auch mit dir ins Kino gehen und dir Eiskonfekt kaufen.«

»Kann ich da mitkommen?«, fragte Tobi.

»Mal sehen. Zunächst mal muss Thanatos zustimmen.«

»Eiskonfekt wäre das Mindeste«, sagte der Tod. »Und was ist mit den anderen?« Er nickte in Richtung von Tobi und meinte offensichtlich die Nachfolger.

»Ich hätte dann auch genug Zeit für sie.«

Tod kaute auf der Unterlippe. »Es gibt auch etwas, um das ich dich bitten muss.«

»Ich bin ganz Ohr.«

»Wenn du welche von deinen Schmerztabletten übrig hast, könnte ich die eventuell haben?« Er ließ sich stöhnend auf einen Baumstamm plumpsen.

»Wirken die bei dir?«

»Ich schätze, einen Versuch ist es wert.«

»Es sind aber nicht mehr viele. Für ein halbes Jahr reichen die nicht.«

Tod winkte ab. »Es ist nur für die schlimmen Tage.«

In diesem Moment wirkte er äußerst zerbrechlich, und ich fragte mich erneut, ob ein gemeinsamer Kinobesuch mit meinem Sohn es wert war, dass Thanatos sich so quälte.

Ich sprang kurz nach Hause, wühlte im Bad nach den Tabletten und übergab ihm dann die Packung. Er ließ sie dankbar in seinem Umhang verschwinden.

»Also ... geht alles in Ordnung?«, fragte ich.

Er nickte. »Ich schätze, es gibt nur noch eine Sache zu klären. Die Art und Weise, wie du stirbst.«

Mein Bauch machte wieder einen Satz, obwohl es völlig außer Frage stand, dass dieser Punkt irgendwann geklärt werden musste.

»Müssen wir darüber unbedingt jetzt reden?« Ich blickte zu Tobi hinunter, der Tod misstrauisch beäugte.

»Herr Wayne ... oder Herr Batman«, sagte er und kratzte sich dabei im Nacken.

Tod runzelte die Stirn.

»Knöpfchen, ich hab dir doch erklärt, dass der Tod nicht Batman ist«, sagte ich.

»Aber ich kann ihn doch nicht einfach nur Tod nennen. Das ist doch kein Name.« Tobi schaute zwischen uns hin und her. »Und er bringt auch Verbrecher zur Strecke. Und er hat einen Umhang. Und er verschwindet einfach. Das ist nah genug dran.«

Es sah fast so aus, als würde sich Tod etwas aufrichten. Ein Lächeln huschte über seine Lippen. »Gegen diese Logik ist wohl nichts einzuwenden«, sagte er.

»Nenne ihn einfach nur Tod oder Thanatos«, sagte ich.

»Vielleicht wäre es mir ja lieber, wenn er mich Batman nennen würde.«

»Vielleicht wäre es *mir* lieber, er würde dich Kunigunde nennen«, sagte ich.

Tod wandte sich an Tobi. »Was liegt dir denn auf dem Herzen?«

»Mein Vater hat gesagt, dass er sterben muss und dass ich ihn dann nicht mehr sehen kann.«

»Das erscheint wahrscheinlich, denn so ist das mit dem Tod nun einmal.«

»Dann will ich aber nicht, dass er stirbt.«

»Ach, jetzt geht das schon wieder los«, entfuhr es Tod.

Ich fasste Tobi an der Schulter und sagte ihm, dass wir beide und seine Mutter das unter uns besprechen würden.

»Schön, dass mich auch mal einer mit einbezieht«, sagte Anja von der Seite. »Aber als Frau hat man in dieser männerdominierten Welt wohl nicht viel zu sagen.«

Ich atmete tief aus. »Ich habe dir schon mal erklärt, dass das keine Frage des Feminismus ist, sondern einfach damit zu tun hat, dass du den Tod nicht sehen kannst.«

Tod räusperte sich. »Nun, dem könnte Abhilfe geschaffen werden, indem sie einfach von der Klippe springt.«

Tobi zuckte zusammen und zog erschrocken Luft ein.

»Nicht witzig«, entgegnete ich.

»Redet der Tod etwa schon wieder hinter meinem Rücken über mich?«, fragte Anja.

»Nicht hinter deinem Rücken. Genau genommen steht er vor dir«, sagte ich.

»Und genau genommen«, ergänzte Tod, »hätte ich auch kein Problem, es ihr ins Gesicht zu sagen.«

Tobi machte eine grimmige Miene und ging zu seiner Mutter, um sich neben sie zu setzen und sich an sie zu schmiegen.

»Vermutlich kam meine Aussage nicht gut an bei deinem Kleinen«, sagte Tod zu mir.

»Ach, das ist dir aufgefallen, ja? Hast du seit kurzem ein Gespür für die Bedürfnisse und Sorgen anderer?«

»Entschuldige bitte, wenn ich abgesehen von dir und neuerdings ein paar anderen Leuten in über fünfhundert Jahren keinen sozialen Kontakt hatte. Aber wenn du mir ohnehin nur Vorwürfe machst, dann können wir das mit deinem Tod ja auch gleich erledigen.«

Ich hob beschwichtigend die Hände. »Ein halbes Jahr ist gut«, sagte ich.

»Dachte ich es mir doch.«

Tobi saß neben seiner Mutter und erzählte ihr, worüber wir gerade gesprochen hatten.

»Also ist alles in Ordnung?«, fragte Anja.

»Wenn du damit meinst, dass ich trotzdem sterben muss, klar«, erwiderte ich – und merkte zu spät, dass diese flapsige Bemerkung sie wie ein Faustschlag treffen musste.

Anja sank ein wenig in sich zusammen. Tod bemerkte das und beugte sich zu ihr herunter, um dann Tobi mit einem Seitenblick zu verstehen zu geben, dass er weitergeben sollte, was er nun sprach.

»Der Tod eines geliebten Menschen ist nichts, über das man einfach hinweggeht. Noch dazu, wenn er vorangekündigt kommt. Aber die Trauer ist Teil des Prozesses und gibt den Weg frei für ein erweitertes Verständnis des Lebens.«

Anja stutzte, als Tobi ihr das sagte, und fragte in die leere Luft hinein, wie das zu verstehen sei.

»Es ist nicht der Tod, der uns leiden lässt. Es ist das Leben.«

Ich räusperte mich, wartete aber ab, bis mein Sohn Tods Worte weitergegeben hatte. »Bist du dir ganz sicher, dass das nicht totaler Quatsch ist, den du da von dir gibst, Kumpel?«

Tod beäugte mich. »Das ist mitnichten Humbug. Nur die Lebenden leiden und erfahren so das Sein in all seinen Facetten. Den Toten ist es gleich.«

»Das klingt ja alles schön und tiefsinnig, aber was nützt einem das? Sicher, wenn ich tot bin, leide ich nicht mehr, aber die Hinterbliebenen tröstet das auch nicht, oder was entgeht mir da gerade?«

»Da muss ich zustimmen«, warf Anja ein. Sie zeigte auf mich. »Wenn er stirbt, dann wird es mir das Herz brechen. Mir geht es jetzt schon beschissen in dem Wissen, dass das passieren wird. Und wenn es dann so weit ist, wird es nicht besser.«

Tod kratzte sich am Kinn. »Schwieriges Publikum.«

»Kritisches Publikum«, sagte ich. »Aber netter Versuch. Trotzdem solltest du vielleicht davon absehen, einen Lebenshilferatgeber zu schreiben.«

»Aber in einem halben Jahr schaffe ich vielleicht noch einen Roman.«

»Ernsthaft jetzt?«

»Ich hab schon einen Anfang.«

»Ach?«

»›Es war eine dunkle, stürmische Nacht.‹«

»Ich kann kaum erwarten, wie es weitergeht.«

»Springt ihr bei euren Gesprächen immer so hin und her?«, fragte Anja.

»Es kommt vor«, sagte ich. »Besonders, wenn ich ihn dabei ertappe, wie er merkwürdige Dinge von sich gibt.«

»Was ich in der Regel nicht tue«, sagte Tod.

»Jetzt weiß ich aber immer noch nicht, wie ich damit umgehen soll, dass Martin sterben und zum Tod werden wird.«

»Empirisch gesehen scheinen die meisten Menschen mit Alkohol Erfolg zu haben, wenn auch einen fragwürdigen«, sagte Tod.

Anja schüttelte den Kopf. »Der Ratschlag des Todes ist tatsächlich, ich soll meinen Kummer im Suff ertränken?«

»Nein, mein Ratschlag wäre es, der Tatsache ins Auge zu blicken und sie zu akzeptieren. Und mit dem Leben fortzufahren. Es gibt allerdings viele Leute, die es mit Alkohol probieren. Andere weinen oder schreien in ihr Kissen. Was auch immer hilft, nehme ich an. Alle Dinge müssen vergehen. Ob-La-Di, Ob-La-Da.«

Anja ließ sie die Schultern hängen. »Hat er wirklich Ob-La-Di, Ob-La-Da gesagt?«

Ich nickte.

»Findet er das lustig?«

Ich schüttelte den Kopf. »Das ist einfach nur seine Art zu sagen, dass das Leben weitergeht. Wegen der nächsten Textzeile.«

Anja fasste sich an die Stirn.

Ich fuhr fort. »Dieser Alle-Dinge-müssen-vergehen-Spruch ist aus einem George-Harrison-Song. Und einem Album, wenn man es genau nimmt.«

»Der Tod mag die Beatles?«

Thanatos schaute überrascht. »Wer nicht?«

»Ist die Musik nicht etwas kindisch?«, fragte Anja. »Ich meine, *I want to hold your hand* und, nun ja, *Ob-La-Di, Ob-La-Da* ...«

Tod schaute mich an. »Du hast mich vor Jahren mal gefragt, warum ich sie nicht mag. Es sind Aussagen wie diese, die mich wünschen lassen, dass sie einen schlimmeren Tod stirbt, als sie es tun wird.«

»Was?«, rief Anja. »Was hat er über meinen Tod gesagt?«

»Nichts weiter«, sagte ich und wandte mich an Tod: »Wir werden nicht über ihren Tod sprechen.«

»Warum nicht?«, fragte Anja. »Vielleicht will ich gerne wissen, wie ich sterbe.«

»Kindchen«, sagte Tod, »du weißt nicht, wie du über den Tod deines Wie-auch-immer-man-das-nennt ...«

»Partner«, rief ich dazwischen. »Nenn es einfach Partner.«

»Du weißt nicht, wie du über den Tod deines Partners hinwegkommen sollst«, fuhr er fort, »willst dich aber mit dem Wissen über deinen eigenen Tod belasten? Das passt nicht zusammen.«

»Hat er wirklich Kindchen gesagt?«, fragte sie Tobi, der ihr zunickte. Sie begann sich aufzuplustern. »Was fällt Ihnen eigentlich ein?«

Tod stand da und starrte sie wortlos an, während sie in verschiedene Richtungen blickte und versuchte böse zu schauen. Er verschränkte die Arme und machte »Hm«.

»Was?«, fragte ich.

»Ich wünschte, wir hätten früher herausgefunden, wie witzig es ist, wenn eine Person, die mich nicht sehen kann, sauer auf mich ist.«

Tobi war im Begriff, Tods Worte weiterzugeben, aber ich schüttelte den Kopf und er schwieg.

»Was?«, fragte Anja. »Sagt er nichts mehr?«

»Ich denke, es ist Zeit zurückzukehren«, erwiderte ich.

Anja war nicht zufrieden, nahm es aber hin. Tobi und ich verabschiedeten uns von Tod, dann sprangen wir zurück nach Hause.

Den Rest des Abends war sie kurz angebunden und noch immer schlecht gelaunt, als wir ins Bett gingen. Sie gab mir einen Kuss und stellte klar, dass sie sich über Tod und nicht über mich ärgerte, aber das besserte die Stimmung nur unmerklich.

Am nächsten Morgen entschuldigte Anja sich dafür, dass sie so ungehalten reagiert hatte. Sie meinte, dass sie einfach nichts mehr mit Tod zu tun haben wolle und sich darauf freue, wenn ich seinen Job übernehmen würde, damit jemand weniger Herzloses dieser Tätigkeit nachging. Die Implikation ihrer Worte nahm sie gar nicht wahr. Da sie es nicht böse gemeint hatte, ging ich nicht weiter darauf ein und umarmte sie einfach nur.

KAPITEL 29

REISEN UM DIE WELT

Mir blieb noch ungefähr ein halbes Jahr. Ich dachte darüber nach, dass sich Krebskranke wohl ähnlich fühlen mussten, wenn sie erfuhren, wie lange sie noch zu leben hatten. Der signifikante Unterschied zwischen mir und Krebs- oder anderweitig Kranken war, dass sie irgendwann einfach umfielen und tot waren – oder zumindest im Bett lagen und starben –, während ich mich aktiv selbst umbringen musste. Ich konnte Bekannten, den Leuten in der Firma und meiner Mutter also nicht mitteilen, dass ich weg sein würde, denn sie hätten mit Sicherheit dafür gesorgt, dass ich mich nicht umbringen konnte. Insofern musste ich darüber Stillschweigen bewahren und mit Anja Pläne für die Zeit nach meinem Ableben schmieden.

Ich hatte schon vor Jahren eine Lebensversicherung abgeschlossen, die Anja und Tobi begünstigte. Glücklicherweise stellte ich fest, dass sie auch bei Selbstmord zahlte, weil die Frist, mit der kurzentschlossene Selbstmörder entmutigt werden sollten, längst abgelaufen war.

Ein Problem weniger, um das ich mich zu kümmern hatte.

Wenn man erst einmal verarbeitet hat, dass man sterben muss, schaltet das Hirn automatisch in einen Modus, bei dem man sich fragt, mit was für Mist man sich in seinem Leben noch abgeben möchte. Für die meisten Leute hat dieser Mist einen ganz konkreten Namen und nennt sich Arbeit. Der erste Impuls bei einer Krankheit, die noch dazu tödlich verläuft, ist also in der Regel zu sagen »Scheiß drauf!«, eine schöne Abschiedsfeier zu machen und dann in den Sonnenuntergang zu reiten. Und so sehr ich meine neue Arbeit mochte: Am liebsten hätte ich etwas Ähnliches getan. Das

Problem war allerdings, dass ich keine tödliche Krankheit hatte, die mich umbringen würde. Ich selbst würde das tun. Und das war kein guter Vorwand für ein Gespräch mit dem Chef.

»Ich hab vor, mich in einem halben Jahr selbst umzubringen, deswegen kündige ich.«

»Ach, das ist ja schade, aber da kann man nichts machen. Abschiedskuchen?«

Es war ziemlich unwahrscheinlich, dass das Gespräch so ablaufen würde. Natürlich hätte es mir freigestanden, zu kündigen oder einfach nicht mehr zur Arbeit zu gehen, aber dann hätte ich die Befürchtungen meines Chefs nur bestätigt, der ohnehin schon nicht gut auf Auszubildende zu sprechen war. Es erschien mir besser, dass ich weiter zur Arbeit ging und ihm tatsächlich vorgaukelte, ich wäre depressiv. Zumal mein Gehalt – so wenig es auch war – Anja und Tobi zugute kam.

Nach der Woche, in der es mir nicht gelungen war, irgendeinen der Nachfolger zu besuchen, hatte ich mir fest vorgenommen, ernsthafter und planvoller an die Sache heranzugehen. Es war keine Aufgabe, auf die ich mich freute, aber sie musste erledigt werden. Ich beschloss, meinen ersten Besuch bei einer Person zu machen, die ich bereits kannte und die ich nicht leiden konnte, um so das Unangenehme hinter mich zu bringen. Also stand ich eines Samstagmorgens so früh auf wie in der Woche und transportierte mich nach Toronto zu Gemma.

Nur weil ich wusste, unter welcher Hausnummer sie wohnte, hatte ich noch keine Idee, in welchem Zimmer des Studentenwohnheims ich sie finden würde. Und da ich nicht wie Tod durch Wände gehen konnte – eine Fähigkeit, die ich wohl erst noch bekommen sollte –, sprang ich von Zimmer zu Zimmer und starrte wildfremde Menschen beim Schlafen an, um herauszufinden, ob es sich dabei um Gemma handelte oder nicht. Als ich sie dann endlich fand, stand mir die Magensäure bereits wieder bis zum

Hals. In den anderen Räumen hatte ich mich unsichtbar gemacht, aber da ich mit ihr sprechen wollte, musste ich sichtbar werden. Ich versuchte, sie sanft wachzurütteln, was nichts half, also schüttelte ich sie etwas stärker an der Schulter, bis sie die Augen aufschlug und ich feststellen musste, dass ich mitnichten Gemma gefunden hatte, sondern eine ihr ähnlich sehende Kommilitonin, die sich nun einem unbekannten Mann in ihrem abgeschlossenen Zimmer gegenüberfand.

Das Geschrei der jungen Frau, die lediglich im Slip und einem viel zu kleinen T-Shirt bekleidet auf den Flur rannte und die Tür dabei weit offen ließ, brachte alle anderen Bewohnerinnen des Gangs dazu, hinauszutreten. Ich selbst stand noch starr vor Schreck mitten im Zimmer und blickte auf den Flur. Gegenüber ging die Tür auf, und die echte Gemma schaute hervor, um herauszufinden, warum ihre Mitstudentin brüllte. Dann sah sie mich im Zimmer und riss die Augen auf. Mit einer schnellen Handbewegung rief sie mich herüber. Ich teleportierte mich zu ihr, weil ich befürchtete, sonst von den anderen Bewohnerinnen entdeckt zu werden. Sie schloss die Tür und blökte mich an, was zum Teufel ich hier zu suchen hatte.

»Frauen auf die Palme bringen, offensichtlich«, antwortete ich. Mir ging durch den Kopf, dass ich keine Vorstellung hatte, was mich bei den dreißig weiteren Personen erwartete. Vermutlich hätte ich Glück, wenn nicht auf mich geschossen würde.

»Was machst du hier?«, fragte Gemma. »Ich denke doch, dass ich der Grund bin, oder?«

Ich nickte. Stammelnd erklärte ich ihr, dass ich der eigentliche Nachfolger war und sie ... ja, im Grunde nichts weiter.

»Nichts weiter? Ich bin nichts weiter?« Sie stemmte die Arme in die Hüften und blickte mich an, als wäre ich demnächst das Opfer einer Messerstecherei.

»Außer eine tolle Studentin. Vermutlich.«

»Ich wäre die beste Nachfolgerin, die der Tod je hatte.«

»Wenn es so etwas wie einen Wettbewerb darum gäbe, dann würdest du ganz vorne mitmischen. Da habe ich keine Zweifel.«

»Vielleicht sollten wir einen Wettbewerb daraus machen«, entgegnete sie.

»So läuft das aber nicht.«

»Sagt wer?«

Ich zeigte mit dem Daumen auf mich und fügte hinzu, dass ich im Auftrag von Tod hier war. Sie wollte das nicht akzeptieren. Ich zeigte ihr das Stück Stoff von seinem Umhang. Sie meinte, dass könne irgendein Teil von irgendeiner Textilie sein. Also griff ich eine Tube von ihrem Schminktisch und drückte den Inhalt auf das Tuch. Sie rastete fast aus.

»Spinnst du? Das ist Beauty Balm für hundertfünfzig Dollar!«

»Na, jetzt nicht mehr«, sagte ich und zeigte ihr das saubere Tuch. »Entschuldigung. Ich dachte nur, es wäre die einfachste Möglichkeit, dir ...«

Ihre Gesichtsfarbe schien zu alternieren. Von kreideweiß bis dunkelrot und wieder zurück. Schließlich riss sie mir die Tube aus der Hand und legte sie zurück auf den Tisch.

»Was macht dich so besonders, dass du denkst, du könntest der Tod sein?«, brüllte sie weiter.

Auch wenn ich mich innerlich total über sie aufregte, versuchte ich ruhig zu bleiben. Ich war nicht gekommen, um mit ihr zu streiten. »Nichts«, sagte ich. »Ich glaube, mich macht nichts besonders. Außer die Tatsache, dass ich dafür irgendwie ausgewählt wurde.«

Auf dem Flur herrschte immer noch reges Treiben, und aus dem kleinen Fenster konnte ich sehen, wie mehrere Polizeiwagen mit Blaulicht auf das Gelände fuhren.

»Niemand ist für irgendwas auserwählt. Man erkämpft sich seinen Platz in der Gesellschaft, und das erreicht man nur mit eisernem Willen«, sagte Gemma.

»Hm«, machte ich. »Weiß nicht. Manchmal hat man einfach nur Glück. Oder Pech. Das kommt wohl auf die Betrachtungsweise an.«

Gemma regte sich auf. »Nein, es gibt nur harte Arbeit, die dann zum Glück führt. Und deswegen wäre ich geeigneter als du. Wie kann ich mich deswegen an Tod wenden?«

Ich schüttelte den Kopf. »An ihn brauchst du dich gar nicht zu wenden. Der wollte euch Nachfolgern nicht mal Bescheid geben. Akzeptiere es einfach.«

»Aber ich bin *besser* als du! Ich würde das völlig neu organisieren. Es kann doch nicht sein, dass man immer durch die Gegend springen muss und einem dabei schlecht wird. Vielleicht sollte man die Leute, die in Kürze sterben, alle an einen Ort bringen.«

Abgesehen von der ethischen Frage sah sie den offensichtlichen Fehler nicht, der zum Beispiel Menschen betraf, die bei einem unerwarteten Unfall starben.

»Und ich bin der Meinung, dass man den Umgang mit Personen, die für mehrere Tode verantwortlich sind, noch einmal überdenkt.«

Offenbar dachte sie, sie wäre bei einem Vorstellungsgespräch. Nur war es nicht an mir, sie einzustellen. Und dann fragte ich mich, warum ich mir ihr Gesabbel überhaupt anhörte. Am liebsten hätte ich mich noch bei ihrer Kommilitonin entschuldigt, aber vermutlich hätte das die Sache nicht einfacher gemacht. Also nickte ich Gemma noch einmal freundlich zu und sprang dann davon.

Der zweite Besuch galt einem Mann in meinem Alter, der in der Hauptstadt von Ecuador, Quito, wohnte und dem ich noch niemals vorher begegnet war. Pablo war wesentlich einfacher zu finden als Gemma, denn seine Familie hatte ein eigenes Haus. Trotzdem war es nicht einfacher, ihm zu erklären, wer ich war und warum ich da war.

Ich erschien in seinem Schlafzimmer, wo er und seine Frau in einem viel zu kleinen Bett munter um die Wette schnarchten. Eigentlich hätte ich mir denken können, dass es zu einer ähnlichen Situation wie in Toronto kommen könnte, wenn ich ihn wachrüttelte, aber mir blieb nichts anderes übrig.

Als Pablo die Augen aufschlug und mich sah, fing er sofort an zu brüllen. Seine Frau wachte wegen des Geschreis auf und brüllte ebenfalls los, noch bevor sie wusste, was überhaupt der Grund war.

»Was ist?« rief sie.

»Ein Eindringling!«

Er sprang aus dem Bett und griff nach der Nachttischlampe, die er dabei aus der Steckdose riss. Ich wich dem Schlag mit der Lampe aus und transportierte mich zwei Meter weiter in das kleine Wohnzimmer. Vom Schlag aus der Balance gebracht, taumelte er durch die Schlafzimmertür und sah mich neben seiner Couch stehen. Seinem Blick nach zu urteilen, schien er zu ahnen, mit wem er es zu tun hatte, und beruhigte sich ein wenig. Doch seine Frau riss ihn um, als sie durch die Tür stapfte.

»Wo ist er? Wo?«, rief sie und hielt ihren Lockenstab so fest in der Hand, als wollte sie damit jemanden abstechen.

Ich stand noch immer regungslos neben der Couch und versuchte, Pablo durch Gesten klarzumachen, dass er sich beruhigen sollte. Sie riss derweil die Tür des Kinderzimmers auf und beachtete ihren Mann nicht weiter.

»Pablo!«, rief die Frau, als sie ins Wohnzimmer zurückkam. »Wo ist er hin?«

Pablo starrte zu seiner schnaufenden Frau, zu mir und wieder zurück. Sie hingegen sah sich um und konnte niemanden entdecken.

»Hier ist doch gar keiner«, sagte sie und nahm den Lockenstab herunter. »Hast du wieder vom Chicha getrunken?«, fragte sie empört und schlug ihm mit der flachen Hand auf den Hinterkopf. »Du kannst auf der Couch schlafen!«, rief sie, bevor sie die Schlafzimmertür hinter sich zuschlug.

Pablo seufzte tief, schaute dann aber zu mir herüber und fragte: »Wer zum Teufel bist du?«

Ich lächelte unsicher, zumal er immer noch die aus der Wand gerissene Nachttischlampe in der Hand hielt. »Ich bin der Nachfolger von Tod. Und den kennst du, wie mir gesagt wurde.«

Er schluckte. »Bist du gekommen, um mich zu holen? Muss ich jetzt sterben?« Er tastete seine Brust ab.

»Nein, nein«, sagte ich hastig. »Ich bin nur da, um etwas zu erklären. Mein Name ist übrigens Martin. Und ich möchte mich dafür entschuldigen, was da gerade passiert ist.«

Er winkte ab und kam auf mich zu. Vorsichtig streckte ich die Hand aus, und er stellte die Nachttischlampe ab, um mir die Hand zu schütteln.

Ich erklärte ihm, weswegen ich gekommen war, und er nahm es gefasst auf. Tatsächlich war er ein wenig erleichtert, nicht der Nachfolger des Todes zu sein. Er fragte mich, woher ich eigentlich kam, und daraus ergab sich noch ein kleines Gespräch, an dessen Ende er mir einen Tipp für die Besuche bei anderen Nachfolgern gab: »Bevor du irgendjemanden im Schlafzimmer überraschst, klingle doch einfach an der Haustür, weißt du?«

In den folgenden Wochen machte ich einige Besuche bei Unbekannten. Ich kam dadurch in die abgelegensten Ecken der Welt.

Eine Nachfolgerin stammte aus Tadschikistan, einem Land, von dem ich zwar wusste, dass es eine ehemalige Sowjetrepublik war, das ich aber auf einer unbeschrifteten Karte niemals hätte finden können.

Ein weiterer Nachfolger stammte aus Tuvalu, einem Inselstaat im Pazifik, den ich ebenfalls auf keiner Karte gefunden hätte. Mir war er lediglich daher ein Begriff, weil das Land die Top-Level-Domain .tv besaß, was selbstverständlich alle Fernsehsender der Welt äußerst interessant fanden.

Ich besuchte China und Indien gleich mehrmals, weil mehrere der Nachfolger dort wohnten, darunter natürlich auch Wang Chang, bei dem ich zuließ, dass mich seine Familie sehen konnte, weil er mich zum Tee einlud. Er hatte offenbar allen, auch seinen Nachbarn, davon erzählt, dass er Nachfolger des Todes werden sollte, weswegen er nun von einigen gemieden wurde, weil er als böses Omen galt.

»Und damit hast du kein Problem?«, fragte ich. »Mal abgesehen davon, dass es vielleicht nicht die beste Idee war, wirklich allen davon zu erzählen. Ich meine, ich kann ihnen nicht verdenken, dass sie dich für ein wenig verrückt halten.«

»Solange du dem anderen sein Anderssein nicht verzeihen kannst, bist du noch weit weg vom Weg der Weisheit«, sagte Wang und lächelte. Seine Frau nickte.

»Wenn du danach lebst«, sagte ich beeindruckt, »wärst du vielleicht ein guter Nachfolger für den Tod geworden.«

Anja und Tobi waren fast etwas neidisch, dass ich um die Welt sprang, während sie zu Hause bleiben mussten, auch wenn sie verstanden, dass ich es nicht aus Spaß tat. Für fünf Sekunden dachte ich sogar darüber nach, ob ich Tobi nicht mal mitnehmen könnte, zumal er selber einer der Nachfolger war, aber dann fiel mir ein, was mit Witalina geschehen war, und ich verwarf die Idee wieder. Zumal nicht alle Nachfolger in Gegenden wohnten, die man gemeinhin als sicher einstufen konnte.

Einer der potentiellen Nachfolger hatte, als er mit Tod das erste Mal konfrontiert wurde, auf Seiten des IS in Syrien gekämpft und befand sich – wie Tod es in seiner typischen, etwas umständlichen Art ausdrückte – »in Ausbildung zum Selbstmordattentäter«. Er schüttelte den Kopf, als er mir davon erzählte, zumal ich ihn fragte, was für eine Ausbildung man denn da bräuchte.

»Wie lange dauert die denn?«, fragte ich. »Ist das auch eine dreijährige Lehre wie beim Landschaftsgärtner? Vermutlich gehört viel mehr dazu, als einfach nur auf einen Knopf zu drücken und zu sterben.«

»Zumindest brauchen sich die Lehrer nicht zu fragen, was mal aus ihren Schülern wird«, entgegnete er.

Mein Besuch bei diesem Nachfolger war nichts, wohin ich jemanden mitgenommen hätte, schon gar nicht meinen Sohn. Allerdings stellte sich heraus, dass der potentielle Nachfolger, der jetzt gar keiner mehr war, durch die Begegnung mit Tod eine tiefe Glaubenskrise erfahren hatte und seine Zukunft als Selbstmordattentäter in Frage stellte. Etwas, was seine Vorgesetzten, wenn man sie denn so nennen wollte, weniger amüsant fanden.

Ich fand ihn am Tag vor seiner Exekution eingeschlossen in einer stickigen Kammer und holte ihn da raus, auch wenn Tod das im Nachhinein nicht guthieß, weil ich damit in die Abfolge der Ereignisse eingegriffen hatte. Ich argumentierte, dass die Ereignisse bereits andere waren, weil der Mann nie eine Glaubenskrise gehabt hätte, wäre Tod nicht aufgetaucht. Allerdings gelang es mir, Tod etwas zu beschwichtigen, als ich erzählte, dass ich den IS-Anhänger im angesagtesten Gay-Club von Haifa abgesetzt hatte – noch dazu mit einem Schild auf dem Rücken, auf dem »Free Hugs And Kisses« zu lesen war. Zumindest lachte Thanatos daraufhin erfreut.

KAPITEL 30

DIE SCHÖNSTEN TODESARTEN

Nachdem etliche Wochen vergangen waren und ich einige der Nachfolger aufgesucht hatte, erschien Tod bei meiner Arbeit. Wir gestalteten einen ganzen Garten im Auftrag eines reichen Kunden um, und natürlich konnte ich nicht reden, während mein Chef versuchte, mir die tiefere Bedeutung der Wildkrautentfernung zu erklären.

Als hätte es mich noch nicht genug abgelenkt, dass Tod da war, teilte er mir mit, dass wir darüber reden müssten, wie ich denn genau vorhatte zu sterben.

»Kannst du dir ja mal bis heute Abend überlegen«, sagte er und verschwand, während mein Chef mir mit der Hand vor dem Gesicht rumfuchtelte und fragte, ob er mich langweilen und ich lieber Sand schippen würde.

»Haben Sie schon mal darüber nachgedacht, wie Sie am liebsten sterben würden?«, fragte ich ihn, und er sah mich daraufhin an, als wäre er in seinem persönlichen Horrorfilm und ich hätte ihn mit dem Handgrubber bedroht.

»Doktor?«, fragte er und wich einen halben Meter zurück.

Als ich bemerkte, dass er offensichtlich Angst hatte, entschuldigte ich mich für die unangebrachte Frage.

»Wie kommste denn gerade darauf, Doktor?«

»Ach, ich ... als ich hier den Garten gesehen habe, musste ich irgendwie daran denken, dass er zum Sterben schön ist«, log ich ihm was vor.

»Aha.«

»Und da habe ich mich gefragt, wie ich wohl am liebsten sterben würde.«

»Ach«, sagte er, und seine Angst schlug um in Ratlosigkeit.

Innerlich wollte ich mich ohrfeigen, dass mir das so rausgerutscht war, aber nun kam ich aus der Kiste nicht mehr heraus. Also fragte ich, wie er sich denn umbringen würde, wenn ihm keine andere Wahl bliebe.

»Wat? Wie sollte denn dit sein?«

»Weiß nicht ... 'ne Krankheit oder so.«

»Würd ick mir nich umbringen. Die Krankheit macht mich schon früh jenuch platt.«

»Hm«, sagte ich. Wirklich weiter brachte mich das nicht.

»Doktor? Sach ma, denkste eigentlich öfter über den Tod nach?«

»Mehr, als mir lieb ist«, scherzte ich. Dummerweise wusste mein Chef nicht, dass ich damit die Person und nicht das Totsein an sich meinte. Obwohl auch das in jüngerer Vergangenheit sicher der Fall gewesen war.

»Also, ick will ja nüscht sagen, aber vielleicht sollteste damit mal zum Spezialisten.«

»Was meinen Sie?«

»Ick sach ja nur, jesund is dat nich. Also, da solltest du vielleicht mal zum Püscho ... zum Tsüschi ... zum Psicho ... zum Hirndoktor, weisste?«

Es war ganz offensichtlich, wie unangenehm es ihm war, darüber zu reden. Also nickte ich nur und beschloss, das Thema ruhen zu lassen.

Als ich am Abend zur Feuerstelle kam, musste ich auf Tod noch ein wenig warten. Nach seiner Ankunft ließ er sich sofort auf einen der Baumstämme fallen und streckte die Beine aus.

»Wird nicht besser?«, fragte ich.

»Was glaubst du?«, antwortete er.

Ich setzte mich auf den Stamm neben seinen. »Du hast mich heute ganz schön aus dem Konzept gebracht.«

»Wegen der Frage, wie du gerne sterben möchtest?«

Ich nickte.

»Je eher du dir darüber Gedanken machst, umso einfacher ist es für dich, es zu akzeptieren. Ich meine, machen wir uns nichts vor: So richtig wollen tust du es immer noch nicht.«

»Dabei verspricht es doch so spaßig zu werden«, entgegnete ich.

»Die Sache ist die«, fuhr er fort, »wenn du erst am letzten Tag entscheidest, wie du sterben willst, hast du unter Umständen für deine bevorzugte Todesart keine entsprechenden Vorbereitungen getroffen.«

Ich atmete tief durch und nickte. »Ich würde ungern von einem Auto angefahren werden, gegen ein Brückengeländer knallen und dann in der Spree ertrinken.«

»Weil du das schon hinter dir hast?«

»Man braucht ja Abwechslung beim Sterben.«

»Ich könnte dich in ein Kriegsgebiet bringen, wo du durch eine Bombenexplosion umkommst. Das ginge zumindest schnell.«

»Und hinterher bekommen Anja und Tobi meine Überreste in einem Gefrierbeutel feierlich überreicht? Nein, vielen Dank. Ich hatte an etwas weniger Gewaltsames gedacht.«

»Schlaftabletten? Obwohl ich zugeben muss, dass das ein ekliger Tod ist.«

»Wieso?«

»Weil die Leute sich im Grunde erbrechen, aber zu schwach sind, das Erbrochene herauszubekommen. Deswegen ersticken sie. Ich würde also nicht behaupten, dass es ein besonders angenehmer Tod ist.«

»Gibt es denn so etwas wie einen angenehmen Tod?«

»Während eines Komas versterben?«

»Da haben wir nur das Problem, dass in der Regel irgendwas Schlimmes passiert sein muss, bevor man ins Koma fällt.«

»Lass es mich mal so ausdrücken, du bist noch einigermaßen jung und bei guter Gesundheit. Eine gewaltfreie Methode des Sterbens wird aus diesen Gründen vermutlich schwierig sein.«

Ich stöhnte.

»Du könntest dich zu Tode essen«, schlug Tod vor.

»Das wäre zwar eine angenehme Tätigkeit, aber ich weiß nicht, ob ich überhaupt so weit käme. Würde das nicht außerdem Wochen oder Monate dauern, bis ich tatsächlich so fett wäre, dass es nicht mehr geht? Immerhin besser, als sich zu Tode zu hungern.«

»Dann streiche ich das auch mal von der Liste.«

»Du hast eine Liste?«

»Eine geistige.«

»Wie ich umkommen könnte? Na, dann lass mal hören.«

»Wie? Jede Möglichkeit? Da sind wir Tage beschäftigt. Nun gut, vielleicht Stunden.«

»Kannst du das vielleicht auf eine Art Best-Of-Liste kondensieren? Außerdem denke ich, dass ich allein für meinen Tod verantwortlich sein sollte. Ich will nicht noch jemanden involvieren.«

»Du willst sagen, dass dich keiner erschießen oder überfahren soll.«

»Genau. Ich will nicht, dass wegen mir jemand willentlich oder unwillentlich zum Mörder wird.«

»Hm, na gut. Ich kann es versuchen ... also ... Tod durch Schusswaffe, sei es Pistole, Gewehr oder Raketenwerfer.«

»Ich bin kein amerikanischer Staatsbürger, wo man an jeder Ecke eine Waffe hinterhergeworfen bekommt. Ich weiß nicht einmal, wie ich legal an eine Waffe komme, ganz abgesehen davon, dass ich niemandem diese Schweinerei zumuten will.«

»Keine Schusswaffen. Verstanden. Messer oder Ähnliches?«

»Geht das schnell?«

»Da du dich selbst umbringen willst, wäre es vermutlich etwas umständlich.«

Mir wurde erst jetzt klar, dass ich zugesagt hatte, Selbstmord zu begehen. Ich meine, natürlich wusste ich das schon die ganze Zeit, aber ich hatte daran immer nur in der Form »Ich sterbe dann in einem halben Jahr« gedacht, nicht daran, dass ich mich tatsächlich selbst darum kümmern musste. »Okay. Dann ... nicht«, antwortete ich schließlich.

»Tabletten hatten wir schon abgehakt. Stromschlag in der Wanne? Toaster oder Fön?«

»Funktioniert das überhaupt noch? Fliegt da nicht vorher die Sicherung raus?«

Tod grübelte kurz. »Das ist in der Tat in letzter Zeit seltener vorgekommen. Nun ... dann wäre da noch die Möglichkeit, vor einen Zug, einen Bus oder ein Auto zu springen.«

»Womit ich aber wieder jemand anderen einbeziehen würde, oder? Ich meine, dem Zug-, Bus- oder Autofahrer würde ich damit ja für die nächsten Jahre auf die Psychiatercouch schicken. Das will ich nicht. Ganz abgesehen davon, dass ich allen Menschen den Tag versaue, die dann wegen des Zugs oder des Busses warten müssen.«

Tod nickte anerkennend. »Ein Selbstmörder, der sich um andere schert. Das ist auch mal was Neues.«

Ich runzelte die Stirn. »Moment mal. Zum einen finde ich es etwas nervig, wenn du mich als Selbstmörder bezeichnest, immerhin bleibt mir ja wohl kaum etwas anderes übrig. Ich würde gerne weiter mit meiner Familie leben und alt und grau werden. Es ist nicht so, dass ich sterben will.«

»Ja, ja«, sagte Tod und rollte mit den Augen.

»Außerdem ... wenn alle Tode vorherbestimmt sind, dann müssten Selbstmorde doch auch vorherbestimmt sein. Insofern kannst du denen doch keinen Vorwurf machen, oder?«

»Selbstmorde sind doch nicht vorherbestimmt«, sagte Tod abfällig. »Die bringen alles durcheinander. Zumindest die meisten von ihnen. Abgesehen davon, dass sie nicht nur die eigene Person betreffen, wirkt sich das auch auf andere aus. Das ist jedes Mal ein Schlamassel.«

Ich verstand nicht recht. »Du willst mir sagen, dass zwar Unfälle und andere Tode vorherbestimmt sind, aber nicht Selbstmorde.«

»Korrekt.«

»Aber dann müsste es ja andauernd eine Kurskorrektur von Tante Gerda geben, wenn das stimmt. So viel zu deiner Aussage, dass es da einen Plan gäbe.«

»Es gibt ja einen«, sagte er genervt. »Der wird nur ab und an durcheinander gebracht.«

»Aber ich habe schon Visionen von Selbstmördern gehabt. Wie können die dann nicht vorherbestimmt sein?«

»Weil der Weg, der dahin führt, bereits vorher klar ist. Bei manchen ist schon Jahre im Voraus klar, dass sie sich umbringen werden. Nimm den jungen Mohamed aus Sidi Bouzid. Er hat sich selbst umgebracht, aber es war lange vorher klar. Bei anderen selbstgefälligen Individuen ist es eher eine Kurzschlusshandlung.«

»Du tust gerade so, als wären Selbstmörder Egoisten und würden sich nicht um andere kümmern.«

Tod hob eine Augenbraue. »Tun sie ja auch nicht. Sie machen sich dahingehend um andere Leute Gedanken, dass sie das Gefühl haben, keiner liebe sie oder sie würden gemobbt. Aber sie machen sich keine Gedanken darüber, was ihr Tod bei anderen auslöst. Und deswegen bezeichne ich sie sehr wohl als Egoisten, denn sie denken eben nur an sich. *Ich* habe keine Freunde. *Ich* werde schikaniert. *Ich* bin dumm und hässlich. *Ich* bin mal wieder nicht befördert worden. Ich, ich, ich. Und wie du schon sehr richtig erkannt hast: Ein Suizidant, der vor einen Zug springt, bedenkt ganz offenbar nicht, was das mit dem Zugführer oder den Fahrgästen macht. Ergo: Er ist ein Egoist.«

»Suizidant ist ein Wort? Man lernt nie aus.«

»War das alles, was du daraus gelernt hast?«

»Nein, ich weiß jetzt auch, dass du offenbar auf Selbstmörder nicht gut zu sprechen bist.«

»Natürlich nicht. Wobei ich einen Unterschied darin sehe, ob sich jemand mit Tabletten umbringt, weil er eine schwere Krankheit hat, die ihn in der Zukunft dahinsiechen lässt, oder einfach nur lebensmüde ist, weil ihm die Freundin weggelaufen ist. Bei der ersten Sorte fühle ich mit. Die zweite Sorte halte ich für Narren. Noch schlimmer sind nur die Selbstmordattentäter. Das sind die echten Armleuchter unter den Suizidanten.«

»Schön zu erfahren, dass es da Hierarchien gibt. Und hältst du mich jetzt auch für einen Idioten, weil ich über Selbstmord nachdenke?«

Er sah mich lange an. »Nein, ich halte dich für einen guten Freund.«

Ich stockte kurz. »Da werde ich ja ganz sentimental.«

»Ich weiß nicht, ob jetzt wirklich die Zeit für Albernheiten ist, Martin, immerhin geht es darum, wie du dich umbringen wirst.«

Da hatte er dummerweise recht.

»Erhängen?«, fragte ich.

»Willst du wirklich ersticken? Ich dachte, das hattest du schon mit deinem letzten Tod unter Wasser hinter dir.«

»Im Grunde weiß ich, dass es nicht die Art und Weise ist, wie ich gehen will. Ich wünschte, es gäbe eine Möglichkeit, das offiziell zu machen, so dass ich noch Organe spenden könnte. So fällt das wohl aus.«

»Du könntest ja eine schonende Selbstmordmethode wählen. Arterien aufschneiden, beispielsweise. Keine Beschädigung der Organe. Ist aber ein langsamer Tod. Nicht das, was du dir gewünscht hast.«

»Außerdem kämen Ärzte wahrscheinlich erst sehr viel später dazu, wenn man mit den Organen nichts mehr anfangen kann. Oder ich kündige den Selbstmord vorher an, nur würde man dann versuchen, mich zu reanimieren oder gleich davon abzuhalten. Schlimmstenfalls überlebe ich und bleibe in psychologischer Betreuung. Wem ist denn damit geholfen?«

Tod zuckte mit den Schultern.

»Eine Organspende kann ich wohl vergessen«, sagte ich, und dann kam mir eine Idee. »Wenn das ohnehin ausfällt, kann ich es auch richtig machen und das Gute mit dem, nun ja, Spaßigen verbinden.«

Tod sah mich skeptisch an.

»Ich werde vom höchsten Punkt springen, den ich finden kann«, sagte ich.

Tod sah nicht weniger skeptisch aus. »Ich dachte, du wolltest keinen gewaltsamen Tod.«

»Wie du schon treffend bemerkt hast, bleibt mir wohl kaum etwas anderes übrig. Aber ich habe den Vorteil, dass ich in gewisser Weise das mache, was ich schon immer mal vorhatte: Fallschirmspringen. Nur eben ohne Schirm.«

»Fallspringen?«

»Wenn du so willst.«

»Ganz zum Schluss erfindet er noch eine neue Sportart.«

»Aber olympisch wird die wohl nie werden.«

Tod runzelte die Stirn. »An was für einen Punkt zum Runterstürzen hast du denn gedacht? Den Mount Everest?«

»Da geht's ja nicht gerade runter, oder? Würde ich da nicht am Ende mit gebrochenen Knochen an einer Felswand liegen und erfrieren? Ich hab eher an ein Gebäude oder eine Brücke gedacht.«

»Burj Khalifa? Taipeh 101? In Mekka bauen sie auch gerade ein riesiges Gebäude.«

»Das Problem mit Gebäuden ist, dass sie meistens in belebten Gegenden sind. Ich will ja nicht irgendwem auf den Kopf springen. Und da wäre wieder diese Sache mit den Leuten, denen ich irgendein psychologisches Problem beschere, wenn ich vor ihnen auf den Boden klatsche.«

»Und bei Brücken hat man das nicht?«

»Zumindest gibt es da Ecken, wo man nicht direkt auf die Straße knallt, oder?«

Tod zuckte mit den Schultern.

Ich schaute auf meinem Smartphone nach, welches die höchste Brücke der Welt war. Der Empfang in diesem Winkel der Azoren war eher bescheiden, und ich fürchtete, dass ich von selbst an einem Herzanfall sterben würde, sobald ich die Rechnung mit den

Roaming-Gebühren las, aber letztendlich baute sich die Seite doch auf.

»Die Brücke ist in China. Und die nächstkleineren fast auch alle.«

»Und?«, fragte Tod. »Dort hinzukommen sollte doch für uns kein Problem sein.«

»Das schon«, sagte ich, »aber dann müsste Anja meinen Körper überführen lassen. Das kommt nicht in Frage. Es sollte schon etwas näher an zu Hause sein.«

»Spring doch einfach vom höchsten Gebäude in Berlin.«

»Dem Fernsehturm? Und wie soll hinterher plausibel erklärt werden, wie ich aus einem geschlossenen Ball gefallen bin? Von der Spitze des Mastes ganz zu schweigen. Außerdem würde ich am Mast vermutlich Höhenangst kriegen.«

»Wir reden immer noch darüber, wie du dich umbringen willst, indem du von einem hohen Gebäude springst, oder?«

»Ich sage ja nur, dass es etwas anderes ist, von einer Brüstung zu springen, als sich oben an eine Leitersprosse zu klammern und dann loszulassen. Und in Berlin ist sonst kein Gebäude derart hoch.«

»Wenn du meinst.«

Ich scrollte weiter. »Hier ist eine hohe Brücke in Deutschland, aber die ist nur halb so hoch wie der Fernsehturm. Diese Brücke hier in Frankreich sieht aber interessant aus.« Ich hielt Tod das Handy entgegen, und er beäugte es kritisch.

»Was?«, fragte ich.

»Ich mag die Dinger nicht.«

»Brücken?«

»Mobiltelefone.«

»Vermutlich gibt es dazu eine interessante Geschichte, und ich könnte danach fragen, aber ehrlich gesagt ist mir das relativ wurscht.«

Tod hob die Augenbrauen und studierte den Wikipedia-Eintrag samt Foto der Brücke, die ich herausgesucht hatte.

»Und?«, fragte ich.

»Wenn du bereit bist, bin ich bereit.«

Mein Magen machte erneut einen Satz. Ich war nicht bereit. Ganz und gar nicht.

»Hatten wir nicht gesagt, wir wollten es Ende Juli machen?«

»Ach ja«, sagte Tod und stöhnte, als er das Gewicht verlagerte. »Ende Juli?«

»Ende Juli«, bestätigte ich.

»Und was machen wir bis dahin?« Er sah mich erwartungsvoll an.

Ich lächelte. »Wir waren schon lange nicht mehr bowlen.«

KAPITEL 31

WIE IN ALTEN ZEITEN

Ich traf mich einige Male mit Tod, auch wenn wir das Bowlen immer wieder aufschoben, weil es aus irgendwelchen Gründen nicht passte. Trotz der Einsicht, dass es für uns beide keinen anderen Weg gab, als zu sterben, versuchten wir hin und wieder mit Bibi zu sprechen, um sie von dem Wahnsinn mit der Wiederbelebung abzuhalten. Aber weil sie immer wieder wegsprang, sobald sie einen von uns sah, beschlossen wir, unsere letzten Tage so angenehm wie möglich zu gestalten. In gewisser Weise war es wie ein Rückblick auf meine Jugend, als wir durch die Gegend sprangen, uns die Welt ansahen und in Kinos schlichen. Im Unterschied zu früher konnte Tod jedoch kaum noch mithalten.

Eines Abends waren wir tatsächlich mal wieder in einer russischen Stadt bowlen. Wir hatten uns beide auf den Abend gefreut, aber schon beim ersten Wurf wurde klar, dass Thanatos aufgrund seiner mysteriösen Krankheit nicht weitermachen konnte. Es war ihm kaum möglich, in die Knie zu gehen, als er die Kugel warf. Insofern beschränkten wir uns in den folgenden Wochen und Monaten auf Gespräche und gelegentliche Schachpartien. Und Fernsehen.

Seit kurzem lief die deutsche Erstausstrahlung der Erfolgsserie *Game of Thrones*, und während die meisten Leute wohl wegen des Dramas einschalteten, hatte Tod eine ungeheure Freude daran, wie die Welt der Serie dargestellt wurde.

»Das ist fast so wie in meiner Jugend«, freute er sich. »Nur die Straßen waren viel schlammiger.«

In der Regel spielten wir aber Schach und redeten. Wir trafen uns zumeist in der Nacht, während Anja und Tobi schliefen, weil ich die Tage gerne mit ihnen verbringen wollte. Das forderte natürlich seinen Tribut. Müdigkeit war mein ständiger Begleiter, aber ich dachte, dass mir das nach meinem Tod auch egal sein könnte.

»Ich für meinen Teil vermisse Schlaf«, sagte Thanatos, als er mich nach einem langen Ausflug nach Hause brachte, wo wir noch eine Partie spielen wollten. »Du solltest es genießen, solange du es kannst.«

»Wie heißt es so schön? Schlafen kann ich nach dem Tod.«

»Eben nicht. Die Stelle, die du übernimmst, nimmt dich vierundzwanzig Stunden, sieben Tage die Woche in Beschlag.«

»Na, dann muss ich wohl auf meinen zweiten Tod warten. Und meinen Nachfolger als Tod.« Ich holte derweil das Schachbrett und die Figuren hervor.

»Braucht nur circa fünfhundert Jahre, plusminus ein paar Jahrzehnte.«

»Also halb so wild.«

»Genau.«

Tod kicherte, verzog dann aber das Gesicht, weil es ihn schmerzte. Etwas wehleidig sah er mich an.

Ich unterbrach den Aufbau der Figuren. »Das Warten war keine gute Idee, was?«, sagte ich.

»Wann ist es das jemals? Ich habe mal einen Artikel gelesen, in dem gesagt wurde, dass der durchschnittliche Mensch über ein Jahr seines Lebens mit Warten verbringt.«

»Warten auf den Tod?«

»Auf den Tod muss keiner warten. Der kommt immer pünktlich.«

»Und wenn nicht, lebt man einfach weiter.«

Tods Lächeln erstarb.

»Entschuldige. Kein guter Witz.« Ich stellte die letzten Figuren hin.

»Nun«, sagte Tod, »im Grunde schon. Wenn ich nicht mehr bin, kannst du dich mit all jenen herumschlagen, denen Bibi weitere Zeit gegeben hat.«

Tod eröffnete die Partie.

Nachdem wir ein paar Züge hinter uns hatten, kam Tobi verschlafen ins Wohnzimmer gestolpert und starrte Tod ehrfurchtsvoll an.

»Hallo, Kleiner«, sagte der.

Tobi schluckte, fing sich dann aber wieder. »Hallo, Bruce! Äh, Batman!«

Tod lachte. »Vielleicht sollte ich doch mal über einen Helm mit spitzen Ohren nachdenken.«

Ich musste schmunzeln, wollte aber nicht, dass Tobi um die Zeit noch herumspazierte. »Warum bist du denn nicht im Bett?«

»Kann nicht schlafen«, sagte er. »Ich hatte einen schlechten Traum, in dem du nicht da warst.«

»Aber ich bin doch ganz oft nicht da.«

»In dem Traum warst du aber *ganz* weg.«

Nachdem er das gesagt hatte, umarmte er mich und ich ihn.

»Aber jetzt bin ich ja da«, sagte ich als Kompromiss.

Tod verschränkte die Hände vor dem Gesicht und hob eine Braue. Sein Blick ging zwischen Tobi und mir hin und her.

»Kann ich euch zuschauen?«, fragte der Kleine und deutete mit einer Mischung aus Neugier und Verständnislosigkeit auf das Brett.

»Du solltest lieber schlafen. Morgen ist ein Schultag, und wir wollen doch nicht, dass du im Mathe-Unterricht einschläfst.«

Ich brachte ihn zurück ins Bett und stopfte die Decke unter ihm fest, wie ich es früher gemacht hatte, als er noch richtig klein war, was ihn nun ungemein amüsierte. Dann wünschte ich ihm eine gute Nacht, schloss die Tür und ging wieder ins Wohnzimmer.

Als ich eintrat, sah mich Tod mit einem merkwürdigen Blick an.

»Was?«, fragte ich.

»Dein Sohn hat noch nicht so richtig begriffen, dass du bald wirklich nicht mehr da sein wirst. Auch wenn ihn sein Unterbewusstsein offensichtlich darauf vorbereiten will.«

»Doktor Thanatos analysiert wieder die Träume von kleinen Jungs?«, sagte ich amüsiert, aber Tod sprang nicht darauf an. »Ich glaube, dass er schon weiß, dass ich sterbe, aber er verdrängt es mehr oder weniger, weil er immer noch hofft, dass sich nicht viel ändert. Ich hab ihm gesagt, dass er mich wahrscheinlich nicht mehr sehen wird, aber er scheint das noch nicht richtig zu glauben. Vielleicht ist das auch ganz gut so. Er muss nicht schon trauern, während ich noch lebe – so wie Anja.«

Tod legte den Kopf schief. »Eigentlich bin ich eher fasziniert davon, dass du selbst es auch so leicht nimmst.«

Ich schnaubte kurz. »Wohl eher nicht. Ich hab sehr wohl begriffen, dass Tobi mich nicht mehr sehen wird. Oder Anja. Aber immerhin ist es andersherum nicht so. Wenigstens etwas. Obwohl ich nicht weiß, was schlimmer ist: dass sie wissen, dass ich tot bin, oder dass ich sie sehen kann, ohne von ihnen wahrgenommen zu werden.«

»Es wird schmerzhaft, wenn du feststellst, dass dein Sohn über die Jahre weniger und weniger an dich denkt.«

Darüber hatte ich mir bisher wirklich noch keine Gedanken gemacht. Und Tods Blick nach zu urteilen, hatte ihm diese Erfahrung auch tiefer zugesetzt, als er erwartet hatte. Andererseits blieb mir nichts anderes übrig. So wie er gelernt hatte, damit umzugehen, würde auch ich es tun müssen.

Wir saßen kurz schweigend da, und ich grinste schief.

»Was ist?«, fragte Thanatos.

»Ich musste gerade an etwas denken, was Gemma mal gesagt hat. Passt vielleicht ein wenig zu dieser ganzen Ich-bin-dann-für-alle-unsichtbar-Thematik. Sie wollte nach dem Tod nicht vergessen werden.«

»Ja?«

»Bald werden wir beide vergessen sein. Ich meine, sicher, meine Familie wird sich an mich erinnern, aber wie du schon sagtest, wie lange wird das anhalten? Die ›Nachfolger‹ werden sich noch eine Weile an dich und mich erinnern, aber irgendwann sind auch die weg, und dann ... tja.«

Tod runzelte die Stirn. »Willst du mir sagen, dass du noch irgendwas Großes leisten willst, bevor du stirbst?«

»Nein. Nein, nichts dergleichen. Also nicht unbedingt. Ich wüsste auch gar nicht, was. Ich musste einfach nur gerade daran denken.«

Tod brummte etwas, was ich nicht verstand.

»Ich muss ins Bett«, sagte ich, und Tod nickte.

Nachdem er aufgestanden war, drehte er noch einmal den Kopf zu mir. »Falls du dir Sorgen machst, dass du vergessen werden könntest: Dein Sohn denkt, der Tod wäre Batman. Du wirst also sein neuer Held.«

Der Gedanke gefiel mir in der Tat.

KAPITEL 32

DIE EINFALLSREICHE ANJA

Superheldenfilme hatte es zu meinen Lebzeiten immer gegeben. In meiner Kindheit waren es die Superman-Filme mit Christopher Reeve, ein paar billig produzierte Streifen über Spider-Man und eine Serie mit dem Hulk. Trotzdem hatte man den Eindruck, dass das Genre, zumindest auf der Leinwand, während der 90er Jahre einen langsamen Tod gestorben war, nachdem die Batman-Filme von der Qualität her derart abgestürzt waren, dass man Comicverfilmungen wohl nicht mehr mit der Kneifzange anfassen wollte.

Das änderte sich erst, als Anfang der 2000er Jahre die X-Men-Filme erschienen und das Genre wieder salonfähig machten. Selbst Batman wurde neu aufgelegt und diesmal so gut umgesetzt, dass er mehrere Filmpreise gewann. Seit 2008 allerdings gab es eine regelrechte Sintflut von Superheldenfilmen, die alle untereinander verbunden waren und auf den Comics der Firma Marvel basierten. Figuren wie Iron Man, Hulk, Thor und Captain America wurden in ihren eigenen Filmen eingeführt und traten nun zusammen in einem gemeinsamen Streifen auf.

The Avengers lief im April 2012 an, und natürlich wollte Tobias unbedingt hin, immerhin war seine halbe Kindheit davon bestimmt. Im Grunde war für ihn das Superheldengenre das, was für mich *Star Wars* gewesen war. Und ich beschwerte mich auch gar nicht, denn mir gefielen die Filme weitestgehend auch. Anja hingegen konnte damit nichts anfangen.

»Das ist doch völliger Quatsch und überhaupt nicht realistisch«, war ihr Argument.

»Aber schwedische Ermittler, die durch die Gegend fahren und einen Serienmörder nach dem anderen fangen, sind realistisch?«, war meine Position. »Wenn das so wäre«, führte ich aus, »dann müssten ganze Landstriche in Schweden und Dänemark entvölkert sein.«

Seltsamerweise wollte sie danach nicht mehr mit mir darüber diskutieren und wünschte uns viel Spaß im Kino.

Auch Tod stand Superheldenfilmen eher skeptisch gegenüber. »Die sterben andauernd und sind dann aber doch nicht tot. Unrealistisch.«

»Wenn ich noch einmal das Argument ‚unrealistisch' in Bezug auf Filme höre, drehe ich am Rad«, sagte ich. »Unrealistisch sind doch alle Filme. Es sei denn, irgendein osteuropäischer Regisseur filmt, wie sich die Tapete von der Wand abpellt.«

»Ich sage ja nur, dass ich es nicht gutheiße, wenn Figuren erst sterben und dann doch wieder zum Leben erweckt werden. Das ist so ideenlos.«

»Und im echten Leben noch nie vorgekommen«, sagte ich.

Er brauchte einen Moment, dann schmunzelten wir beide.

Ich lud ihn ein, mit Tobi und mir ins Kino zu kommen, aber er lehnte ab. Allerdings wollte er mit dabei sein, wenn wir unseren letzten gemeinsamen Film anschauten.

Also sahen mein Sohn und ich *The Avengers* allein – beziehungsweise zusammen mit 200 Unbekannten. Faszinierenderweise sprach Tobi hinterher mehr über den Trailer zum neuen Batman-Teil als über den Film, den wir gerade gesehen hatten. Auch seiner Mutter erzählte er mehr über die kurze Vorschau, als diese zu ertragen bereit war. Was vermutlich nur daran lag, dass Anja ganz genau wusste, was passieren würde, sobald wir den Film gesehen hatten.

Mein letzter Geburtstag kam. Es war ein merkwürdiges Gefühl, dass ich nicht einmal meinen Vierzigsten erreichen würde. Anja hatte mich im Vorfeld gefragt, was ich mir wünschte, und war in Tränen ausgebrochen, als ich ihr sagte, dass es wenig Sinn hatte, mir noch etwas zu schenken. Ich hatte das eher mit einer Portion schwarzem Humor gesehen, erkannte aber, dass Anja noch längst nicht so weit war.

»Du hast mir Tobi und ein schönes Leben geschenkt«, sagte ich, als ich sie umarmte. »Das ist mehr, als ich mir hätte wünschen können.«

Auch an meinem Geburtstag selbst, als wir den Kuchen anschnitten, weinte sie, was vor allem meine Mutter und Tobias verunsicherte. Ich versuchte mich herauszureden, indem ich erklärte, dass ihr die Emotionen durchgingen, weil ihr der Kuchen nicht gelungen war, was ganz offensichtlich nicht stimmte. Meine Mutter machte das nur skeptisch, als sie von dem Kuchen kostete. Ich kämpfte selbst mit einem Kloß im Hals – der nicht vom Kuchen selbst stammte, sondern der Tatsache, dass es mein letzter Geburtstagskuchen sein würde –, konnte und wollte ihr aber nicht davon erzählen, dass ich demnächst Selbstmord begehen würde. Trotzdem war es die passende Gelegenheit, sie darauf vorzubereiten.

Während Anja und Tobi sich darum kümmerten, den Tisch abzuräumen und in der Küche für Ordnung zu sorgen, sprach ich mit ihr darüber, dass mein Arzt »etwas gefunden hätte« und »noch nichts richtig klar« war. Das waren die Standardsprüche, die ich als Arzt gebrauchte, wenn man versuchte, Patienten und deren Angehörige zu beruhigen. Obwohl man damit natürlich niemanden beruhigt, denn diese Sätze implizieren ja schon etwas, und das Kopfkino kommt erst richtig in Gang.

So auch bei meiner Mutter. Ich brauchte gar nicht konkret zu werden, weil man bei solchen Aussagen natürlich von einer bestimmten Krankheit ausgeht.

»Geht's dir denn gut?«, fragte sie besorgt. »Hast du Schmerzen?«

»Nein, überhaupt nicht. Wahrscheinlich ist nichts weiter.« Im Grunde log ich nicht, schließlich hatte ich ja nichts.

»Aber wenn sie doch was gefunden haben?«

»Mein Arzt meinte, dass man in ein paar Monaten noch mal schauen müsste.« Das war nun wirklich gar nicht wahr, aber als Notlüge nicht schlecht.

»Also ist nichts akut?« Sie schien sich etwas zu beruhigen.

»Nein, gar nicht.« Und wieder die volle Wahrheit. Auch wenn mein Tod natürlich trotzdem praktisch vor der Tür stand.

Sie stieß einen erleichterten Seufzer aus. »Dann muss ich mir also keine Sorgen machen?«

»Nein, vermutlich nicht«, sagte ich.

Bis zu meinem Ende könnte ich sie mit vagen Behauptungen hinhalten, so hoffte ich, und im Anschluss wäre mein Selbstmord in ihren Augen verständlich und käme nicht aus heiterem Himmel.

Ich gebe zu, dass diese Methode nicht die feine englische Art war. Richtig wohl war mir bei der Sache nicht, aber eine bessere Idee wollte mir nicht kommen.

Nachts im Bett argumentierte Anja, dass ich meiner Mutter doch einfach erzählen konnte, dass ich zum Tod werden würde, immerhin wussten sie und Tobi auch davon.

»Du meinst also, ich soll ihr erzählen, dass ihr verstorbener Sohn sie unbemerkt beobachten wird und darauf wartet, dass sie stirbt?«, versuchte ich mich an einem Scherz.

»Na, so wie du das wieder sagst ...«

»Wie findest *du* denn diese Vorstellung, dass dich dein toter Ex-Mann fortan beobachten wird?«

Sie sah mich mit großen Augen an.

»Wenn du irgendwann einen neuen Mann hast«, fuhr ich fort, »kannst du immer daran denken, dass ich in der Nähe bin und ein Auge auf euch habe.«

Sie sah mich immer noch misstrauisch an, bis ich mein Grinsen nicht mehr zurückhalten konnte.

»Ein Voyeur willst du also sein, ja?«, sagte sie spielerisch.

»Zwangsläufig, scheint mir.«

Sie lächelte, aber ich merkte, dass es ihr nicht mehr aus dem Kopf ging.

»Das ist keine schöne Vorstellung.«

Ich versuchte sie zu beruhigen. »Ich habe nicht vor, euch ständig zu beobachten, falls du das befürchtest. Ganz abgesehen davon, dass mir dazu vermutlich gar keine Zeit bleibt.«

Wir lagen auf der Seite. Sie legte mir eine Hand auf die Wange und streichelte sie zart.

»Wer sagt denn überhaupt, dass ich einen neuen Mann will?«

Trotz des wenigen Lichts, das von draußen durch die Jalousien fiel, konnte ich sehen, wie ihre Augen feucht wurden.

»Du bist noch jung und hast hoffentlich viele Jahre vor dir«, sagte ich. »Und bevor du wieder fragst: Nein, ich weiß nicht, wann du stirbst. Es ist wohl nur natürlich, anzunehmen, dass du dir einen neuen Partner suchst.«

Sie legte sich auf den Rücken und starrte an die Decke. »Sag so etwas nicht. Das ist schon schwer genug.«

Jetzt war ich es, der sich zu ihr herumdrehte und ihr die Wange streichelte. »Eigentlich wollte ich damit nur ausdrücken, dass ich es dir nicht übelnehme.«

»Dass ich weiterleben muss?«, sagte sie aggressiv.

»Kannst. Ich meine ja nur, dass es völlig in Ordnung ist, wenn du nach meinem Tod jemand anderen liebst.«

»Aber wie könnte ich das, wenn ich weiß, dass du noch da bist?«, sagte sie mit Tränen in den Augen.

Ich setzte mich auf. »Was ... also ... ich weiß nicht, was eigentlich das Problem ist. Ist es, weil du weiterlebst, während ich tot bin? Oder dass du jemand anderen lieben willst, aber nicht kannst, weil ich irgendwie noch da bin?«

Sie drehte sich herum, hob einen Arm, als wollte sie etwas erklären, und ließ ihn dann wortlos wieder fallen.

»Jetzt bin ich so schlau wie vorher«, sagte ich.

»Warum kann dieser Blödsinn mit dem Tod nicht ein Job sein wie alle anderen auch? Dann könntest du morgens aus dem Haus gehen und kommst abends wieder.«

Ich grinste. »Schatz, ich bin wieder daheim. Heute sind wieder jede Menge Leute gestorben. Tatsächlich musste ich mir etwas Arbeit mit nach Hause bringen, ich hoffe, du hast nichts dagegen.«

»Sehr witzig.«

»Übrigens wird neuerdings nur noch zwischen neun Uhr früh und fünf Uhr nachmittags gestorben. Mitteleuropäischer Zeit, versteht sich.«

Anja sah sauer aus. »Warum verarschst du mich? Fändest du das nicht auch besser?«

»Natürlich fände ich es besser, aber so ist es nun mal nicht. Ich fände es auch schöner, wenn es ein normaler Job wäre und ich abends normal nach Hause käme. Gut, vermutlich wäre es etwas merkwürdig, wenn du mich fragst, wie mein Tag gewesen ist, und ich sagen müsste: ›Selbstmordattentat. Riesensauerei‹. Ich würde dich doch auch lieber weiterhin im Arm halten und küssen können. Ich hätte auch lieber mit dir im hohen Alter Leute in ihren Autos veräppelt, indem wir bei Rot ganz langsam über die Straße gehen. Ja, natürlich wäre es mir lieber, nach Hause zu kommen und mit dir zu sprechen. Aber …«

Ich brachte den Satz nicht zu Ende. Brauchte ich auch nicht. Anja seufzte und nickte.

Aber plötzlich zuckte sie und starrte mich an. »Wie meinst du das, dass du als Tod nicht mit mir sprechen kannst?«

Ich hob eine Braue. »Weil du mich nicht sehen und nicht hören wirst. Das macht es etwas schwierig.«

»Ja, gut, okay. Aber du bist doch trotzdem da.«

»Was meinst du damit?«

»Mir ist das schon mal durch den Kopf gegangen. Damals, als der Tod einen Tee haben wollte. Was würde passieren, wenn er den Tee trinkt? Die Tasse müsste doch schweben, oder?«

Ich kratzte mich am Kopf. »Bin mir nicht ganz sicher. Ich glaube, das, was er anfasst, verschwindet einfach.«

»Und taucht dann wieder auf, wenn er es loslässt?«

Ich zuckte mit den Schultern. »Kann schon sein.«

»Aber dann können wir doch kommunizieren!«

Mir gelang es immer noch nicht, ihr zu folgen. »Was genau meinst du?«

»Kannst du ihn herholen?«

»Wen? Tod?«

»Nein, Obama in einem Tutu. Natürlich meine ich den Tod!«

Allerdings hatte ich keine Ahnung, wo er sich herumtrieb, denn wir hatten uns für diesen Abend nicht verabredet. Und ich hatte nicht vor, die halbe Nacht in irgendwelchen Krankenhäusern nach ihm zu suchen.

Anja sagte, dass ich ihn bei nächster Gelegenheit mitbringen sollte, und ging nicht weiter auf das ein, was ihr eingefallen war. Sie lächelte mich nur an und sagte mir, dass ich mir mit der Hand an die Stirn schlagen würde, wenn es klappte.

Als ich mich mit Tod am nächsten Tag auf den Azoren traf, hatte ich Anja im Schlepptau, die so aufgeregt war, dass sie von einem Bein aufs andere hüpfte.

»Warum kannst du mir nicht einfach sagen, was dir eingefallen ist?«, fragte ich sie.

»Weil ich sehen will, wie du dir mit der Hand an die Stirn schlägst. Ist er nun da?«

»Nein, ist er ...«

Tod tauchte in dem Moment auf, als ich die Worte sprach.

»... doch«, sagte ich.

Tod humpelte auf mich zu, und ich fühlte fast seine Schmerzen.

»Nicht mehr lange«, sagte ich zur Begrüßung.

»Wieso hast du sie mitgebracht?«

»Tod?«, fragte Anja und starrte ins Leere.

»Redet sie mit mir?«, fragte mich Thanatos.

Ich musste an Barack Obama im Tutu denken, sprach es aber nicht laut aus. Ich nickte ihr zu, und sie fing an zu erklären.

»Also, Herr ... Tod. Ich habe mit Martin darüber gesprochen, wie wir, nachdem er verstorben ist, in Kontakt bleiben könnten.«

Tod prustete amüsiert Luft aus der Nase.

»Mir ist dabei etwas eingefallen, und ich wollte Sie fragen, ob wir das vielleicht ausprobieren können.«

Tod schaute sie skeptisch an und wandte sich dann an mich. »Hast du eine Ahnung, wovon sie spricht?«

»Nein, aber ... es wäre nett, wenn du mitmachen würdest. Denn ich fände es schon schön, wenn ich hinterher noch mit ihr und Tobi sprechen könnte.«

»Na ja«, sagte Anja. »Sprechen wäre vielleicht etwas zu viel gesagt.«

Ich zuckte mit den Schultern und zeigte in die grobe Richtung, in der Tod stand.

»Was soll ich denn tun?«, fragte Tod und bekam die Antwort kurz darauf, als Anja ihm einen Notizblock samt Bleistift reichte.

»Was? Ernsthaft?«, sagte ich.

»Mal sehen, ob es funktioniert«, sagte sie.

Tod schaute zwar immer noch amüsiert, aber mittlerweile hatte sich Neugier in seinen Blick geschlichen. Er griff nach ihren Händen und nahm den Block samt Stift an sich.

»O mein Gott!«, rief Anja, als sie plötzlich mit leeren Händen dastand und sich umsah. »Sie sind weg!«

»Er hat sie in der Hand«, sagte ich.

Sie hielt sich vor Aufregung eine Hand vor den Mund.

Tod starrte mich mit zweifelndem Blick an.

»Was?«, fragte ich.

»Eine gute Frage«, sagte Tod. »Was genau soll ich denn jetzt tun?«

»Bisschen Salz und Pfeffer drauf und essen«, sagte ich. »Was glaubst du denn? Schreib was drauf und leg den Zettel auf den Boden oder einen Baumstamm oder so.«

»Und was soll ich schreiben?«

»Eine Abhandlung über den Einfluss der Spanischen Inquisition auf die Netzneutralität.« Langsam verlor ich die Geduld mit ihm. »Irgendwas. Schreib irgendwas hin. ›Hallo‹ oder ›Mein Umhang ist ungewaschen‹ oder ›Ich hab mir seit fünf Jahrhunderten nicht die Zähne geputzt‹. Irgendwas halt.«

Tod schüttelte den Kopf, kritzelte dann aber irgendwas aufs Papier, riss das Blatt vom Block und legte es auf den nächsten Baumstamm. Sobald er es losgelassen hatte, entfuhr Anja ein kleiner, glücklicher Schrei. Sie griff nach dem Zettel und schaute darauf. Ihr gerade noch fröhliches Gesicht sah plötzlich fragend aus.

»Ich sehe zwar, dass da was draufsteht, aber lesen kann ich es nicht.«

Sie hielt mir den Zettel hin. Auch ich hatte keine Ahnung, was er da geschrieben hatte.

»Was soll denn das sein? Entschuldige die Frage, aber kannst du überhaupt schreiben?«

Tod prustete verärgert. »Du meinst, nur weil ich als Bauer aufgewachsen bin, kann ich nicht schreiben?«

»Nun ja ... als Bauer in der Renaissance oder so. Ich bin mir nicht sicher, inwieweit da Lesen und Schreiben verbreitet waren.«

Tod seufzte. »Ich habe dir schon einmal was aufgeschrieben. Allerdings in Blockschrift.« Er meinte die Liste mit den Nachfolgern.

»Und jetzt kannst du wegen deiner Krankheit nicht mehr schreiben?«, fragte ich.

Tod schaute mich genervt an. »Da steht ›Hallo, Anja‹ in meiner Handschrift. Zugegeben, diese Art der Schrift ist vielleicht nicht mehr geläufig, aber ...«

Ich schaute erneut auf den Zettel. »Wenn ich es nicht besser wüsste, hätte ich gesagt, dass du das mit dem Mund gemalt hast.«

»Entschuldige bitte, dass irgendwer meinte, in den fünfhundert Jahren, die ich auf der Erde verbracht habe, die Schreibschrift ändern zu müssen.«

»Oder du hast einfach eine Sauklaue.«

Er hob eine Braue und kritzelte etwas auf das nächste Blatt Papier, welches er wieder abriss und auf den Baumstamm legte. Anja hob es auf und prustete plötzlich vor Lachen.

»Was?«, fragte ich.

Sie reichte mir den Zettel, auf dem in Druckbuchstaben *Leck mich* stand.

»Sehr erwachsene Reaktion«, sagte ich.

Anja strahlte wie ein Honigkuchenpferd. »Ist euch nicht klar, was das bedeutet? Wir können miteinander kommunizieren!« Sie hüpfte auf mich zu und umarmte mich. Dann drehte sie sich um, starrte direkt an Tod vorbei und sagte: »Wenn ich dich ebenfalls umarmen könnte, würde ich das tun. Fühl dich einfach geknuddelt.«

Er wirkte erst verwirrt und grüblerisch, lächelte dann aber und kritzelte etwas auf einen weiteren Zettel, den Anja sofort aufhob, nachdem er ihn hingelegt hatte. Darauf war ein Herz gezeichnet.

»Wenn man es genau nimmt«, sagte ich, »könnte man damit als Tod ja allerlei Schabernack treiben.«

»Was meinst du?«, fragten Tod und Anja fast synchron.

»Na ja, was kann mich zum Beispiel davon abhalten, als nächster Tod durch die Gegend zu ziehen und Leuten Zettel zu hinterlassen, auf denen einfach nur ›Bald‹ steht.«

Anja boxte mir gegen den Arm. »Damit macht man keine Witze.«

Tod nickte. »Das sehe ich allerdings genauso.«

»Nun seid doch nicht gleich solche Spielverderber.«

Anja schüttelte den Kopf. »Es ging doch darum, herauszufinden, ob wir irgendwie miteinander in Kontakt treten können. Und das Erste, was dir einfällt, ist, wie du anderen Leuten einen Schrecken einjagen kannst?«

»Es. War. Ein. Witz. Ist ja gut jetzt.«

Tod machte einen ernsten Eindruck. »Ich bin der Meinung, ihr solltet das gar nicht tätigen.«

»Was? Uns schreiben?«, fragte ich. »Spinnst du? Natürlich machen wir das, wenn wir sonst schon nicht zusammen sein können.«

»Das entspricht nicht der natürlichen Ordnung.«

»Natürliche Ordnung? Wir sprechen hier davon, dass man nach seinem Tod weiterlebt. Sehr natürlich klingt das für mich nicht.«

»Bisher hat der Tod auch nichts verlautbart.«

»Nur weil du bisher nicht darauf gekommen bist, dass du irgendwem Zettel schreiben könntest, heißt das nicht, dass es so bleiben muss. Und deswegen hat es auch nichts mit der natürlichen Ordnung zu tun.«

Tod schaute mich böse an. »Macht doch, was ihr wollt.«

»Werden wir auch. Denn immerhin bin ich dann der Tod.«

Tod schnaufte kurz und war dann verschwunden.

»Meine Fresse, immer diese beleidigte Leberwurst.«

»Was ist denn passiert?«, fragte Anja. »Ich hab ja nur das halbe Gespräch gehört.«

»Er ist weg. Er meinte, dass das mit den Zetteln gegen die natürliche Ordnung verstößt und wir es nicht machen sollten, dabei ärgert er sich nur darüber, dass ihm das nicht selbst eingefallen ist.«

»Dir ja auch nicht.«

»Ja doch. Dabei fällt mir ein, dass ich noch etwas tun muss.« Ich patschte mir mit der flachen Hand gegen die Stirn. »Das wolltest du doch sehen, oder?«

»Schon, irgendwie.«

»Haste dir auch verdient.«

Sie hakte sich bei mir unter. »Müssen wir schon wieder los, oder können wir noch den Sonnenuntergang abwarten?«

»Für dich habe ich doch alle Zeit der Welt.«

Allerdings waren es nur noch zwei Wochen.

KAPITEL 33

DER LETZTE NACHFOLGER

Kurz vor meinem geplanten Ableben hatte ich fast alle Nachfolger besucht und ihnen Bescheid gegeben, dass sie in Zukunft nicht damit rechnen müssten, selber zum Tod zu werden. Aber so, wie ich mit einer Person begonnen hatte, die ich nicht leiden konnte, wollte ich mit einer Person enden, die mir sympathisch war. Also sprang ich nach Haiti und suchte nach Pierre.

Seitdem wir auf der Straße das Fußballspiel gesehen hatten, machte die Gegend einen etwas besseren Eindruck. Man konnte allerdings nicht behaupten, dass es aufgeräumt war. Der grobe Schutt war zwar weg, dafür türmte sich der Müll, und es roch entsprechend.

Ich stand in der Straße, die Tod mir aufgeschrieben hatte, nur ein paar Meter entfernt von dem Ort, an dem die Leute damals den Fernseher aufgebaut hatten. Mein Blick ging in alle Richtungen, aber ich konnte mir immer noch kaum vorstellen, dass jemand in diesen Häusern wohnen sollte. Glücklicherweise musste ich nicht durch alle Häuser springen, um Pierre zu finden, denn der kam, mit grauem Hemd, Rucksack und Jeans bekleidet, die Straße entlanggelaufen. Als er mich sah, erstrahlte sein breites Grinsen.

»Martin, mein Freund!«, sagte er, warf den kleinen Rucksack auf den Boden und hob die Arme, um mir um den Hals zu fallen.

Ich hatte diese Art der Begrüßung nicht erwartet, unwillkommen war sie mir jedoch nicht.

»Wie geht es dir? Es ist schon so lange her«, sagte er und lächelte immer noch breit.

»Es geht mir ... überwiegend gut, denke ich. Und selbst?«

»Ach, es ist immer noch alles kaputt. Aber ich habe ein Dach über dem Kopf und einen Job!«

Das klang fast, als hätte er im Lotto gewonnen. Wenn ich mich so umschaute, konnte ich mir vorstellen, dass der Vergleich vermutlich recht passend war.

»Wo ist Tod? Ist er nicht bei dir?«, fragte er, und ich erklärte ihm, dass ich allein gekommen war. Daraufhin legte er mir einen Arm um die Schultern und wollte mich in sein Haus führen.

»Ich habe etwas zu besprechen, und dabei sollten wir vielleicht allein sein«, sagte ich, aber Pierre insistierte, dass wir hineingingen.

»Die Straßen sind nicht sicher«, erklärte er. »Wenn wir zu lange draußen sind, werden wir vielleicht überfallen.«

Er schnappte sich seinen Rucksack, und wir gingen hinein.

Seine Wohnung war das, was man bei uns als Single-Haushalt bezeichnen würde. Zwei Zimmer und gerade so ausreichend für eine Person. Das Problem war nur, dass in seiner Wohnung fünf Leute wohnten.

Ich wollte nicht, dass man ihn schief anschaute, wenn er plötzlich begann, sich mit sich selbst zu unterhalten. Deswegen machte ich mich sichtbar, und er stellte mich als einen Supervisor aus der europäischen Zentrale seiner Firma vor. Ich gab allen Anwesenden die Hand und sah mich um.

Auf dem Boden lagen Matratzen, die man bei uns wohl eher entsorgt hätte. Wer keine hatte, schlief direkt auf dem Boden. Das Bettzeug war wenig mehr als eine Pferdedecke. Mich juckte es schon vom Hingucken. Trotzdem ging es ihnen anscheinend allen gut. Sie hatten etwas zu essen und luden mich sogar ein, mit ihnen zu speisen. Da für mich aber eigentlich nachtschlafende Zeit war, lehnte ich ab. Außerdem wollte ich ihnen nichts wegessen.

Pierre nahm sich einen Teller und ging mit mir auf den Balkon, auf dem gerade so zwei Leute Platz hatten und der einen erschreckenden Blick auf das bot, was Pierre wohl Nachbarschaft nannte.

»Wer sind die Leute?«, fragte ich. »Deine Familie?«

Pierre lachte. »Nein, das sind Leute aus der Gegend. Aber ich kenne sie gar nicht richtig.«

»Du wohnst doch aber mit denen zusammen.«

»Nach dem Erdbeben bleibt uns eben nichts anderes übrig«, sagte er und nahm einen Happen von dem Gericht auf dem Teller, bei dem es sich um Reis mit irgendwas handelte.

Mit halbvollem Mund fragte er mich, was ich denn zu besprechen hätte, und ich erzählte ihm von Tods Krankheit, der Nachfolger-Problematik und der Tatsache, dass ich wohl oder übel in Kürze der neue Tod sein würde.

Ich lächelte, fühlte mich aber komisch dabei, es so nüchtern zu erzählen. Pierre sah mich nur an, schluckte den Bissen hinunter und stellte dann den halbvollen Teller auf den Boden, um mich im Anschluss zu umarmen. So richtig kann ich auch nicht erklären, was in dem Moment in mich fuhr, aber ich begann an seiner Schulter zu heulen, wie ich es lange nicht mehr getan hatte. Vielleicht hatte es etwas damit zu tun, dass mein Tod so kurz bevorstand. Vielleicht war es einfach nur die Tatsache, dass ich die letzte Angelegenheit geklärt hatte, die ich mir vorgenommen hatte. Aber in diesem Moment traf mich die ganze Wucht des Bevorstehenden. Und es brauchte nur einen mir nahezu Unbekannten am anderen Ende der Welt, der nicht mal etwas zu sagen brauchte.

»Danke«, sagte Pierre und löste sich von mir.

Ich wischte mir die Tränen aus den Augen. »Danke? Wofür?«

»Dass du die Arbeit des Todes übernimmst und keiner der anderen das machen muss.«

Ich konnte wieder lächeln. »Es ist nicht so, als hätte ich mir das aussuchen können.«

»Und trotzdem nimmst du es auf dich, uns allen zu sagen, was passieren wird.«

»Erschien mir irgendwie richtig.«

Er lächelte breit und legte mir beide Hände auf die Schultern. »Du machst nicht nur das Nötigste. Du machst nicht das, was einfacher für dich wäre. Du tust das Richtige. Und deswegen glaube ich, dass du der Beste für den Job bist.«

Ich schluckte. »Danke. Nehme ich an.«

Aus dem Augenwinkel nahm ich eine Bewegung wahr, und als ich den Kopf drehte, standen Pierres vier Mitbewohner am Fenster und starrten uns an. Mir war die Situation auf einmal mehr als unangenehm. Dann reichten sie ihm ein Glas nach draußen und erklärten, dass ich das vielleicht gebrauchen könnte.

Er drückte es mir in die Hand, und ich nahm einen Schluck, der mich gleich zum Husten brachte. Ich hatte einen Saft erwartet, aber Rum erhalten, und meine Reaktion ließ die Haitianer lachen. Und ich kam nicht umhin, darin einzustimmen.

Die Mitbewohner zogen sich wieder zurück, und wir verbrachten noch eine Weile auf dem Balkon.

»Wann ist es so weit?«, fragte er.

»In ein paar Tagen.«

»Du willst nicht darüber reden, oder? Das ist okay. Ich verstehe das. Ist vermutlich nicht einfach.«

Ich nickte. »Ich muss mich immerhin selbst umbringen.«

Er verzog das Gesicht und strich sich mit einer Hand über den rasierten Schädel. »Das ist nicht gut«, sagte er und zeigte mit der anderen Hand nach oben.

Ich nahm an, dass es irgendwas mit seinem Glauben zu tun hatte, aber auf diese Diskussion hatte ich überhaupt keine Lust. »Ist schon in Ordnung. Ich weiß sogar schon, wie ich es anstellen werde«, sagte ich.

»Ich könnte das nicht«, erwiderte Pierre.

»Die Alternative wäre Chaos auf Erden, also ist es ein kleiner Preis.«

»Jetzt lügst du. Du hast doch Familie. Und vorhin hast du geweint. Keine Bange, ist nicht schlimm. Aber ich weiß, dass das Sterben trotzdem nicht einfach ist.«

»Ich hätte auch lieber meine Ausbildung beendet, hätte groß im Lotto gewonnen und mir ein Haus am Mittelmeer gekauft. Oder ... einfach nur so vor mich hin gelebt.«

»Warst du nicht Arzt?«

»Mittlerweile bin ich Gärtner.«

»Das ist ein schöner Beruf. Natur. Schönheit. Licht und Luft. Ein sehr lebensbejahender Job.«

Ich dachte daran, was wir im Winter gemacht hatten und wie ich mir dabei fast die Finger abgefroren hätte. »Ist auch nicht immer so toll.«

»Man muss das Positive sehen.«

»Vermutlich. Das Positive daran, dass ich zum Tod werde, ist wohl, dass du es nicht machen musst und die Welt wieder in Ordnung kommt.«

Pierre kratzte sich am Dreitagebart. »Und du bist der große Bruder der ganzen Welt?«

»Wie meinst du das?«

»Du passt auf alle auf und bist am Ende da, um sie abzuholen. Auch mich! Wir werden uns also wiedersehen, mein Freund. Ich freue mich schon darauf. Aber du kannst dir mit dem Wiedersehen etwas Zeit lassen.« Er lächelte.

»Ich versuche es«, sagte ich, und er legte wieder einen Arm um mich.

»Wir hätten uns öfter treffen sollen. Einfach reden. Vielleicht können wir das auch hinterher. Immerhin konnte ich den Tod sehen.«

»Er meint, dass das hinterher nicht mehr geht. Andererseits: Alles weiß er auch nicht.«

»Falls du mich doch besuchen kommst, habe ich bestimmt immer ein Glas Rum für dich da.«

Wieder lächelte er breit, und wir genossen noch eine Weile die Dämmerung auf dem Balkon.

KAPITEL 34

ABSCHIEDE

Tod ließ sich ein paar Tage nicht blicken. Als er nach fast einer Woche wieder auftauchte, entschuldigte er sich dafür, dass er überreagiert hatte. Außerdem wollte er nicht die letzten Tage im Streit mit mir verbringen.

Es war Bibi erneut gelungen, einige Schmetterlinge zu stehlen und ihren vorherigen Eigentümern zurückzugeben, und ich hatte das Gefühl, dass es Tod mehr ärgerte, als er zugeben wollte. In gewisser Weise fand ich es amüsant, dass das Leben einen Vorteil über den Tod hatte, wo doch allgemein immer behauptet wurde, dass am Ende stets der Tod über das Leben siegt. Aber wenn ich sah, wie der Körper meines Freundes langsam aufgab, war seine zerstörerische Kraft doch größer als alles andere.

Eigentlich wollte Thanatos mit uns ins Kino kommen, um den dritten Teil der Batman-Filme mit Christian Bale zu schauen, aber in Anbetracht der Tatsache, dass Bibi immer frecher wurde, entschied er sich dagegen.

Anja wusste, dass ich die Nacht nicht überleben würde. Ihr Enthusiasmus, den Film zu schauen, hielt sich deswegen in Grenzen. Tobias wusste zwar auch, dass ich gehen musste, hatte aber noch nicht wirklich verstanden, dass es noch am gleichen Abend sein würde. Ich sagte nichts weiter, damit er den Film genießen konnte, auch wenn ich selbst es nicht tat.

Am Ende des Films, nachdem Batman die Bösewichte besiegt hat, droht eine Atombombe in der Stadt zu explodieren. Er nimmt es auf sich, mit seinem Fluggerät den Sprengkopf so weit wegzufliegen, dass den Menschen der Stadt nichts passiert. Aber es ist klar, dass er dabei sterben wird.

Anja fing plötzlich an zu weinen, und Tobias schüttelte mit aufgerissenen Augen den Kopf, weil er nicht wahrhaben wollte, dass sein Held stirbt. Und für ein paar Minuten sah es auch so aus, als hätte er das getan. Ganz zum Schluss kommt allerdings heraus, dass er doch davongekommen ist und sich ein anderes Leben in einem anderen Land aufgebaut hat. Tobi war sichtlich erleichtert und ging freudestrahlend mit uns aus dem Kino, auch wenn er seine Mutter fragte, warum sie weinte, wenn Batman doch überlebt hatte.

Wieder daheim, musste ich wohl oder übel das letzte Gespräch mit ihm führen.

Tobi war sofort nach unserer Rückkehr in sein Zimmer gestürmt, um zu spielen. Er lag auf der Erde und wühlte in einem Haufen LEGO-Steine, um irgendwas Großes zu bauen, aber ich konnte nicht erkennen, was es sein sollte.

»Na, Knöpfchen, was baust du da?«

»Ich will die Argonath bauen, damit Batman auf dem Planeten von *Herr der Ringe* landen kann, um die zu sehen. Aber ich habe nicht genug graue Steine.«

Ich hatte keine Ahnung, was ein Argonath sein mochte, abgesehen davon, dass mir nicht klar war, was Batman und *Herr der Ringe* miteinander zu tun hatten. Vermutlich handelte es sich dabei um ein weiteres Stück Kinderlogik, die Batman schon im X-Wing durch die Galaxis hatte fliegen lassen.

»Die Argonath, Papa«, sagte Tobi, als ich verständnislos vor mich hinstarrte. »Die großen Statuen, durch die Frodo und die Gefährten mit den Kanus fahren.«

»Ah, okay. Wusste gar nicht, dass die Namen haben.«

Tobi sah mich mit einem Blick an, der wohl ausdrücken sollte, dass ich als Vater versagt hatte. Oder als möglicher Kandidat einer Fernsehsendung, wo die Antwort eine Million Euro wert gewesen wäre.

»Kommst du mal mit ins Wohnzimmer. Ich muss mit dir und deiner Mutter reden«, sagte ich.

Tobi betrachtete den Haufen mit den Steinen und murmelte: »Hm, ich finde den Stein ja eh nicht.«

Anja saß bereits mit geröteten Augen auf der Couch und nahm ihn sogleich in den Arm.

Es passiert nicht alle Tage, dass man seinem Sohn die Information um die Ohren knallt, dass man in Kürze von einer Brücke springen wird. Weil man der Nachfolger des Todes ist, der langsam selbst stirbt. Oder so ähnlich. Insofern brauchte ich einen Moment, bis ich mich gefangen hatte und Anja mich anblaffte, dass ich mich endlich hinsetzen sollte, weil sie mein Herumtigern ganz kirre machte. Widerstrebend setzte ich mich ihnen gegenüber.

Ich erklärte Tobi, dass der Moment, über den wir gesprochen hatten, nun gekommen war. Ich musste sterben.

»Was?«, fragte er entsetzt. »Aber ich dachte ... du meintest doch ...« Er sah hilflos zu seiner Mutter, die ihn ebenso hilflos ansah. »Aber Tod hat doch jetzt so lange weitergemacht, vielleicht kann er das noch länger«, sagte er.

»Nein, das war so schon schlimm genug für ihn«, sagte ich. »Und ich habe ihm versprochen, dass ich nach dem Film zu ihm kommen werde und ihn ablöse.«

»Aber ... aber das ist zu früh! Ich will, dass du noch bleibst!«, rief er verzweifelt.

Anja hielt Tobi so fest umklammert, dass er fast keine Luft bekam.

»Vielleicht«, sagte ich, »sollten wir uns einfach darüber freuen, dass es uns vergönnt war, mehr Zeit miteinander zu verbringen, als es normalerweise möglich gewesen wäre.« Ich wandte mich speziell an Anja. »Beim letzten Mal waren wir nicht mehr zusammen. Und wir beide«, sagte ich zu Tobi, »haben uns beim letzten Mal gar nicht richtig verabschiedet. Und nun können wir das. Ich finde, das ist ein schöner Gedanke.«

Tobi sprang auf und umklammerte mich. »Du kannst nicht gehen! Du musst mich mitnehmen!«

Der Ausruf brachte Anja nur noch mehr zum Weinen.

»Knöpfchen, du kannst nicht mit mir mit. Weil du auf Mama aufpassen musst.« Und dann kam mir der rettende Gedanke. »Du bist nämlich wie mein Butler Alfred. Oder Polizeichef Gordon.«

Seine Augen weiteten sich.

»Im Grunde«, führte ich meinen Gedanken fort, »ist es wie bei Batman. Ich werde für alle sterben, aber du weißt, dass ich noch da draußen bin. Denn ich bin ja nicht wirklich weg. Du weißt das, nicht wahr?«

Er nickte.

»Und ich muss das tun. Denn der Tod, das bin dann ich. Ein stiller Wächter, ein wachsamer Beschützer ...«

»Ein dunkler Ritter«, sagte Tobi ehrfürchtig.

»Genau.«

Ich lächelte ihn an, und er tat dasselbe.

Als ich aufstand, rutschte Tobi an mir herunter. Mein ausgestreckter Arm sagte Anja, dass sie zu uns stoßen sollte. Mit Tränen in den Augen kam sie zu mir, und zu dritt standen wir in der Mitte des Raumes und verabschiedeten uns voneinander.

»Ich liebe dich«, sagte ich zu Tobi und küsste ihn auf den Kopf. »Und ich liebe dich«, sagte ich zu Anja und küsste sie auf den Mund. Einen Moment lang hielten wir uns so aneinander fest, als müssten wir uns jeden Sekundenbruchteil, jeden Millimeter Körperkontakt und noch das allerkleinste Bisschen Wärme ganz genau einprägen, um es niemals zu vergessen.

Ich löste die Umarmung und trat einige Schritte zurück, während die beiden mir nachschauten. Ich winkte ihnen ein letztes Mal zu – und ließ dann alles um mich herum verschwimmen.

Die Verabschiedung von Anja und Tobi war eine Sache. Aber es gab noch eine Person, der ich Auf Wiedersehen sagen wollte. Meine Mutter.

Ich hatte etwas Zeit vor ihrer Wohnungstür verbracht, weil ich mich sammeln musste. Der Abschied von meiner Familie hatte natürlich auch mich zum Weinen gebracht, und ich wollte meiner Mutter nicht mit verquollenem Gesicht unter die Augen treten. Schließlich klingelte ich, und als sie die Tür öffnete, wunderte sie sich, dass ich nicht vorher Bescheid gegeben hatte.

»Ich hätte doch einen Kuchen gemacht.«

»Schon gut, ich bin gerade nicht hungrig«, sagte ich.

»Was treibst du denn hier?«

»Wollte dich einfach nur mal sehen. Und dich drücken.« Was ich dann auch tat. Lang und fest.

»Ist irgendwas?«, fragte sie. »Das bist so gar nicht du selbst. Hast du irgendwelche Ergebnisse von den Untersuchungen bekommen?«

»Nein«, erwiderte ich und musste nicht mal lügen, denn Ergebnisse hätte ich ohnehin nie bekommen. »Ich war nur gerade unterwegs und in der Nähe, da dachte ich, ich schau kurz rein. Ich muss auch gleich wieder los. Tatsächlich bin ich bald für eine ganze Weile weg, weswegen ich noch schnell Tschüss sagen wollte.«

Es klang so nonchalant und brach mir das Herz.

»Du bist weg? Inwiefern?«, fragte sie nach.

»Von der Firma«, log ich. »Frankreich. Irgendeine Messe.«

»Na, die lassen sich ihre Azubis ja was kosten.«

Ich lächelte und nickte. Und ich hatte keine Ahnung, was ich noch sagen sollte. Hätte ich ihr berichtet, dass ich den Tod sehen konnte, hätte sie mich für verrückt gehalten. Hätte ich ihr vom Selbstmord erzählt, wahrscheinlich auch. Ich dachte an Anja und Tobi, die die Wahrheit kannten, und wie sie darauf reagiert hatten. Ich musste meiner Mutter nicht dasselbe antun. Insofern war dieser Besuch auch eher für mich als für sie gedacht. Ich brauchte den Abschied.

»Willst du ein Brötchen?«, fragte sie. Die Standard-Problemlösung meiner Mutter: Erst mal dafür sorgen, dass der Magen voll ist.

»Danke, schon gut. Ich muss eigentlich auch gleich wieder. Die Kollegen warten.«

Ich drückte sie noch einmal ganz fest.

»Bist du sicher, dass alles in Ordnung ist? Ist irgendwas mit Anja und dir? Habt ihr euch gestritten?«

Ich schüttelte den Kopf. »Alles wird gut«, sagte ich und winkte ihr zu, als ich wieder durch die Tür trat und die Treppe hinabstieg. Als ich außer Sichtweite war, wischte ich mir die Tränen aus den Augen.

Und dann verschwand ich.

KAPITEL 35

EIN LETZTES TREFFEN

Tod schaute mich neugierig an, als ich an unserem alten Treffpunkt erschien. »Hast du dich von allen verabschiedet?«

Ich nickte.

»Hast es ihnen nicht einfach damit gemacht, oder?«

»Mag sein«, sagte ich. »Ich schätze, ich habe das mehr gebraucht als sie. Und jetzt ... können wir, denke ich.«

Er stand unter Stöhnen auf. Es schmerzte selbst mich, meinen alten Freund so schwach zu sehen.

»Hast du keine Angst davor, zu sterben?«, fragte ich.

»Ich bin doch schon gestorben«, entgegnete er lächelnd.

»Du weißt, was ich meine.«

Tod spielte mit dem Kescher und dachte nach. »Nein, ich glaube, ich bin seit langem darüber hinweg, Angst davor zu haben. Ich schätze, ich werde endlich in Ruhe die Schönheit der Vergänglichkeit bewundern können.«

»Wie poetisch«, sagte ich vor mich hin lächelnd.

»Nicht wahr?«, gab er mit einem freundlichen Grinsen zurück.

»Du bist also nicht der Meinung, dass es danach nur das endlose Nichts gibt?«

»Ich weiß es nicht. Aber ich glaube schon, dass es irgendwas gibt, denn weshalb sollten sonst die Schmetterlinge überdauern?«

»Hm«, machte ich. »Aber verbrennen die nicht in deinem Kescher?«

»Bist du wirklich der Auffassung, das Licht des Keschers entspricht einer Verbrennung?«

»Zumindest sind die Schmetterlinge hinterher weg.«

»Aber vielleicht sind sie einfach nur woanders und der Kescher das Tor zu diesem Anderswo.«

»Willkommen in der Twilight Zone!«

»Mäßig amüsant, Martin.«

»Ich weiß nicht. Ein Leben nach dem Tod erscheint so sinnlos.«

»Inwiefern?«

»Entwürdigt ein Leben nach dem Tod nicht das eigentliche Leben? Ich meine, warum überhaupt das Leben leben, wenn es hinterher ein weiteres gibt, oder sehe ich das falsch?«

»Es klingt wie eine gute Rechtfertigung für Selbstmord, falls du das meinst.«

»Nun, zumindest in meinem Fall weiß ich ja, dass es danach weitergeht. Bei dir bin ich mir nicht so sicher.«

Tod lächelte wieder. »Ich werde es sehen. Allerdings weiß ich nicht, ob ich danach noch ich bin oder etwas anderes.«

Ich schüttelte den Kopf, weil ich keine Ahnung hatte, was er mir sagen wollte. »Was jetzt genau?«

»Wenn ich ins Jenseits gehe, bin ich dann noch ich, oder ist nur noch eine vage Essenz des Selbst dort, die meine Persönlichkeit nicht widerspiegelt?«

»Ich glaube, ich könnte dich bitten, den Satz fünfmal zu wiederholen, und ich würde ihn immer noch nicht verstehen.«

Tod seufzte. »Sind wir nach dem Tod noch wir selbst im Sinne einer Persönlichkeit oder etwas anderes?«

»Du meinst so etwas wie ein Schmetterling?« Ich schmunzelte.

»Nicht das, was ich damit meine, Martin. Die Frage ist, ob der Schmetterling unser ganzes Selbst enthält oder nur einen Teil, also zum Beispiel nur unser Unterbewusstsein oder unsere Instinkte.«

»Bist du neuerdings Psychoanalytiker, oder wie kommst du jetzt auf so was? Und soll mich das davon ablenken, dass ich gleich sterben werde, oder was ist der Sinn dieser Diskussion? Denn ich kann dir sagen, dass mir das trotzdem immer noch sehr bewusst ist.«

»Es sind nur Fragen, die ich mir selbst stelle, Martin. Und auf die ich vielleicht bald eine Antwort habe. Oder auch nicht. Je nachdem, was von meinem Ich übrig bleibt.«

Ich stieß lange die Luft aus. »Was auch immer du eigentlich sagen wolltest, mein Punkt bleibt: Ein Leben nach dem Tod ist eine ziemlich bescheuerte Sache.«

Tod streckte sich ein wenig. »Weil du der Meinung bist, das Leben hätte dann keinen Sinn gehabt.«

»Genau.«

»Hältst du es für sinnlos, einen Partner gefunden zu haben, eine Familie gegründet, einen Job gemacht, die Welt bereist zu haben, nur weil man nach dem Tod weiterlebt?«

»Wenn es im Grunde nur ein Testlauf für das eigentliche Leben, also das nach dem Tod ist, dann ja. Ich finde, dann wird alles, was man im Leben erreicht hat, abgewertet.«

»Und wenn es nur dazu dient, dazuzulernen?«

»Dann müsste man sich aber auch daran erinnern, was man vormals falsch gemacht hat, um sich dann anders zu entscheiden. Aber in Anbetracht der Tatsache, dass sich keiner an das erinnert, was er in einem früheren Leben mal gemacht hat, glaube ich nicht, dass das die Antwort ist, denn so lernt man einen Scheißdreck dazu.«

»Woher willst du wissen, dass sich niemand daran erinnert?«

»Weil sich dann die Leute über ihre früheren Leben unterhalten würden, oder?«

Tod seufzte. »Du gehst davon aus, dass sie ihr zweites Leben auf der Erde führen und nicht irgendwo anders und es den gleichen Regeln unterliegt wie das ursprüngliche Leben.«

»Redest du jetzt etwa vom Paradies oder so etwas? Und ich dachte immer, du wärst nicht sehr religiös.«

»Ich will damit lediglich ausdrücken, dass wir nicht wissen, wie das Leben nach dem Tod aussieht.«

»Vielleicht ist es sehr flatterhaft. Mit kleinen Flügeln und Fühlern am Kopf.«

Tod schaute mich schweigend an, aber ich spürte die unterschwellige Kritik, die darin lag. Als er weitersprach, ignorierte er meine letzte Aussage.

»Und wenn nur ein Teil deines Selbst dazulernt? Der Teil, der nicht das eigentliche Ich ist?«

»Das klingt schon wieder so nach Wien in den Zwanziger Jahren. Gleich sagst du mir noch, dass ich eigentlich in meine Mutter verliebt bin.«

Tod klammerte sich am Kescher fest und machte den Eindruck, als wolle er mit dem Zähnen knirschen.

»Warst du nicht derjenige«, fuhr ich fort, »der sagte, dass es den Tod geben muss, damit Fortschritt existieren kann? Müsstest du mir nicht zustimmen?«

»Es ist ein großer Unterschied, ob man stirbt und danach in anderer Form weiterlebt oder niemals stirbt«, sagte Tod.

»Du glaubst also an Reinkarnation?«

»Glauben wäre vielleicht zu viel gesagt.«

»Du hoffst es?«

»Das trifft es wohl eher.«

Ich dachte darüber nach, was ich über Reinkarnation wusste. »Als was, denkst du, wirst du wiedergeboren? Ameise? Fisch? Zirkuselefant?«

Tod lächelte. »Ich würde mich sehr darüber freuen, wenn es als Mensch wäre. Ich glaube nicht daran, dass man aus irgendwelchen Karma-Gründen zur Ameise wird.«

»Ich dachte, das wäre einer der entscheidenden Punkte bei der Reinkarnation.«

»Mitnichten.«

»Dann begreife ich erst recht nicht, was das mit diesem Wiedergeburtskreislauf sein soll.«

»Eine Verbesserung des Selbst, bis man das Nirwana erreicht.«

»Was auch immer das heißen mag.«

»Man tritt aus dem Kreislauf des Leids aus – damit ist das Leben gemeint – und befindet sich in einem Zustand höchsten Glücks, unabhängig von Gefühlen, Bedingungen oder Gestaltungen.«

Ich starrte ihn an. Und er zurück.

»Die Erklärung macht es nicht wirklich besser«, sagte ich. »Klingt außerdem bescheuert. Wie soll ich denn Glück empfinden, wenn ich keine Gefühle mehr habe?«

»Du bestehst dann nur noch aus innerer Ruhe und bist frei von aller Unruhe des Geistes, allen Wünschen und Denkvoraussetzungen.«

Ich schüttelte den Kopf. »Keine Unruhe im Geist, keine Wünsche, keine Gefühle und kein Denken mehr. Klingt für mich einfach nach ... tot.«

»So einfach ist das nicht.«

»Mag sein, wirkt auf mich trotzdem so. Ich persönlich bin ja ein großer Fan von Gefühlen. Liebe, Glück, Freude. Würde man eher nicht missen wollen.«

Tod grübelte. »Und Schmerz, Leid, Einsamkeit?«

»Gehört wohl dazu«, sagte ich. »Wie heißt es immer: Ohne das eine kann man das andere nicht wertschätzen. Außerdem: Was soll es bringen, wenn man nicht denkt und fühlt? Dann macht man doch gar nichts mehr. Und hat auch an nichts mehr Spaß. Weder an anderen Leuten, noch ... Kunst ... oder, was weiß ich, *Star Wars*.«

»*Star Wars*?«

»Von mir aus auch *Batman*. Oder *Herr der Ringe* und *Der Hobbit*. Verdammt, mir fällt gerade auf, dass ich die Hobbit-Filme nicht zu Ende sehen werde. Oder neue *Star Wars*-Filme, sollten doch noch mal irgendwann welche kommen. Nicht, dass die Prequels so toll gewesen wären. Da ist Glück und Leid wirklich nah beieinander.«

Tod schüttelte leicht den Kopf. »Du bist doch noch da. Wenn weitere Filme kommen, kannst du sie dir immer noch ansehen.«

»Aber allein«, sagte ich, und Tod nickte auf eine traurige Weise.

»Wenn du das Nirwana erreichen würdest«, sagte er schließlich, »hättest du diese Empfindungen nicht mehr.«

»Ich hätte aber auch nicht die guten und schlechten Empfindungen, die ich habe, wenn ich an dich denke. Das wäre dann so, als wärst du mir egal. Was du aber nicht bist. Im Guten wie im Schlechten.« Ich sagte das in aller Aufrichtigkeit.

Tod grübelte. »Vielleicht ist Reinkarnation gar nicht schlecht, solange man nicht das Nirwana erreicht.«

Ich zuckte mit den Schultern. »Mag sein. Finde ich trotzdem idiotisch. Außerdem muss ich bei dem ganzen Gefasel von Nirwana immer an MTV Unplugged denken.«

Tod runzelte fragend die Stirn.

»Nirvana? Unplugged?«, fragte ich. »Das Cover von Bowies *Man Who Sold The World*? *All Apologies*?«

Tods Gesichtsausdruck blieb leer.

»Ich könnte schwören, dass wir über die mal gesprochen haben. Egal. Manchmal frage ich mich, was du in den Neunzigern gemacht hast.«

»Mich um die Toten gekümmert. Apropos ...«

Er tippte sich aufs Handgelenk, wo sich zwar keine Uhr befand, aber ich wusste, was er sagen wollte. Das merkwürdige Gefühl in meiner Magengegend, das sich in den letzten Minuten verflüchtigt hatte, war plötzlich wieder da. Ich nickte zur Bestätigung. Die Welt verflüssigte sich, und kurz darauf wehte mir ein kräftiger Wind um die Nase.

KAPITEL 36

DER LETZTE BLICK VON DER BRÜCKE

Tod steht neben mir auf der Brücke, während ich hinunterschaue. Mein Magen macht einen kleinen Satz, als ich über die Brüstung blicke, in dem Wissen, dass ich in Kürze irgendwo dort unten mein Ende finde. Oder den Anfang von etwas Neuem.

»Irgendwelche interessanten letzten Worte, die du loswerden willst?«, fragt Tod.

»Zickezacke Hühnerkacke«, sage ich.

»Inspirierend.«

»Ist ja nicht so, als wäre irgendwer da, um sie aufzuschreiben und für die Nachwelt zu bewahren.«

»Wenn du willst, kann ich die anderen *Nachfolger* dazuholen.«

Er betont das Wort merkwürdig, wahrscheinlich weil nun klar ist, dass sie gar keine waren.

»Nee, lass mal. Ich kann nicht, wenn alle zuschauen«, sage ich.

»Nicht der beste Zeitpunkt für Lampenfieber.«

»Ich mache schon keinen Rückzieher«, sage ich und setze einen Fuß auf die Brüstung.

»Es tut mir leid, dass es so kommen musste«, sagt Tod seufzend.

»Du kannst ja nichts dafür.«

»Aber ich wünschte trotzdem, dass es einen anderen Weg gäbe. Ich wünschte, ich würde es verstehen.«

Ich lächle. »Wenn ich es richtig sehe, dann bist du derjenige von uns, der vermutlich in Kürze erfahren wird, was das alles sollte. Ich werde vermutlich noch lange Jahre damit verbringen, mir den Kopf darüber zu zerbrechen, was zum Teufel eigentlich schiefgelaufen ist.«

Tod schaut mich an. »Bereust du irgendwas?«

Ich überlege kurz, denke an Anja und Tobias. Die Vorstellung, für sie nicht mehr da sein zu können, raubt mir den Verstand. Ich weiß, dass es für beide viel schlimmer werden wird als für mich. Ich werde sie ja noch besuchen können, sie mich aber nicht mehr. Natürlich, die Möglichkeit, sich mit ihnen zu unterhalten, ist noch vorhanden, aber wirklich zusammen sein werden wir nicht mehr.

Einen Moment lang sagt mir mein Bauch, dass ich nicht springen soll, aber mein Kopf ist stärker. Die Vernunft gewinnt. Ich blicke Tod wieder in die Augen. »Nein. Na ja, manchmal wünschte ich, ich hätte mehr mit meinem Leben angefangen. Wäre mehr verreist. Nicht nur so kurze Hüpfer mit dir, sondern wirklich Land und Leute kennengelernt. Hätte noch eine Sprache gelernt oder mich handwerklich mehr betätigt. Nicht, dass ich jetzt noch Sprachen zu lernen brauche. Na ja, du weißt, was ich meine. Aber wirklich bereuen ... komisch, ich glaube, ich bereue nichts. Irgendwie ... war alles schon gut so.«

Da fällt mir noch was ein.

»Halt! Doch. Ich bereue etwas.«

»Das wäre?«

»Ich hab dir damals, als wir das erste Mal im Kino waren, ein Eis gekauft, und du hast es ganz allein gegessen. Wenn ich etwas anders machen könnte, wäre es das.«

Tod grinst. »Ja, schön, da war ich egoistisch.«

»Und ... du? Bereust du irgendwas?«

»Ich bereue, dass ich dir von dem Eis nichts abgegeben habe.«

Ich lege mir übertrieben die Hand auf die Brust. »Das wärmt mir so sehr das Herz, dass du das jetzt sagst. Und auch noch ohne vorher mit der Nase darauf gestoßen worden zu sein.«

Tod lächelt, aber es ist kein fröhliches Lächeln. Wir nicken uns zu. Mit Schwung ziehe ich mich auf die Brüstung hoch, und er schaut mir dabei zu.

Ich blicke mich um. Genieße die Aussicht. Atme tief ein. Spüre den Wind. Lausche den Geräuschen.

»Willst du es spannend machen?«, fragt Tod.

»Entschuldige, ich war nur in Gedanken«, sage ich.

»Ein letztes Mal mit allen sterblichen Sinnen deine Umwelt auf dich einwirken lassen?«

»So etwas in der Art. Ich habe gerade gedacht, dass ich nun doch noch zu meinem Fallschirmsprung komme. Nur ohne Fallschirm. Ein Häkchen auf der Löffelliste.«

Tod setzt mit schmerzverzerrtem Gesicht ebenfalls einen Fuß auf die Brüstung.

»Was tust du?«

»Ich mache mit«, sagt er und lächelt. »Hilf mir mal.«

Mit einer Hand halte ich mich an einem Träger fest, mit der anderen ziehe ich ihn herauf.

»Warum?

»Wenn ich schon meinen besten Freund verliere, dann will ich doch so lange wie möglich mit ihm zusammen sein, oder etwa nicht?« Er lächelt.

Ich sage nichts, lächle nur zurück.

»Ich werde auf dich warten, falls danach irgendwas kommt, wo man warten kann«, sagt Thanatos.

»Ich hoffe, es dauert keine fünfhundert Jahre.«

»Und wenn es fünftausend dauert.«

Wir reichen uns die Hände.

»Du hast mein Leben echt interessant gemacht«, sagte ich. »Früher habe ich oft überlegt, ob ohne dich vielleicht alles besser gewesen wäre. Aber ich bin dankbar für deine Freundschaft.«

»Wollen wir jetzt noch lange Reden schwingen oder endlich in die Tiefe springen?«

»Musstest zum Schluss noch was reimen, was?«

Tod zuckt mit den Schultern. Sein Blick sagt mir, dass auch er lieber noch stunden-, tage- oder wochenlang geredet hätte. Aber es gibt eine Welt zu retten. Alle weiteren Worte sind überflüssig. Nun, alle bis auf eins vielleicht.

»Batmaaaan«, sage ich mit einem Grinsen und ziehe dabei das Wort so lang, wie es in der Erkennungsmelodie der alten TV-Serie gesungen wurde. Und dann mache ich einen Schritt ins Leere.

Wenn man erst mal fliegt, ist die Angst gar nicht mehr so schlimm. Wäre der Wind nicht, der einem ins Gesicht schlägt, würde man sich absolut frei fühlen.

Tod ist zeitgleich mit mir den Schritt gegangen, und nun fallen wir beide immer schneller in die Tiefe. Sein Umhang flattert und scheint ihn zu bremsen, während meine eher eng anliegenden Kleidungsstücke mich etwas windschnittiger und dadurch schneller machen. Ich drehe mich im Flug und schaue hoch zu Thanatos. Eine seltsame Erscheinung, dieser schwarze Umhang im freien Fall.

Dann ... ist es zu Ende.

EPILOG

Es war ein wirklich merkwürdiges Gefühl, auf den eigenen, gerade gestorbenen, zerschmetterten Körper zu schauen, während man plötzlich neu eingekleidet an seinem eigenen Todesort steht. Modisch gesehen waren lange schwarze Umhänge samt Kapuze noch nie meine Wahl. Aber ich schätze, die Arbeitskleidung sollte immer angemessen für den Job sein.

Ein Schmetterling flatterte mir vor dem Gesicht herum. Ich wollte meine Hand ausstrecken, aber nach kurzem Zögern machte er kehrt und flog geradlinig in den Kescher. Ein warmes Licht leuchtete darin auf.

Gedanken, die nicht meine eigenen zu sein schienen, prasselten mit einem Mal auf mich ein. Visionen von Leuten, die gerade starben oder es in Kürze tun würden. Visionen, die von Menschen stammten, die erst in Jahren oder Jahrzehnten sterben würden. Es war, als würde irgendwer mein Hirn mit Tausenden von Filmen gleichzeitig bombardieren.

Einen Moment lang überwältigte mich die schiere Anzahl der Information. Ich ging auf die Knie, hielt mir den Kopf und wollte schreien, aber dann kam Ordnung in das Ganze. Ich sah sehr strukturiert, wo und wie etwas geschah. Ohne dass ich groß darüber nachdenken musste, nahm ich die Arbeit auf.

Ein alter Mann in einer Näherei in Mumbai brach erschöpft zusammen. Ich war da.

Eine Frau rutschte auf einer Rolltreppe in Schanghai aus. Ich war zur Stelle.

Ein Mann ritt mit seinem Kamel durch die Wüste. Das Kamel trat auf eine Sprengfalle. Der Mann quälte sich noch einige Sekunden, aber ich wartete auf ihn.

In einem bolivianischen Krankenhaus starb eine Frau im Kreise ihrer Familie. Ich half ihr auf ihrer letzten Reise.

Während eines Dinners auf einem Kreuzfahrtschiff fasste sich ein Mann plötzlich an die Brust und rutschte vom Stuhl. Seiner Frau und den Angestellten fiel nicht auf, dass plötzlich ein paar Fritten auf seinem Teller fehlten.

In einer syrischen Ortschaft brach ein Haus zusammen, als es von einer Granate getroffen wurde. Ich kümmerte mich um die Familie, die dort wohnte.

Ich kniete noch immer neben meinem leblosen Körper und schaute hinauf zur Brücke. Ich musste sicher sein.

Pierre stand inmitten von Geröll und half einer Familie dabei, ihre Habseligkeiten, oder zumindest das, was davon übrig war, auf eine Sackkarre zu packen. Ich ging einmal um ihn herum, aber er bemerkte mich nicht. Kurz darauf sah ich, wie er mit grauen Haaren im Sessel auf einer Veranda verstarb, ein Lächeln auf den Lippen.

Gemma stand mit ein paar anderen Studenten in einem Stehcafé. Sie lächelte ihren Kommilitonen an, der gerade einen Witz gemacht hatte. Ich schaute ihm über die Schulter, aber sie nahm mich nicht wahr. Die Vision ihres Todes blitzte vor meinem inneren Auge auf. Ein um sein Geld betrogener Mann stellte sie zur Rede, und als sie ihn anbrüllte, zog er eine Waffe und schoss ihr in die Brust. Sie war vielleicht zehn Jahre älter.

An zwanzig verschiedenen Stellen auf der Welt stand auf einmal Bibi neben mir. Sie wirkte immer noch älter, hatte aber keine Pickel mehr.

»Du?« Sie sah mich überrascht an.

»Hallo, ich bin der Neue«, sagte ich.

»Du machst alles kaputt!«, brüllte sie plötzlich.

»Ich mache nichts kaputt«, entgegnete ich ruhig. »Ich sorge nur für die natürliche Ordnung der Dinge.«

»Die Leute könnten weiterleben!«

»Sollten sie aber nicht.«

Sie stampfte mit dem Fuß auf. »Das ist alles doof und du auch!«

Eines meiner Selbst kriegte sie zu fassen, bevor sie verschwand. Mit großen Augen sah sie mich an, als würde ich ihr etwas Böses antun wollen.

»Lass mich!«

»Bibi, bitte lass uns reden.«

Ich nahm meine Hand von ihr und hielt sie gespreizt nach oben, um ihr zu zeigen, dass ich nichts im Schilde führte. Sie runzelte immer noch bockig die Stirn, schaute aber neugierig und nickte schließlich.

Der alte Platz auf den Azoren, wo ich mich mit Tod immer getroffen hatte, machte nun einen noch einsameren Eindruck auf mich. Erst in diesem Moment traf mich mit Wucht die Erkenntnis, dass ich meinen Freund nicht wiedersehen würde.

Bibi sah noch immer bockig aus, sprang aber um die kalte Feuerstelle herum und plumpste dann auf eines der Hölzer.

»Danke, dass du mitgekommen bist«, sagte ich.

»Was willst du?«, fragte sie und klopfte mit ihren Hacken gegen das Holz.

»Ich will, dass du verstehst, dass ich meiner Arbeit nachgehen muss und du nicht weiter den Leuten die Schmetterlinge zurückgeben kannst.«

»Wieso? Das ist doof.«

»Ja, das ist doof. Aber wenn du das weiterhin tust, funktioniert bald gar nichts mehr richtig. Ich bin sogar dafür gestorben, dass wieder alles normal wird. Und zumindest mit deinen ...«, ich zeigte auf mein Gesicht, um Pickel anzudeuten, »... scheint es auch besser geworden zu sein.«

»Hm«, machte Bibi.

Ich hatte mich auf eine lange Diskussion eingestellt, immerhin hatte sie sich bei unserer letzten Begegnung außerordentlich kindisch benommen. Früher wäre dies, in Anbetracht ihres Aussehens, wenig überraschend gewesen.

Mittlerweile kam es mir schon etwas merkwürdig vor, weil sie mehr wie ein Teenager wirkte.

»Was hm?«, fragte ich. »Heißt das, dass du dich nicht mehr einmischst?«

»Mir haben Schmetterlinge gefehlt«, sagte sie.

»Was meinst du damit?«

Sie schaute mich an, als wäre ich schwer von Begriff. »Mir haben Schmetterlinge gefehlt. Und ich kam nicht nach.«

Sie zeigte auf ihr Kleid, das ich daraufhin genauer in Augenschein nahm.

Normalerweise war das Kleid über und über mit Schmetterlingen bedeckt, so dass man auf den ersten Blick gar nicht erkannte, dass es Schmetterlinge waren. Jetzt gab es Stellen mit Löchern.

»Was ... also ... was genau sehe ich da? Was willst du mir damit sagen?«, stotterte ich.

»Die Schmetterlinge, die ich den Leuten gab, kamen nicht zurück. Also haben sie mir gefehlt. Und ich konnte so schnell keine neuen machen.«

»Du meinst, dass die Schmetterlinge, die ich mit dem Kescher fange, auf deinem Kleid erscheinen? Und du gibst sie dann Neugeborenen?«

Sie nickte fröhlich.

Hatte Thanatos mit seiner letzten Diskussion also doch recht gehabt. Reinkarnation. Aber etwas gab mir zu denken. »Es gibt doch immer mehr Menschen auf der Welt, wie kann dann ...«

»Ich hab doch gesagt, dass ich neue mache. Hörst du mir nicht zu, oder bist du blöd? Aber ich konnte nicht genug neue machen, weil ich die alten Schmetterlinge den Leuten wieder zurückgegeben habe. Deswegen kamen ein paar Babys nicht auf die Welt.«

Sie sah nicht mehr grimmig aus, sondern als würde sie gleich anfangen zu weinen. Ich ging zu ihr herüber, setzte mich neben sie und legte meinen Arm um sie.

»Ist schon gut. Jetzt machen wir es wieder richtig, ja?«

Sie wischte sich mit dem Finger die Nase ab, schaute zu mir hoch und nickte. »Ich wollte doch nur, dass sie leben.«

Ich lächelte sie an. »Ja. Ich kann das besser verstehen, als du vielleicht glaubst.«

Ich musste daran denken, dass Tod mir vor Jahren gesagt hatte, er sei der Fortschritt. Wenn alle ewig leben würden, hätte niemand den Drang, die Welt zu verändern. Ich glaube, er wusste selbst nicht, wie recht er damit hatte. Im besten Fall war es tatsächlich so, dass die alte Generation, die nicht mehr in der Lage war, die Menschheit voranzubringen, in eine neue Generation überging, die das vermochte.

Ich hatte Tausende Fragen an Bibi, war mir aber nicht sicher, ob sie mir die wirklich beantworten konnte. Aber auf eine bestimmte Antwort hoffte ich doch.

»Weißt du, was aus dem Schmetterling von Thanatos, also meinem Vorgänger, geworden ist?«

Bibi nickte. »Willst du es sehen?«

»Sehr gern«, sagte ich.

Während ich auf der Welt meinem neuen Job nachging, sprang diese eine Version von mir mit Bibi in ein Krankenhauszimmer, in dem eine ausgelaugte Mutter, ihr Neugeborenes im Arm haltend, im Bett lag. Die Tür ging auf, und der stolze Vater kam mit den Geschwistern des Babys herein, ein junges Mädchen von vielleicht drei Jahren und ein Junge im Schulalter. Die Familie machte einen einfachen Eindruck, so als kämen sie vom Land.

»Wo sind wir hier?«, fragte ich.

»Argentinien.«

»Was sind das für Leute?«

»Bauern, glaube ich. Wieso?«, fragte Bibi.

Ich lächelte, denn ich musste an Tods Vergangenheit und seine Kommentare zu meinem Berufswechsel denken. »Sieht so aus, als würde er in eine gute Familie kommen.«

Ich sah die Visionen vom Tod seiner Eltern. Ich sah die Visionen vom Tod seiner Geschwister. Ich sah die Vision, wie er sterben würde. Seine Haare waren grau, und die Umgebung ließ darauf schließen, dass er wohlhabend war.

Ich war nicht traurig darüber. Irgendwie freute ich mich sogar. Vielleicht würde ich irgendwann wieder eine Diskussion mit ihm führen. Vielleicht auch nicht. Aber es beruhigte mich zu wissen, dass es meinem alten Freund gut ging, und ich lächelte.

Bibi zupfte mich am Ärmel. »Ich muss Schmetterlinge machen.«

»Das musst du wohl.«

Sie winkte mir zu und verschwand. Unbemerkt von den Eltern und dem Rest der Familie beugte ich mich über das Bett und warf noch einen Blick auf das Neugeborene, das kurz die Augen aufschlug und mich anzublicken schien. Vielleicht bildete ich es mir aber auch nur ein.

Ich musste weiter. Mein wichtigster Besuch stand noch aus.

Anja und Tobi lagen in unserem Bett. Sie hielt ihn wortlos umschlungen und starrte mit ihm an die Wand. Dass ich mich vor ihnen hinkniete, merkten sie nicht. Ich wollte am liebsten meine Hand ausstrecken und ihre Gesichter streicheln, aber ich ließ davon ab.

Auf dem Nachttisch hatte sie einen Zettelblock und einen Stift hingelegt.

Sie bemerkte zunächst nicht, dass ich etwas geschrieben hatte. Erst Tobi sah, dass da plötzlich etwas stand, und stupste seine Mutter an. Sie nahm den Block, und gemeinsam lasen sie das Geschriebene. Dann lächelten sie.

Ich zog weiter. Meine Aufgabe wartete. Überall auf der Welt verstarben die Menschen, hinterließen ihre Schmetterlinge. Ein paar Leute wollte ich mir genauer ansehen. Menschen, die gar nicht mehr da sein sollten und denen Bibi geholfen hatte. Und auch ein bestimmter Hipster, dem *ich* aus Versehen geholfen hatte. Mein alter Freund hat immer gesagt, dass man nicht eingreifen sollte, aber vielleicht musste ich das in bestimmten Fällen doch. Alles musste vergehen. Früher oder später. Alles.

Also ...
Bis dann.

NACHWORT

Ich wollte niemals eine Fortsetzung zu »Der Tod und andere Höhepunkte meines Lebens« schreiben.

So viel dazu.

Schätze, ich kann mir selbst auf die Schulter klopfen, dass ich so konsequent bin. Aber wäre ich beim ersten Teil geradlinig gewesen und wäre Martin am Ende gestorben, wäre es mit der Fortsetzung schwierig geworden. Aber weil ich es nicht übers Herz brachte, ihn sterben zu lassen, dachten viele, dass ein zweiter Teil sicher sei oder zumindest im Bereich des Möglichen liege. Geplant hatte ich ihn aber nicht.

Die Sache mit Fortsetzungen ist ja immer die, dass man zwar irgendwie das will, was man beim ersten Mal so toll fand, aber gleichzeitig ist man enttäuscht, wenn das Ganze dann doch zu ähnlich ist. Hollywood hat große Erfahrungen darin, einfach noch mal den gleichen Film zu drehen und nur den Schauplatz zu verändern. Oder so. Das ist dann das, was man »leicht verdientes Geld« nennt.

Jedenfalls habe ich ein paar Jahre gebraucht, um über eine Fortsetzung nachzudenken, die irgendwie die Elemente des ersten Teils aufweist, aber nicht noch einmal die gleiche Geschichte in Grün erzählt. Denn im Gegensatz zu Hollywood wollte ich nicht einfach nur leicht verdientes Geld machen und mich dabei kreativ langweilen. Und als jemand, der vom Schreiben lebt, kann man immer Geld gebrauchen, glauben Sie mir. Also möchte ich mich hiermit gleich für den Kauf des Buchs bedanken! Ich hoffe, dass Ihnen das Lesen so viel Spaß gemacht hat wie mir das Schreiben. Und ich hoffe, dass ich es geschafft habe, eine Fortsetzung zu schreiben, die ähnlich, aber doch neu ist.

Eines muss ich noch loswerden: Vielleicht gibt es unter meinen Lesern welche, die die Stellen, in denen es um Selbstmord geht, pietät- oder gar geschmacklos finden. Diesen möchte ich sagen, dass es natürlich ihr gutes Recht ist, das so zu empfinden. Aber sie müssen auch anerkennen, dass man es anders sehen kann. Letztendlich geben Martin und Tod nur ihre eigenen Meinungen wieder. Man kann ihnen zustimmen, muss man aber nicht. Wichtig ist lediglich: Falls Sie selber mit dem Gedanken spielen, sich das Leben zu nehmen, sprechen Sie mit jemandem darüber, sei es mit Ihren Verwandten, Ihren Freunden oder, falls Sie beides nicht wollen oder haben, mit der Telefonseelsorge, die man in Deutschland unter *0800/111 0 111*, in Österreich unter 142 und in der Schweiz unter *143* kostenfrei erreichen kann.

Ich hoffe, dass Sie trotz des vielleicht etwas ernüchternden letzten Absatzes Spaß hatten und auch in meine anderen Bücher reinschauen. Ansonsten können Sie mich auch gerne besuchen. Also nicht wirklich bei mir daheim, das wäre schon irgendwie komisch. Und wenn, müssten Sie Käsekuchen mitbringen. Ich meinte im Internet, z.B. bei Facebook (www.facebook.com/SebastianNiedlich.Autor/) oder auf meiner Website (www.sebastianniedlich.de).

Macht's gut!
Sebastian

DANKSAGUNGEN

Vielen Dank an Manuela, Vera und Nicole, die mir Auskunft gegeben haben, wie das bei Landschaftsgärtnern so abläuft, auch wenn ich zu meiner Schande gestehen muss, dass ich nur sehr wenig davon benutzt habe. Aber vorher weiß man ja nicht, was man braucht, nicht wahr?

Vielen Dank auch an John, Paul, George und Ringo für *Ob-La-Di, Ob-La-Da*. Und speziell noch mal George für *All Things Must Pass*. (Wobei mir die Version vom *Concert For George* doch am besten gefällt, und da singt sie Paul, aber was weiß ich schon.)

Vielen Dank an Bob Kane und Bill Finger für Batman, obwohl Bob Kane irgendwie ein Arsch war, der Bill Finger übervorteilen wollte, aber das gehört wohl nicht hierher.

Vielen Dank an Christopher Nolan für *Batman Begins*, *The Dark Knight* und *The Dark Knight Rises*. (Und all seine anderen Filme, die durch die Bank super sind.)

Vielen Dank an die Leute, die hinter den Kulissen an diesem Buch mitgearbeitet haben. Ilona, Tim und Ralf … Merci!

Natürlich den allergrößten Dank an die beste Ehefrau von allen, meine Erstleserin und Erstlektorin Bianca.

Und natürlich Sie, die Leser, ohne die das Ganze so sinnlos wäre wie ein Leben nach dem Tod.

SEBASTIAN NIEDLICH, 1975 in Berlin-Spandau geboren, ist Autor aus Überzeugung und schrieb zahlreiche Drehbücher. Er lebt in Potsdam. Bei Schwarzkopf & Schwarzkopf veröffentlichte Sebastian Niedlich bereits die Romane »Der Tod und andere Höhepunkte meines Lebens«, »Und Gott sprach: Es werde Jonas« und »Dicker Teufel umständehalber in liebevolle Hände abzugeben« sowie die Kurzgeschichtensammlung »Am Ende der Welt gibt es Kaffee und Kuchen«.

Sebastian Niedlich
DER TOD IST SCHWER ZU ÜBERLEBEN
Roman

Genehmigte Lizenzausgabe | © der Printausgabe
Schwarzkopf & Schwarzkopf Verlag GmbH, Berlin 2018
ISBN 978-3-86265-740-7

Redaktion: Ralf Reiter | Titelbildgestaltung: Nele Schütz Design, München, unter Verwendung von Bildmotiven von shutterstock/Pushkin, sund07butterfly, Pink Puepblo, Hi Vector und Julia Tim

VERLAG
Schwarzkopf & Schwarzkopf Verlag GmbH
Kastanienallee 32, 10435 Berlin

INTERNET | E-MAIL
www.schwarzkopf-schwarzkopf.de
www.facebook.com/schwarzkopfverlag
info@schwarzkopf-schwarzkopf.de